Marie-Odile Brus

Evita las emociones tóxicas

**Sofrología, IPMO, TLE:
tres herramientas
para sanar
la relación
consigo mismo**

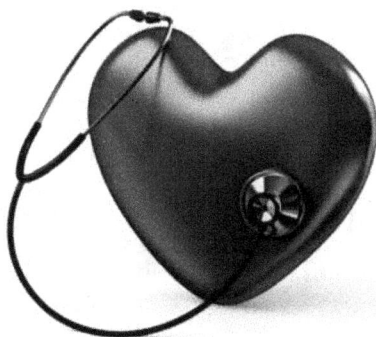

SELECTOR
actualidad editorial

SELECTOR®
actualidad editorial
Doctor Erazo 120 Colonia Doctores México 06720, D.F.
Tel. (52 55) 51 34 05 70 Fax. (52 55) 57 61 57 16
LADA SIN COSTO: 01 800 821 72 80

Título: Evita las emociones tóxicas
Autor: Marie-Odile Brus
Traducción: María de la Luz Broissin
Colección: Salud

Traducción de la obra original: *Pour en finir avec les èmotions toxiques.*

Copyright: D.R. © 2007 by Le Souffle d'Or France, www.souffledor.fr
All Rights Reserved.
To conform with the requirements of the Universal Copyright Convention

ISBN (original): 978-2-84058-325-7

Diseño de portada: Socorro Ramírez Gutiérrez
Ilustración de portada: Istockphoto

D.R. © Selector, S.A. de C.V., 2010
Doctor Erazo 120, Col. Doctores
C.P. 06720, México, D.F.

ISBN: 978-607-453-070-4

Primera edición: agosto 2010

Sistema de clasificación Melvil Dewey

157.7
B22
2010

Brus, Marie-Odile
Evita las emociones tóxicas / Marie-Odile, Brus
trad. María de la Luz Broissin.--
Cd. de México, México: Selector, 2010.
288 pp.

ISBN: 978-607-453-070-4

1. Psicología patológica. 2. Transtornos de la personalidad.

Contenido

Prólogo

Michel Odoul

¡Terminemos con las emociones tóxicas! He aquí un amplio tema y un objetivo ambicioso en el que la necesidad se manifiesta. Las últimas décadas vieron emerger en nuestras prósperas sociedades un malestar en numerosos individuos que podía parecer sorprendente, puesto que poseían todo lo necesario para ser felices. Los sufrimientos, debidos a fuentes exteriores y vinculados con las necesidades de la supervivencia, que conocieron las generaciones anteriores, no permitían explicar eso; sólo un origen "interior" en el individuo podía permitir hacerlo.

Esta constatación dio inicio, en la década de 1970, a toda una corriente de pensamiento que permitió establecer las bases de una nueva psicología. Eso presidió el surgimiento de numerosas técnicas terapéuticas, cortando con el enfoque del psicoanálisis, ya sea en términos de duración, de relación con el cuerpo, o bien, de autonomía del "paciente". Fue en este nuevo espacio de percepción de la realidad humana donde surgió un vasto campo de aplicación que calificamos como "desarrollo personal".

Éste es un término que fue prostituido y que ha ocultado tanto lo peor como lo mejor, hasta el punto de volverse sospechoso y sujeto a denigración, rumores e incluso acusaciones, a veces justificadas, pero con mucha frecuencia excesivas, de desviaciones sectarias. Sin embargo, está bien el desarrollo personal del que muchos de nosotros tenemos necesidad, con la condición de tomar dicha terminología en su sentido verdadero, es decir, de crecimiento del ser. No obstante, es verdad que, con mucha frecuencia, tienen lugar detrás de este término genérico técnicas de agitación emocional, desde luego espectaculares, pero estériles e histerizantes. No es trabajando sobre la espuma de las olas como se avanza al reencuentro con uno mismo. No es buscando responsabilidades como uno venda sus heridas. No es luchando contra lo que causa el mal como hacemos desaparecer el dolor. ¡Se logra reconciliándose con uno mismo!

El sufrimiento del ser humano es aquel de la separación interior, incluso de la guerra consigo mismo. La preponderancia cultural del Yo sobre el Ello ha alejado a los individuos de su esencia misma, creando con ello una rotura del ser que la ilusión del haber jamás conoció y jamás sabrá subsanar. Cualquiera que sea la forma que tome esta rotura, se marca y se expresa siempre a través de las heridas, de los sentimientos de carencia o de los actos "no logrados", por lo que todos intentan alertarnos acerca de este distanciamiento. El sufrimiento aparece entonces y, ya sea psíquico o físico, a pesar de su carácter incómodo, incluso a veces peligroso, no es un enemigo, sino al contrario. Eso no significa que hace falta buscarlo, sino, más bien, que hace falta respetarlo por lo que es, es decir, una señal, un mensaje de alerta sobre esa dicotomía interior que nos lastima. Respetarlo será reconocerlo, darle un sentido, pero, también, atenderlo. Olvidarlo sería transformar el mensaje y hacer una fuente propia de énfasis.

¿Cómo reconocer y cómo tratar tal sufrimiento? Nuestras sociedades actuales saben muy bien cómo tratar el cuerpo en su dimensión sintomática física pura (y eso es a veces necesario). El psicoanálisis y la psicología analítica saben bien cómo tratar el espíritu, pero, también, en su sintomática psíquica pura (y eso, en ocasiones, es necesario). Perdón a todos los especialistas, pero eso procede también de un sistema dicotomizado en el cual el cuerpo y el espíritu están drásticamente disociados. La fuerza de una terapia reside en su capacidad de comprender y de tratar a ambos y esta cualidad de completo le proporciona una adición durable, porque, sin duda, se aproximará más a la causa tratando el efecto. Es, en todo caso, esta idea la que defiendo desde hace décadas y la que transmito en mis diferentes obras y lecciones. La reconciliación con uno mismo es la garantía de la paz del alma. Esta última revivifica el ser que estaba a punto de sofocarse por falta de aire y revivifica, por el mismo efecto, todos los principios de la vida.

Tengo el placer de redactar este prólogo porque Marie-Odile Brus tiene el mismo hilo de pensamiento, que emerge en este libro. Más allá de las tres técnicas que ella ha elegido en su diligencia profesional, que nos presenta y cuya eficacia es innegable, el verdadero interés reside en la diligencia que es la suya. Ella muestra que es esencial que el cuerpo esté asociado con todo trabajo emocional o psicológico. Es una interfaz ineludible, cualquiera que sea la manera de apoyarse en éste, ya sea la respiración (sofrología), con los movimientos de los ojos (técnica IPMO) o con los puntos de acupuntura (técnica TLE). En lo personal, utilizo, como quizá lo hace la autora, el Shiatsu. El trabajo con el cuerpo hace efecto al permitir liberar lo que había almacenado como un verdadero condensador (las emociones tóxicas terminan por producir toxinas corporales). Trabajar con el cuerpo permite, de igual manera, reparametrizar los flujos de vida sutiles, momentáneamente tensados o bloqueados por las experiencias vividas traumatizantes. Trabajar con el cuerpo facilita, en fin, por efecto de resonancia, estimular o liberar las funciones psíquicas en desequilibrio.

Este carácter de trabajo global se apoya en un respeto por el paciente que es esencial a una ética y a una eficacia justas. Sin embargo, eso impone establecer una distancia, tanto para el paciente como para el terapeuta, ante la espera del resultado. Éste puede ser rápido y fácil y eso nos sorprende siempre. No obstante, a veces puede tardar más tiempo y ser menos cómodo de obtener, tanto más si existe una necesidad o un sentimiento de urgencia en uno o en el otro. Este respeto implica una gran libertad del terapeuta en relación con su práctica y con su técnica. La hace adaptable a cada paciente y le permite elegir y completar tal técnica con tal otra, teniendo un solo objetivo con el espíritu: que el paciente salga de la consulta sintiéndose mejor y más independiente que cuando entró. El tono de la escritura y la libertad de referencia de Marie-Odile Brus traducen estos principios a través de la obra. Eso tranquiliza y hace bien porque con mucha frecuencia el ámbito de las terapias alternativas y del desarrollo personal han mostrado poco entendimiento.

El otro interés, y no menor, de este libro es el de su carácter explicativo. Lejos de permanecer en un discurso "esotérico", la autora explica, detalla y presenta sus enfoques de manera que los hace comprensibles y accesibles para el lector, convirtiéndolos en una herramienta posible para los terapeutas profesionales.

Entonces, les deseo una buena lectura y progreso en el camino de la vida, hacia ese horizonte tan azul que es uno mismo.

Michel Odoul

Preámbulo

El término "terapeuta" aparece con frecuencia en este libro, por lo que es indispensable comprender bien lo que representa.

Vivimos en un país donde la amenaza de acusación de "charlatanismo" para los médicos o de "práctica ilegal de la medicina" para ciertos terapeutas es una realidad. Cuando me inicié como sofróloga, tuve que firmar documentos en los que reconocía que lo que yo *hiciera, dijera,* así como mi mera *presencia,* no contribuían a mejorar el estado o la salud de mis "clientes". Tuve que comprometerme a lo que eso fuera, aunque actuara en presencia de un médico. Tomado al pie de la letra, eso prohibiría la mínima "conversación entre amigos", que señala claramente la práctica ilegal de curas, ¡puesto que los efectos terapéuticos de esos intercambios verbales son bien conocidos y buscados por las mujeres! La taza de té que reconforta, el parloteo que descongestiona, los llantos o las risas tontas catárticas en la seguridad de la relación amigable deberían entonces ser criminalizadas.

Sin embargo, los intercambios sinceros entre seres humanos, la confianza en el otro, compartir experiencias, son herramientas naturales de bienestar que aligeran la falta de seguridad, tanto como las "recetas de las buenas mujeres".

Una amiga me aconsejó las "gotas de esencias" un día de "enfermedad" y repasé la información de otras un poco después… ¿merecemos la ira de la ley? Tal punto de acupuntura alivia la nariz que gotea; tal otro, una ciática que se inicia… ¿Compartir esos "trucos", que son también "terapéuticos", sería penalizable?

En el terreno profesional existe cierto número de asuntos vinculados con la relación de ayuda. La necesidad es inmensa, las proposiciones de herramientas son abundantes. El término *asesor* se ha desarrollado de igual manera: asesor empresarial, asesor de vida, asesor deportivo, asesor de gestión de empresa… La idea de "dirección" es interesante y se me ocurre tener una gestión de asesoría en el control de ciertas personas. Por ejemplo, en custodia de cambios de vida (profesionales o no). No obstante, prefiero el nombre de terapia porque lleva en sí la noción de "cuidar de" y respeta la capacidad de cada uno para conducirse solo. Entraña la idea de una evolución, de un cambio de estado interior, de una curación: vamos a activar a nuestro sanador interior y a "sanar" nuestras heridas emocionales.

Tal curación no depende del médico, sino del ser profundo.

Desde luego, se apoyará en el cuerpo, pero, si éste sana, será de rebote. El objetivo de la terapia, como yo lo entiendo en este libro, no tiene nada que ver con la curación del cuerpo, aunque es verdad que la reconquista del ser profundo a menudo tiene como consecuencia la desaparición de síntomas físicos. Lo contrario, por desgracia, no es verdad y muchos médicos reconocen en la actualidad la necesidad de un enfoque holístico que les permita ser eficaces en forma duradera.[1] La medicina oficial de las emociones es sencilla: prescripción de medicamentos para suprimir la manifestación emocional y eventual toma de mando por la palabra. Junto con la medicina, está lo relacionado con el desarrollo personal, con el conocimiento de uno mismo. Todo el mundo busca sanar los excesos de estrés, las compañías contratan a "filósofos de empresas" para controlar el ambiente de malestar y hacer que disminuya el ausentismo. Existe una necesidad de soluciones alternativas que permitan al ser humano continuar adaptándose en un mundo cada vez más ignorante de su naturaleza.

Mi profesión es, precisamente, la de proponer herramientas alternativas eficaces. Este libro se dirige tanto a aquellos que sufren de esta falta de humanidad, como a aquellos que los ayudan a reencontrar el camino hacia sí mismos.

---

1. La presente obra abordará sin complejos la relación con el médico. Esto es inevitable si pretendemos prestar atención al sufrimiento de uno mismo o del otro.

En el marco de mis consultas de sofrología, donde el objetivo es reencontrar un estado de relajación y librarse del estrés, ¿dónde comienza la terapéutica? Si alguien sufre una crisis de lágrimas para lograr abordar la sesión de sofrología, debo utilizar una herramienta como la TLE (véase más adelante) para que la persona recupere la calma y cierta seguridad, ¿eso es terapia? Si durante un ejercicio de sofrología, alguien toma conciencia de una falsa creencia, reconoce un recuerdo enterrado y desea hablar sobre eso pues esa palabra lo libera, ¿eso es terapia? Si por el hecho mismo de haber vivido esa experiencia, la persona se siente liberada de un sufrimiento físico, ¿es una cura?

Mi gestión es filosófica, ama la cordura, es *biosófica*: ¡se basa en la cordura de la vida! ¿Podría yo reemplazar en este texto *terapeuta* por *biósofa* o *biosofista* o *terapia* por *biosofía*? ¿O *filobiosofía*? ¿O *filobiótica*? Para ser totalmente precisa, ¿debería presentarme como *sofrofilobiotista*? ¿Quién me habría seguido a través de estas páginas? Crear un neologismo es muy poco interesante cuando sólo se busca una palabra que "hable" al mayor número de personas.

En este libro, decidí evitar el lenguaje estereotipado. Llamo *pacientes* a las personas que me consultan, porque son seres que sufren (etimología de la palabra paciente). Llamo *terapeutas* a las personas que, como yo, desempeñan un papel en la curación de ese sufrimiento. Jamás curamos: ofrecemos las herramientas, un apoyo humano, que le permite al paciente curar por sí mismo su sufrimiento. El ser humano está creado de tal manera que está solo; en última instancia, para poseer las llaves de su curación. Los médicos poseen los actos y los productos que sanan los síntomas, los terapeutas tienen un comportamiento de custodia que a menudo permite la desaparición de los síntomas y el tratamiento de las causas (en el sentido de un tratamiento de situaciones, no de tratamiento médico). A veces, ambos son necesarios; en ocasiones, no. Esto no es una habilidad, sino una complementariedad.

Los terapeutas no son siempre psicoterapeutas sino, por ejemplo, terapeutas psicocorporales, relaxólogos, sofrólogos... ¡Sospecho que los chocolateros son, sin saberlo, grandes terapeutas! O también los kinesiterapeutas, los osteópatas, los naturópatas o los psicoanalistas. Lo son, asimismo, los médicos, las enfermeras, las comadronas u otro personal de salud que ha desarrollado esa cualidad particular de escuchar y de proporcionar confianza.

Me habría gustado encontrar otro término que no se preste a confusión en lo referente a lo médico y lo paramédico... No hallé nada mejor.[1] Los diccionarios recientes se limitan a una definición de terapeuta en relación con el cuidado médico; elegí ampliarla de acuerdo con la resonancia que ha adquirido en nuestra sociedad: un profesional de la relación de ayuda.

De hecho, tampoco deseo utilizar otro vocablo; me gusta hallar la dimensión holística de los terapeutas descritos por Filón de Alejandría al inicio del primer siglo de la era cristiana: cuidar al ser en su tridimensionalidad (cuerpo, espíritu, alma). En un diccionario moderno, no encontramos rastro de esos terapeutas, ni en las páginas de "nombres propios" y mucho menos entre los nombres comunes. ¡Su rastro se borró, pero no en todas las memorias!

¡Tiene entre las manos un libro que se dirige a los *pacientes* y a los *terapeutas*!

---

1. Los anglosajones hablan de "facilitador", que es muy adecuado... pero no habla (¿aún?) a los franceses.

Introducción

Una etapa intensa de desarrollo personal a mediados de la década de 1980 me llevó a una práctica regular de sesiones de relajación profunda, cercanas a la sofrología. Un gran número de técnicas se abordaron: relajación, visualización, utilización del pensamiento creativo. Practiqué regularmente, con notable constancia, como consejera. Estuve tentada a formarme en la sofrología en este periodo, pero los cursos posibles sólo se dirigían a las profesiones médicas o paramédicas. Estábamos a mediados de los años ochenta y no insistí mucho porque mis nuevas herramientas eran en particular eficaces y suficientes para mis necesidades de la época: era ingeniero comercial en la industria metalúrgica, joven, dinámica y con los medios para curar el estrés importante generado por ese tipo de empleo. Me faltaban años para descubrir mi inclinación natural, volver a mis primeros amores, en fin, osar convertirme en la terapeuta en la que antes no me había autorizado convertirme.

En mi familia, la "psicología" no se practicaba... Entonces existía, al menos en provincia, una falsa creencia: los estudios de psicología se hacían para los holgazanes, aquellas personas que no habían logrado hallar otra cosa... ¡una especie de vertedero! Por tanto, no tuve apoyo entre mis profesores ni atención verdadera por parte del consejo de orientación. Sin embargo, desde los quince años de edad, me apasionaba el funcionamiento de la psique humana. Con naturaleza extrovertida y, lo reconozco, un poco extravagante, vivía en una familia tradicional, poco abierta al arte o a la cultura, ¡mucho menos a la psicología! Por tanto, había una orientación natural hacia lo concreto y un interés real por lo social:

— Mi madre era trabajadora social y se entregaba con pasión a su trabajo. Ella ha sido mi primer y mejor ejemplo de relación de ayuda.
— Mi padre dedicaba su tiempo de retiro al servicio de la gestión de los bienes de las personas colocadas bajo curatela.

...Pero no era necesario formularse muchas preguntas ni hacer olas. Yo tenía una familia, la oportunidad de poder llevar a cabo estudios prolongados; ¿acaso no había aprendido la psicología sobre la vida, la verdadera vida? (sobreentendido, aquella a la que nos apegamos para lograrlo, lo que ahora llamaría la *supervivencia*).

Con frecuencia, me pregunto si no era un efecto de generación, que mis padres hayan nacido entre dos guerras mundiales, que hayan conocido las guerras coloniales (Indochina, Argelia). A menudo he tenido la intuición de que su generación trabajó a un nivel colectivo, hallando, desde el punto de vista de las guerras, un modo de resolución de los conflictos que afectan al grupo (inconsciente colectivo en juego). Mi generación, que vive en tiempos de paz, ha tenido la oportunidad de poder apoyarse en los desarrollos de la psicología y del psicoanálisis y se ha unido para solucionar los conflictos vinculados con el individuo. El proceso de individualización descrito por Carl Jung parece haberse generalizado a un nivel de conciencia. En nuestros países llamados "civilizados", es indispensable partir de un referente cotidiano. Nociones tales como "inconsciente", "complejos de Edipo, de Electra...", "grito primario", "niño interior"... etcétera, forman parte del vocabulario corriente. El desarrollo del intelecto, de las capacidades de temor de lo abstracto (amplificando la pobreza de la relación con nuestro cuerpo), nos ha obligado a un retorno hacia nosotros mismos como individuos con una historia que no podemos olvidar. Al experimentar cada vez más los efectos de resonancia de esta historia en nuestros cuerpos, nos vemos obligados a aprender a integrarla, a aceptarla. El recurso de la "terapia", bajo cualquier forma (analítica, cognitiva, psicocorporal, conducta espiritual), se ha convertido en algo común. Las revistas rebosan de anuncios asociados con la psicología para cada etapa de nuestra vida. Ha habido una "vulgarización" de la psicología, una apropiación popular que ha permitido poner al alcance de todos el desarrollo personal. "Trabajo, Familia, Patria" ya no encuentran eco: ¿quién desea aún morir por su patria? A no ser por un drama como el del "11 de septiembre", que nos recuerda que una amenaza puede pesar sobre nuestro país. Contamos con el enorme privilegio de tener el estómago lleno y bastante seguridad exterior para poder aceptar otros riesgos: llevar a cabo nuevos combates para liberar los territorios interiores; después de la *supervivencia*, atreverse a vivir. En todo caso, es esto lo que vivo: experimento las cosas.

Luego de todos estos años de trabajo sobre mí y después en la relación de ayuda, he terminado por decirme que los caminos extraños tomados por mi vida han sido factores de crecimiento. Las experiencias (no siempre agradables) me han permitido vivir lo que finalmente he vivido. De haber llevado a cabo los estudios de psicología como lo deseaba, con seguridad habría adquirido un gran conocimiento de la materia. Sobre todo, habría utilizado el refugio tranquilizante de mi intelecto para abordar de manera estructurada, pero quizá fría y abstracta, el funcionamiento de la psique humana. He luchado, a veces contra molinos de viento, he tropezado con los límites demasiado estrechos que fijé a mi vida, pero eso sólo fue para descubrir mi verdadero camino. Encontrar a los demás, encontrarme en situaciones característicamente humanas (conflictos, pero también gran felicidad), vivir pasiones, vivir mis temores, me ha convertido en una terapeuta viva. Soy rica en conocimiento más que en saber, llena de una humanidad que hoy puedo poner al servicio de mis hermanos y mis hermanas humanos.

Convertirme en sofróloga ha sido un combate y, ante todo, un combate contra mí misma. Se trató de autorizarme a seguir el camino de mi vida. A partir del momento en que osé tomar ese sendero, he tenido la fortuna de recibir las herramientas que me han permitido una práctica terapéutica coherente y eficaz. Una práctica que me corresponde a la perfección. Cada paciente que se presenta en el consultorio tiene una historia diferente,

personal, y un momento particular de esa historia en que se apegará a la
terapia. Desde mi punto de vista, no es posible abordar cada caso de la
misma manera y con las mismas herramientas. Cuando abrí un consultorio
de sofrología, apliqué los protocolos clásicos de aprendizaje. No había nada
que decir respecto a eso, todo funcionaba bien, pero percibí que, para algunos, la ruta había sido larga, las herramientas sólo podían instalarse con dificultad… Tras años de meditar que el sufrimiento y la paciencia eran, sin
lugar a duda, los pilares de un crecimiento personal, me di cuenta de que
no era del todo indispensable sufrir y esperar para ser feliz. Experimentaba
en mi vida personal la travesía de una sucesión de pruebas aparentemente
penosas y agotadoras y terminé por ser capaz de vivir en la alegría y la
aceptación. Acompañaba el proceso de mi propia transformación, ya no
lo sufría. Entonces, busqué los medios para compartir esa visión con mis
pacientes ya que pensé que, si la práctica regular cotidiana de la sofrología
procura un bien incomparable, deberían existir herramientas más rápidas.
¡Busqué y las hallé! La primera herramienta me la dieron los mismos pacientes: al observarlos, noté algunos elementos que me dirigieron a la pista
de la IPMO o integración positiva por los movimientos oculares. La
segunda herramienta, la TLE, me la ofreció la doctora Beech, mi amiga
Lisa, quien mencionó esas tres pequeñas letras para saber si yo las conocía,
pues, formada como asesora de vida, acababa de escucharlas. Más adelante, expondré con mayor detalle la historia de cada una de las herramientas
en los capítulos concernientes.

Pronto se me impuso la evidencia de un trabajo que se asemejaba más
a un arte y que asocio a lo que experimento cuando me dejo llevar hacia
otro de mis talentos:[1] la escultura. Los elementos de la historia de cada uno
de mis pacientes tenían tanto material que podían organizarse, modelarse,

---

1. No hay aquí ninguna vanidad ni modestia en la palabra "talento". La práctica de una
actividad artística creativa es un placer de tal simplicidad que el reconocimiento de nuestras
capacidades puede hacerse con toda inocencia. No es raro ver que los pacientes, como
resultado de su terapia, deciden "dedicarse a la pintura, la música, el dibujo, la escritura, la
escultura, el bordado, la cocina, la marquetería, la ebanistería…, etcétera", autorizándose
al fin dar libre curso al flote de vida que contenían antes, ¡sin percibir las reservas de placer!
Véase también el capítulo "¿Qué has hecho con tu talento?"

trabajarse con diferentes herramientas. Del mismo modo que al trabajar el barro podemos sentir que es la misma materia la que adquiere forma bajo nuestros dedos, mi aporte terapéutico permite que la persona deje que su ser sea feliz. Así como una obra de arte induce a modificar la postura y permite acceder a un grado de comprensión nuevo, mis tres herramientas empleadas con una buena dosis de buen sentido (intuición, atención serena y empatía) permiten reajustarse con mayor facilidad. Por tanto, es posible liberarse de las emociones negativas, de las viejas heridas y, sobre todo, sanar.

A menudo decimos que el psicoanálisis o la psicoterapia no están ahí para sanar, sino para aprender a vivir con lo que tenemos en nuestra historia, pero considero que hoy tenemos las verdaderas herramientas para sanar. El sufrimiento no es obligatorio. Ya es tiempo de dejar ir ese "dolorismo" tan profundamente apegado a nuestra cultura. Es tiempo de atreverse a aprobar nuestra vida según nuestros verdaderos valores, autorizándonos a la alegría, la salud, la serenidad y la prosperidad en todos los planos. Dejemos nuestras dudas, nuestras culpas, nuestras vergüenzas, nuestros temores, nuestras iras, nuestras tristezas y ¡aprendamos de nuevo a alegrarnos por estar vivos, como lo hacen los niños!

El verdadero objetivo de este libro es, finalmente, compartir esa esperanza de vida…

Marie-Odile Brus

Primera parte

Capítulo 1, a modo de saludo…

¿Qué has hecho con tu talento?

¿Qué has hecho con tu talento?"[1]… Aquellos y aquellas que son de cultura cristiana ya han comprendido esta frase. Para los demás, ¡hagan un pequeño recorrido por el anexo para leer el texto, gracias!

Queda entendido que no tengo la intención de dar una plática, un sermón cualquiera… Ni de comentar lo que puede parecer como la apología de cierto capitalismo, como una horrible injusticia o como la evidencia de una sabiduría hermética. No, me gustaría compartir con ustedes la resonancia que esta parábola tuvo en mí cuando era niña.

Cuando era pequeña, un "talento" no representaba para mí otra cosa que no fuera una especie de don, una capacidad personal. Me explicaron cien veces que ese talento era una pieza de moneda u otra medida de riqueza material, que no se podía hacer nada: cada vez que escuchaba "qué has hecho con tu talento", tenía la impresión de que se dirigían directamente a mí, que me interrogaban precisamente acerca de la utilización que había podido hacer de ese "don" que estaba en mí. Eso despertaba mi interés y me dejaba un poco a la expectativa, porque, ¿qué había podido hacer con mi talento? ¿Qué podía ser ese talento en mí, que yo ignoraba, pero

---

1. Ver anexo 1.

que participaba de no sé qué secreto que me sería revelado a medida que creciera? ¿Qué era ese germen que llevaba en mí y del que debía, o por lo menos, debería quizá responder un día? Era un poco como si tuviera en mí un secreto que a la vez ignorara, pero que sólo me pertenecía a mí; un secreto que hacía mi riqueza y de cuyo descubrimiento sólo yo era responsable. Esa simple responsabilidad me engrandecía, pero a veces me pesaba felizmente sin destruirme. Tenía un Talento…

Si ahora recuerdo esa anécdota es porque tengo la impresión de que eso que podría ser nuestra felicidad, eso que nos falta profundamente y nos obliga en ocasiones a pedir la ayuda de un terapeuta, o si no osamos dar ese paso, lo que nos lleva al fondo oscuro de la depresión, no es otra cosa que la incapacidad de responder a esa pregunta: ¿qué has hecho con tu Talento?

Tal vez, algunos dirán que es una creencia, quizá una forma de superstición, pero pienso que, en el fondo, tenemos algo que expresar y, si nos atrevemos a expresarlo, eso nos hará profundamente felices. No se trata forzosamente de una expresión artística. ¡Aunque estoy a punto de creer que todos somos artistas en lo relacionado con el cuidado de los niños, desde el oficio de *jockey* hasta el de médico, desde el de la comadrona al de cura! Lo que quiero decir es que ese talento que tenemos en nosotros puede expresarse en innumerables direcciones. Lo importante es reconocer la alegría que eso nos procura, pues es una señal distintiva del talento expresado. Si somos felices de estar ahí donde estamos, por hacer lo que hacemos, por vivir lo que vivimos, cada momento de nuestra vida, existen muchas posibilidades de que ya hayamos encontrado nuestro talento. Si nos hacen esa famosa pregunta: "¿qué has hecho con tu talento?", podemos dar esa respuesta magnífica: "¡Lo vivo!"

Por el contrario, si la tristeza nos invade con mucha frecuencia, nos quita el sueño o el apetito (a no ser que suceda lo contrario), formulemos esta pregunta: "¿qué he hecho con mi talento?".

Si nuestra ira se desborda, si la fatiga nos destruye, hagámonos esa pregunta: "¿qué he hecho con mi talento?".

Esas emociones, que son tóxicas tanto para nuestro cuerpo como para nuestro espíritu, nos señalan los límites de nuestra felicidad.

Si la primera respuesta que nos viene a la mente es: "¿qué talento?", ¡tal vez sea tiempo de que tomemos el camino hacia nosotros mismos!

Podemos considerar que ese talento es como una parte de nosotros mismos, la más representativa de nuestro ser, la que expresa más lo que somos en realidad. Enterrada profundamente en nosotros, obligada a ocultarse a medida que creíamos lo que los demás decían de nosotros, cuando quizá aún éramos niños, o que creímos lo que nos decimos a nosotros mismos esperando ser más amados o mejor amados haciendo un papel, llevando una máscara. Si tuviéramos suficiente confianza en la persona que verdaderamente somos, no tendríamos necesidad de ocultarla. Llevarla a la luz demandará un esfuerzo, lo necesario para hacer que caigan todas las barreras construidas año tras año. Si logramos derribarlas y autorizarnos para ser en verdad nosotros mismos, alcanzaremos nuestros objetivos con mucha mayor facilidad. Cualquier cosa que sea lo negativo (pensamientos, emociones, recuerdos, experiencias…) que hemos alimentado para construir esas barreras, felizmente es posible rehacer la historia, hallar paso a paso la huella de nosotros mismos. Una huella quizá como una sombra o un recuerdo fugaz, tan lejano que no estamos seguros de estar sobre la pista correcta… Luego, como una certeza, aún invisible, pero hacia la cual caminamos con un paso más seguro y feliz.

La resolución de nuestros conflictos interiores (y, por rebote, de numerosos conflictos exteriores) abre una puerta extraña, creando un cambio de aires en nuestra vida que hace que literalmente atraigamos aquello de lo que tenemos necesidad para conseguir nuestros objetivos. ¡Es un proceso de atracción hacia los proyectos de vida, como si nos atrajeran con un imán! Nos liberamos poco a poco de las emociones tóxicas. Una *facilidad permanente* toma lugar en nuestras vidas y provoca que, aunque aún hallemos obstáculos, comprendamos el sentido en el interés de nuestros proyectos, admitiendo estar a veces frenados para detectar el ritmo ideal de su logro.

¿Cómo hacer contacto con esas partes de nosotros mismos?

En primer lugar, es indispensable tener conciencia de la distancia que existe entre la persona que aparentamos ser y la que somos en realidad. ¡El ser humano es de tal manera que a veces siente mucha presión antes de emprender esa búsqueda! Muchos utilizan la imagen del diamante para simbolizar nuestro ser real, profundo. Diría que, así como es necesario tiempo y, sobre todo, una enorme presión para que un pedazo de carbón se convierta en diamante (ambos son sólo carbono, después de todo…), ¡a veces se requiere tiempo y en verdad muchas presiones para progresar! Para algunos, eso será un accidente o una enfermedad o una ruptura… Para otros, serán dificultades recurrentes, como si fueran necesarias muchas etapas para comprender… Para otros, será una experiencia diferente, algo que los habrá conmovido de tal modo que ya no les será posible continuar viviendo como antes.

Recuerdo la historia de uno de mis pacientes que me consultó después de un infarto. De hecho, parece que el infarto fue anecdótico para él: "en alguna parte", él sabía que algo iba a sucederle y no fue una sorpresa cuando se encontró en el hospital (es, en todo caso, lo que me dijo en la segunda o en la tercera consulta), la sorpresa fue después. Cuando aún estaba en el servicio de reanimación, vivió algo conmovedor, dudó darle nombre a esta experiencia, tratando de describir ese momento único y que quizá duró una hora. Estuvo rodeado, invadido de amor, de un amor total e incondicional… De ese amor que todos buscamos, del que a menudo dudamos, que nos sorprende a veces tras una oración, una meditación, de manera fugaz o en algunos momentos raros de felicidad intensa (amor compartido, belleza de la naturaleza, nacimiento de un niño…). Esa experiencia lo estremeció bastante y lo regocijó, porque hubo esa urgencia de vivir realmente, de ser él mismo, de hallar la vida para la cual fue hecho y de hacer a un lado la que había estado a punto de perder.

Cualquiera que sea la manera como nos encontramos interpelados, una vez llegado el tiempo de formularse preguntas, recordamos en forma natural sucesos cada vez más antiguos que nos afectaron, en ocasiones sin que tuviéramos plena conciencia en ese momento. Una reacción en cadena comienza: piense en un suceso que lo hirió, que fue una falta de respeto profundo a su persona; ya sea que haya sido pura y simplemente negado ("sabes bien que no tienes razón", "sé mejor que tú lo que piensas"…) o que no haya expresado su propia verdad. La memoria de ese recuerdo hace que recuerde, como un eco, otra situación a menudo más antigua en la que vivió la misma herida o, en todo caso, el mismo dolor, y así sucesivamente… En la terapia con la IPMO trabajamos con muchos traumatismos que tarde o temprano nos llevan a uno inicial (véase capítulo "La IPMO") y con la TLE podemos progresar, vinculando, poco a poco, hasta tratar todo el conjunto de emociones perturbadoras que nos impiden liberarnos de una problemática. ¡Son en verdad todos los aspectos de un sufrimiento o de un bloqueo que es necesario tener en cuenta, con precisión, paciencia y perseverancia!

Una buena estrategia para iniciar este trabajo de liberación es localizando las falsas creencias que minan nuestra vida. En el curso de mis seminarios de formación propongo con frecuencia considerar que el cerebro es como una computadora, en cuyo disco duro hemos permitido instalar programas parásitos. Un poco como los programas virus pueden instalarse a nuestras espaldas. Sin embargo, ¡también hemos podido instalarlos a sabiendas en un momento en el que los consideramos necesarios!

Un ejemplo:

Recientemente presenté la TLE a la madre de una amiga para ayudarla a aliviar un dolor y, muy pronto, fue evidente, tanto para ella como para mí, que detrás del aspecto físico había un disparador psicológico. La acumulación de problemas de orden financiero y jurídico la afectaban desde hacia mucho tiempo. Al trabajar esos aspectos, me hizo la siguiente reflexión: "De todas maneras, hace mucho tiempo que me digo: '¡mientras más problemas tengas, mejor saldrás de éstos!'" Ella no debía tener tantos problemas para que su "programa" la autorizara a salir de éstos… Con su consentimiento, "depuramos" ese programa y terminó por reír por la mala pasada que se había ocasionado sin darse cuenta.

Reflexiona… ¿cuántos programas tienes en tu disco duro?

Probablemente más de los que te imaginas.

En *Los cuatro acuerdos toltecas,* don Miguel Ruíz escribió:

> *Si observamos la descripción de un parásito, vemos que se trata de una criatura que se alimenta de la vida de otros seres vivos, chupando su energía sin darles nada a cambio y destruyendo poco a poco a sus anfitriones. El juez, la víctima y el sistema de creencias corresponden a esta descripción. Juntos representan un ser vivo constituido de energía psíquica o emocional y esa energía es viva.*

El parásito está vivo en nosotros, ya sea que le permitamos crecer hasta el punto de hacer desaparecer nuestro ser profundo, humano o ya sea que lo debilitemos de manera deliberada para recuperar nuestra libertad. En el caso de que no estén seguros de conocer a ese parásito, permítanme presentarles a sus componentes:

— El **juez.** Aplica la Ley: no se debe hacer eso, está mal pensar así, mereces tal castigo, no mereces tener eso, debes renunciar a ese deseo, tú no debes emprender eso, no está bien, es demasiado, eso no es muy serio, estás demasiado gorda, eres demasiado pequeño, jamás sabrás… no eres capaz de… etcétera.

— La **víctima.** Se lamenta, se compadece: no soy muy competente, jamás lo lograré, eso no es para mí, no me ayudan, no me quieren, soy feo, soy tonto, eso no es mi culpa, ¿por qué yo? ¿por qué yo no? Siempre soy el que paga el pato, yo nunca gano, estoy demasiado (enfermo, fatigado, soy negado para esto, soy feo(a), soy gordo(a), soy débil…), tengo mucho temor, no puedo creer en eso, eso sería demasiado hermoso, con seguridad no amerito lograrlo, van a estar celosos de mí, van a detestarme, van a tener algo contra mí… etcétera.

Escríbanme si jamás los han hallado o escuchado. Forzosamente son excepcionales.

— El **sistema de creencias** es, simplemente, el producto de la acumulación de obligaciones y de reglas: a fuerza de desempeñar los papeles que nuestra educación (familia, sociedad, religión...) nos ha dado, en un proceso de *domesticación*, como lo dijo don Miguel Ruíz, seguimos el modelo a veces forzando mucho el trazo ¡y llegamos a autodomesticarnos! Con mucha frecuencia, detrás de este avasallamiento a tal sistema de obligaciones, está el deseo de agradar, la necesidad de ser tranquilizado (luego de haber seguido por mucho tiempo las instrucciones para tranquilizar a los demás, a nuestros padres, por ejemplo); el temor de no ser amados tal como somos o, simplemente, el temor de ser castigados.

Un día, frente a la escuela primaria donde asistía mi hijo más pequeño, una niñita jugaba felizmente al "gato", cuando por desgracia resbaló (el césped estaba húmedo) y cayó de nalgas en un charco de agua. Al mismo tiempo, su padre se acercó, amenazándola con una zurra "que bien merecía" y la niña se levantó llorando para huir de su padre suplicando: "Por favor, no, no me pegues, se terminó, no jugaré más, por favor, no, no lo hice a propósito". El padre, enfadado, afirmó entonces: "¡Sí, sabes bien que lo hiciste a propósito! Ven aquí, que te daré lo que mereces". La pequeña, visiblemente aterrorizada por tener que ir en busca de una corrección segura, continuó suplicando: "Un mimo, no quiero una zurra, un mimo, te lo suplico". El corazón se me encogió, llena de recuerdos de terrores infantiles, de esos momentos en que estuve obligada a ir en busca de una "corrección merecida" (doble, me explicaban, porque, siendo rebelde por naturaleza, comenzaba por seguir mi instinto de conservación y prefería poner distancia entre mi padre y yo, buscando una mesa alrededor de la cual lo hacía girar mucho tiempo, ¡antes de que me atrapara!). Disculpo a mi padre por pertenecer a esa generación en la que no conocían otro método que no fuera el "adiestramiento" para educar a los niños (algo que sólo puede ser una creencia de más...), ¡aunque al inicio del siglo XXI los padres tienen la posibilidad de adquirir otros métodos por poco que busquen respetar la integridad de sus hijos! Con otra mamá, gentilmente comentamos al padre furioso que ella no lo había hecho a propósito, que el suelo estaba muy resbaloso... Una intervención pobre. Un poco avergonzada, tuve que reconocer que no debo permitir que hable mi corazón..., a nombre de las reglas de urbanidad, del temor de ser acusada de juzgar, de meterme en lo que no me importa... ¡Mi sistema de creencias me parasitaba aún!

Tener conciencia de esas creencias permite al menos trabajar para extirparlas de nuestro "disco duro" y de reemplazarlas por "programas positivos" (la naturaleza tiene horror del vacío, debiendo elegir con cuidado).

Existen grandes familias de programas parásitos, en especial en lo concerniente a nuestro propio valor y que nos impide reconocerlo. Así, pudimos terminar por creer que carecemos de capacidades para realizar tal proyecto o que no merecemos ser amados porque tenemos muchas faltas, que es malo querer salir adelante, querer ganar dinero, que es imposible continuar con los estudios, que si dejamos a nuestra pareja irrespetuosa nadie nos querrá (o que caeremos forzosamente con alguien peor), que si dejamos nuestro trabajo (donde estamos estancados desde hace varios años, tratando de olvidar nuestros sueños de reconversión) nunca volveremos a tener algo tan bueno… ¡Aquí detengo la lista ya que ésta muy bien podría llenar muchos libros!

Todo lo tocante a nuestro valor concierne a campos tan variados que:

— nuestro físico ("*¿no has engordado un poco últimamente? ¡Deberías prestar atención; de lo contrario, parecerás una cerda, gorda!*". ¡Aunque en invierno tengas frío si no has subido dos kilos!, por cierto los vuelves a perder en abril, ¡pues sí!),

— nuestras aptitudes domésticas ("*¿no eres capaz de cocer un huevo?*"; ¡aunque tu *goulasch* tiene una fama innegable desde hace veinte años!),

— nuestra inteligencia ("*¿acaso no deberías reflexionar antes de hablar? ¿Te das cuenta de las tonterías que cuentas?*"… aunque todo el mundo se rió y la comida estuvo animada),

— nuestros pasatiempos (¿coleccionar cajas de camembert tendría finalmente menos valor que practicar las carreras o la pintura en óleo?),

— nuestro estilo de vida, nuestro éxito material o la manera en que educamos a nuestros hijos ("*¿cómo toleras que tu crío haga un berrinche y te hable en ese tono?*")… etcétera.

Queda bien entendido que no siempre son los demás quienes hacen las reflexiones que puse como ejemplo, pues una cierta vocecita interior lo dice muy bien: ¡hazla callar, es el parásito que habla, no tu intuición profunda!

Es muy fácil reconocer si es tu verdadera voz interior la que habla porque, contrariamente al parásito, ésta sólo dice cosas agradables que se resumen así: **¡ERES PERFECTO(A) TAL COMO ERES!**

Si escuchas horrores, ¡es el parásito! Sencillo, ¿no es así?

Bien, ya escuchaste los horrores, pero es peor si continúas escuchándolos y los repites. **¿Qué hacer?**

En primer lugar, una vez localizados, no dudes en probar esas creencias: claramente, hay muy buenas, que te protegen, que te ayudan a atravesar las dificultades y no debes rechazarlas. Te aconsejo ponerlas a prueba de duda y sólo conservar aquellas que evidentemente son la garantía de tu integridad física y psíquica.

Un ejemplo rápido: *"¡el chocolate es malo para la salud!"* ¿Es forzosamente una creencia falsa? Con seguridad, lo disfruto… ¡pero a medias solamente!

Identifica las creencias que en verdad son programas parásitos, ¿cómo las alejarás?

La lectura de este libro te ayudará a entrever las soluciones y *(si osas utilizar las herramientas propuestas,* solas o con un terapeuta), a **SANAR.**

La sofrología, la IPMO y la TLE te permitirán avanzar poco a poco, mover con dulzura los obstáculos para tu felicidad. Solo o con la ayuda de un terapeuta, lleva a cabo el movimiento en tu vida, cambia tus hábitos, abre los ojos, dirige una nueva mirada a todo lo que te rodea y compréndete a ti mismo.

Parte al encuentro de tu talento, permítele expresarse, disfrútalo totalmente: ¡es la Vida la que se expresa en ti!

Capítulo 2

Tres herramientas
para un objetivo único: sanar

L a sofrología es un viejo "mochilero" del desarrollo personal, pero, ¿quién la conoce verdaderamente bien? En este libro, quise reunir un máximo de información acerca de esta práctica ahora muy conocida. Los aspectos teóricos más pesados (¡aunque curiosos!) se expondrán en el anexo en tanto que los prácticos se desarrollarán con profusión en la última parte de la obra.

La IPMO: Integración Positiva por los Movimientos Oculares. Hablamos de algo poco conocido, pero estos últimos años han sido familiares a nuestros oídos las palabras "movimientos oculares". Ésta es la ocasión para saber un poco más sobre una técnica que es quizá menos nueva de lo que creemos (recientemente supe que, en sus prácticas, los chamanes toltecas utilizaban tradicionalmente movimientos oculares), pero que intriga y gana notoriedad.

La TLE: Técnica de Libertad Emocional. He aquí una gran novedad… en Francia al menos. Poco conocida aún, es una técnica sorprendente de facilidad y de eficacia… pero les diré más.

La sofrología, la IPMO y la TLE son tres herramientas que, por sí mismas, pueden permitir buenos resultados, tanto en el desarrollo personal como en la terapia psicocorporal. ¿Por qué llevar a cabo entonces una práctica conjunta?

1. ¿Por qué "tres" herramientas?

Habría podido escribir un libro únicamente sobre la TLE, puesto que la herramienta es rica y práctica. Además, posee la carga de la novedad, siempre atractiva para el lector.

Soy sofróloga y, en mi práctica, en general son las tres técnicas en conjunto lo que me permite obtener resultados perdurables.

Comencé a practicar la **sofrología** en mí, para mí, hace veinte años. Es una herramienta que conozco bien… y conozco también sus límites. El límite principal es la dificultad de acción a muy corto plazo para una persona que no está habituada a ello. Además, el estado de conciencia modificada del trabajo en sofrología no siempre es fácil de alcanzar y no siempre permite separar lo "mental" (ego al mando) de la expresión de nuestro ser profundo. Muchos dirán que sí, ¡pero pienso lo contrario! La tentación de crearse una especie de "mundo aparte" es otro riesgo pues la vida está aquí y ahora.

Asimismo (es mi experiencia como ser humano la que expongo aquí, no sólo como terapeuta), en ocasiones resulta difícil liberarse de la invasión emocional. He pasado numerosos años de mi vida en un torbellino emocional que la sofrología me ha permitido *soportar…* mas no evitar. Si tu persona es denigrada, atacada o amenazada, la sofrología podrá ayudarte a protegerte, evitar que te hundas en la confusión, el insomnio, la depresión, la desesperanza, puedo atestiguarlo. Podrá brindarte los medios para preparar proyectos contra viento y marea, en particular contra la lógica de los hombres. ¡Esto es mucho! Tal vez, si sólo hubiera practicado la sofrología a lo largo del trayecto, me habría liberado sin otra ayuda, pero tenía tres hijos que debía educar (con la preocupación de preservar su equilibrio), una actividad por desarrollar, una salud que conservar. Sin contar con una guerra injusta que enfrentar, una necesidad de defensa de un territorio personal del que dependía mi supervivencia. *Sobrevivir* no era suficiente para mí, era ambiciosa, ¡lo que quería era VIVIR!

La **IPMO** fue, sin duda, el desarrollo inconsciente de mi sed de alternativa más rápida y más eficaz que la sofrología en el campo de la gestión de las emociones. Me obligaba a reflexionar sobre los mecanismos de la memoria, acerca del funcionamiento de nuestro cerebro: cómo una memoria puede permanecer vagabundeando y provocar disfunciones fisiológicas y psicológicas. Descubrimiento luminoso porque levantaba los bloqueos con rapidez, pero muy poco práctico al aplicarlo en uno mismo. Yo lo hice, aprecié la eficacia… y deploré la incomodidad de ponerlo en práctica en mí misma. Permanecí en espera de alguna otra cosa.

Tú sabes que, cuando anhelas sinceramente alguna cosa de la que en verdad tienes necesidad, *con la certeza de que eso existe y que lo vas a obtener,* ¡la vida te la ofrece! En esta ocasión, la **TLE** me llevó, hace algunos años, a una charola con una taza de té y la sonrisa de una amiga médico y *Life coach.* En esta ocasión, tuve lo que esperaba: una herramienta de liberación emocional sencilla, rápida y muy eficaz. Y al alcance de todos (¡incluyendo los niños!). La probé en mí durante días y días, en uno de esos meses de otoño en los que no tenía ni niños ni vacaciones. Procedí a una "limpieza a fondo" y comprendí que en verdad era posible sanar las viejas heridas. No sólo cicatrizarlas y hacerlas indoloras, no sólo ordenarlas propiamente en la memoria y poder "vivir con ellas"… no, ¡SANAR! Eso que había intuido desde hacía mucho tiempo, eso que mi ser percibía sin poder concretizarlo, al fin adquiría forma.

Sin mi trabajo en sofrología, sin las exploraciones con la IPMO… sólo con la TLE habría sido, sin duda, más difícil integrarlo para un trabajo tan profundo. No obstante, ¡tenía tres herramientas!

Sí, la vida es bella; sí, somos responsables de nosotros mismos; sí, hay momentos difíciles de vivir… sin embargo, todo va en una sola y misma dirección: amar la vida.

Eso significa: *amarse, desarrollar tolerancia y compasión hacia lo que nos hiere, comprender interiormente que, finalmente, nuestros sufrimientos sólo son el producto de nuestros programas tóxicos… etcétera.*

Estas palabras yo las había leído, creía haberlas comprendido. A pesar de ello, cuando pude liberarme, final y completamente, de los viejos temores, las iras incontenibles, los resentimientos inútiles, pero muy presentes, alcancé un nivel de confianza en la vida que me permite vivir con serenidad las pruebas más duras.

Desde que continué por este camino, anclando la vida siempre más profundo y disfrutando los momentos con la conciencia de ya no tener temor de lo que sea, me nutre una confianza absoluta en la vida.

Por supuesto, los momentos de duda pueden presentarse; muy probablemente, las dificultades pueden aparecer de nuevo insalvables… ¡temporalmente! Con la certeza que proporciona la confianza en la vida, podemos poner en acción las herramientas que nos permitirán hallar la alegría de estar simplemente ahí, presentes en el mundo.

Las herramientas son numerosas. Quizá ya has puesto en práctica un gran número: ¿qué es lo que hará que en esta ocasión no quedes decepcionado?

Para ser totalmente honesta, debería responder: ¡no hay ninguna garantía! Todo dependerá de ti, de tu compromiso, de tu necesidad (véase más adelante). No obstante, si combinas una práctica regular de la sofrología (mantenimiento del terreno) y si resuelves las emociones tóxicas (IPMO/TLE) conforme se presentan en tu conciencia, puedo garantizarte que avanzarás en la ruta correcta: hacia ti mismo. Mientras más cerca estés de ti mismo, más te parecerá la vida apetitosa y ligera.

Di adiós a la depresión, la fatiga crónica, el insomnio; a los comportamientos compulsivos, adictivos, mórbidos; di adiós tanto a los pequeños como a los grandes daños: ¡bienvenido a ti mismo! Una vez más, serás tú solo el "responsable"…, pero, esta vez, ¡tú mismo hallarás la felicidad!

Antes de explicar estas tres técnicas, te propongo tomar algunas referencias en relación con las peticiones que puedas tener:

— *frente a ti mismo (desarrollo personal),*
— *frente a un terapeuta eventual.*

La primera pregunta a formular es: "¿Qué es lo que en verdad busco cuando digo que deseo estar mejor?"

2. Curarte de ti mismo

Hacerte cargo de ti mismo: una evolución en el camino de tu vida

¿Has notado hasta qué punto podemos ser diferentes frente a las pruebas de nuestra vida? Algunos las afrontan como guerreros, otros las ignoran magníficamente. Los primeros buscarán las herramientas, los otros no. Algunos sufren y viven sus dificultades como víctimas, otros las niegan tanto tiempo como pueden. Los primeros buscarán ayuda, los otros no (o tal vez más tarde). Como los asuntos humanos no son forzosamente simples, es muy probable que naveguemos entre estos cuatro polos: guerrero / impermeable / víctima / anestesiado. Tendremos momentos de rebelión, otros de autismo y, según el caso, decidiremos "ocuparnos de nosotros mismos" solos o con un terapeuta o estaremos resueltos a "olvidarlo".

Desde mi punto de vista, esos momentos distintos de nuestra vida son como una respiración: cada uno a su propio ritmo y no es seguro que avancemos más como guerrero que como víctima. Cada estado aporta su porción de experiencias, sus niveles de integración consciente o no.

Lo que hará la diferencia será la conciencia que tengamos de nosotros mismos durante ese recorrido. La conciencia nos ayudará a abrirnos camino; la ausencia de camino nos hará experimentar una regresión. Es así. La vida es movimiento: si no avanzamos, retrocedemos… ¡aunque nos podemos engañar un poco agitándonos en un lugar!

¿Qué es lo que hará que decidamos tener un proceso terapéutico (solos o en la relación de ayuda)?

La respuesta más evidente, según mi experiencia personal y en consulta es: ¡el dolor!

Dolor físico o moral; cuando "eso hace mal", comenzamos a formularnos preguntas… no de inmediato, esperamos un poco para ver si eso pasa. Si el dolor desaparece, podemos continuar nuestra vida alegremente, pero si el dolor se presenta con frecuencia, si se instala, sólo nos quedan pocas alternativas: descargar ese bulto en los demás o lo cargamos y comprendemos lo que nos lo causó.

Descargarnos en los demás puede adquirir múltiples formas:

— para el sufrimiento físico: vamos con el médico, con el cirujano y esperamos milagros de la química y del bisturí

— para los sufrimientos morales: pasar la responsabilidad a los demás, acusar, culpabilizar, quejarse del otro (cónyuge, hijos, padres, patrón, colegas…, etcétera), de la sociedad, del sistema, de la época, de la vida, de Dios.

De una buena vez, notamos que los médicos hicieron un buen trabajo y que "los demás" tuvieron en realidad su parte de responsabilidad en nuestros malestares. En un primer momento, si la enfermedad no es muy relevante, algunas tabletas o un buen altercado van hacer que la presión baje y quizá harán que desaparezca el problema. A veces tenemos problemas muy pequeños.

Sin embargo, el problema regresa, se agrava o se manifiesta de una manera totalmente distinta y es innegable: ¡hay alguna cosa que no está bien! Regresamos con el médico, multiplicamos los conflictos (contra los demás o contra nosotros mismos)…, pero el tiempo transcurre y la curación no llega. ¿Qué hacer?

Sufrir (en silencio o no) o buscar ayuda.

**El dolor es aquello que nos hace perder conciencia
de nuestra necesidad de ser ayudados.**
Si perdura, tenemos la alternativa: sufrir o pedir ayuda.

La ayuda "terapéutica":
Desarrollo personal y relación de ayuda

¿Dónde comienza la "medicina", dónde termina la atención de sí mismo?

A mi parecer, pedir ayuda comienza, evidentemente, al acudir con tu médico (una vez agotados los consejos de amigos (as)). Aquí, voy a considerar la ayuda como ayuda de uno mismo. Desde un punto de vista cronológico, no se va a tratar de una progresión "médico después relación de ayuda", sino de una evolución de la conciencia. Tal vez no te imaginas que el papel del médico en tu vida pueda ser múltiple. En sofrología, hablamos de una nueva mirada: es tu mirada sobre tu médico lo que se va a transformar.

Muchas personas consideran al médico como a una especie de prestatario de servicio muy técnico, híper especializado: un distribuidor de medicamentos apropiados. Cuando hablo con los médicos que yo conozco (más de una treintena), parece claramente que su elección profesional no tiene nada que ver con "prescriptor de medicamentos"…, pero tampoco, forzosamente, con "orejas súper grandes" (¡sobre todo a 500 pesos la consulta!).

Intenta considerar a tu médico como a un compañero, como a alguien que va a proporcionarte una ayuda (química),[1] pero con la condición de que tú aportes también alguna cosa (no, no pienso en un cheque): tu colaboración; debes estar atento de ti mismo, hacer lo que esté a tu alcance para que su ayuda sea acogida en las mejores condiciones.

Algunos ejemplos:

— Tienes colesterol y estás a punto de ser medicado; tu parte de ayuda será someterte a un régimen alimenticio con el fin de respetar mejor tu cuerpo.

---

1. La homeopatía es, de igual manera, una forma de química… aunque depende de más de una química bioeléctrica.

— Padeces una enfermedad hepática crónica; tu deber, hacia ti mismo, será abstenerte de beber alcohol.

— Eres asmático, pero fumador: tu responsabilidad será hacer lo que esté a tu alcance para dejar de fumar.

— Padeces insomnio; por ello, velarás por tener una higiene de vida que favorezca un sueño armonioso.

Con excepción de los dominados por una inflación del ego y que viven su profesión como una herramienta de poder y de toda autoridad, que son los menos, la mayoría de los médicos esperan (a veces en vano) una colaboración de sus pacientes.

Iré más lejos, **tu primer médico eres tú mismo:** higiene alimenticia y de vida son las garantías de visitar con poca frecuencia a un profesional de la salud. Los médicos chinos tradicionales eran pagados para mantener a la gente con buena salud, no si el paciente estaba enfermo. Cuando reporto este hecho, la reacción habitual es: "¡Los médicos occidentales estarían en la miseria con ese principio!… ¿Estás dispuesto a pagar *antes* de estar enfermo? ¿Estás dispuesto a ir con el médico para tener los medios para mantenerte con buena salud?[1] ¿Prefieres visitar a varios especialistas o ir con el médico general que conoces, que conoce a tu familia, tu medio ambiente y que tendrá una visión global de tu persona? La protesta generalizada contra el nuevo sistema de médico referente como paso obligado para visitar a un especialista me ha sorprendido mucho: que no podamos cambiar de médico referente es muy discutible, estoy de acuerdo, pero una relación de confianza con un médico general, que sabrá tomar contigo la decisión de pasar la mano a un especialista, respeta el concepto de ser global. Por una vez que el Seguro Social tuvo una visión holística de la salud, ¡debemos aplaudir![2]

---

1. Los médicos homeopáticos funcionan a menudo así: una consulta completa para evaluar una o dos veces por año y consolidar el terreno y pocas consultas (menos costosas) en caso de urgencia.

2. ¡Admito que sospecho, a pesar de todo, de esa lista de referencia "administratitis" aguda!

> La medicina no comienza ahí donde termina la atención a uno mismo, porque **la salud comienza con la atención a uno mismo.**

Visitamos al médico, pero... el dolor (físico o moral) persiste: ¿qué hacer?

O sufres (en silencio o no) o buscas ayuda.

Para eso, puedes seguir el consejo de tu médico general (muchos médicos aconsejan la psicoterapia, la relajación, la sofrología... etcétera) o de las personas que te rodean (profesionales de la salud o familia y amigos).

Puedes, asimismo, decidir solo que, ahora, ¡hay que pasar a otra cosa!

A la acción.

¿Cómo abordar la relación de ayuda?

Tu sufrimiento es grande o severo desde hace mucho tiempo. La relación de ayuda será con una persona exterior.

Ya pasaste pruebas, posees una caja de herramientas de base: puedes considerar trabajar sobre ti mismo, solo o con una ayuda más puntual.

Insisto en este punto porque es un momento en la vida en el que el camino debe trazarse solo (creo que eso se llama VIVIR). El sufrimiento está ahí para que recordemos lo que está en desarmonía en nuestra vida y, para conservar un equilibrio, es indispensable un esfuerzo más o menos grande. Mientras más desarrollamos el conocimiento y la conciencia de nosotros mismos, más fácil será determinar si requerimos de ayuda exterior o interior. Es un poco complicado, aunque, al "inicio del recorrido", esa capacidad de percepción es muy útil. Es quizá eso lo que explica los errores de los terapeutas con algunos pacientes o la duda al iniciar un trabajo sobre uno mismo.

No subestimemos más el temor en lo que nos impide llevar a cabo un trabajo de desarrollo personal. Una paciente me dijo en la segunda sesión: "Estuve a punto de no venir; en verdad tengo temor de lo que vaya a descubrir sobre mí misma". Le aseguro a todo el mundo que, a más o menos largo plazo, efectivamente, se nos "lanzará" algo sobre nosotros mismos (nos identificaremos a nosotros mismos de manera errónea) y el temor del vacío nos llegará al alma…; a pesar de ello, ¡no hay un gran vacío al que temer! Lo que queda después de la gran limpieza es: Alegría, Amor, Paz, Vida… etcétera. ¡Qué bueno! Sentimos cierto pesar por no haber avanzado con mayor rapidez… salvo que en ese momento tenemos también conciencia de la utilidad del tiempo transcurrido entre el inicio del problema y la paz hallada.

¿Cómo saber si tenemos necesidad de ayuda exterior? Cuando permanecemos impotentes ante el dolor. No es forzosamente el nivel de dolor el que nos va a guiar, sino, más bien, el sentimiento de no poder llegar solos ahí, el fracaso de nuestras tentativas solos… o la importancia de lo que pudimos descubrir en nosotros. ¡Sigue tu instinto; te dirá si es tiempo de consultar!

> Hay un tiempo para ayudarse a uno mismo,
> pero también un tiempo en el que la ayuda exterior
> es indispensable. ¡Y viceversa!

Explico: por ayuda exterior entendemos aquí una ayuda profesional. La ayuda de los amigos, aunque preciosa, no puede bastar. Los amigos no pueden servirnos de terapeutas a fondo (salvo en un marco profesional reconocido: tengo varios amigos que han tenido la confianza de trabajar conmigo, en consulta, principalmente en TLE, porque no conocían a otro terapeuta con esa herramienta. Es raro, más no imposible, si el marco está bien delimitado).

Decidió consultar: ¿a quién ver?

— Ya consultaste y estás satisfecho con la ayuda recibida: vuelve a tener contacto con el terapeuta, la relación de confianza ya existe, ganarás ese tiempo.

— Ya consultaste, pero no estás seguro si ese terapeuta te conviene en ese momento preciso de tu recorrido (no es que él no sea muy competente, sino que puedes sentir la necesidad de otra relación, de otras herramientas, de un procedimiento diferente…): sigue los consejos dados más adelante para aquellos que son principiantes.

— Jamás has consultado… La elección es la más vasta, he aquí algunas pistas:

1. Duda incluso entre diversos enfoques: ¿psicoterapia, terapias psicocorporales, comenzar por el cuerpo? ¿Por el espíritu? ¿Trabajo sobre la relación cuerpo/espíritu? ¿Qué es lo que buscas ante todo: un espacio donde hablar, una relajación del cuerpo, una caja de herramientas, las tres cosas juntas…? Toma tiempo para aclarar estos aspectos.

2. Trata de ser fiel a tu instinto: ¿"eso" dice sí o no para esta terapia o este terapeuta? Es un excelente medio para decidir.

3. No sabes qué ayuda te convendría mejor: si todavía no te ha aconsejado nadie, pregunta a tu médico familiar. Si tus problemas conciernen a un practicante de la salud, él sabrá precisarlo y te ayudará a hallar al profesional adecuado.

4. Existen libros y revistas que dan consejos y listas exhaustivas.

5. Consúltalos y permite que te inspiren (corazonada, intuición… etcétera).

6. ¿Tus allegados mencionaron algunos enfoques? ¡Pide los detalles!

7. Tienes una dirección: telefonea, siente si la persona puede convenirte, al menos para una primera cita. Ídem para la primera cita: ¿es la apariencia, la voz, el olor (o el perfume), el ambiente (barrio, consultorio) lo que te hace sentirse a gusto? Tienes el derecho al error, si en la primera cita no hay vínculo: detente sin remordimiento, es tu derecho. ¡Ése es ya un regalo que te haces!

Existen numerosos medios para elegir una terapia.
Ten confianza en tu sentir para elegir
la que te conviene.

¿El cuerpo o el espíritu?…
¡Probablemente ambos, mi general!

Una amiga me pidió consejo para iniciar un trabajo de desarrollo personal, esperando que la orientara ya fuera hacia un trabajo corporal o hacia una terapia por la palabra… Un asunto difícil. Si el cuerpo sufre, ¿no debemos comenzar por el cuerpo? Si la psique sufre, ¿no debemos "tratarla"? Al fin y al cabo, creo que no hay respuesta. Es, más bien, un asunto de afinidades y de comodidad.

Es tal vez por ese motivo que propongo a mis pacientes tanto un espacio de palabra como de trabajo sobre el cuerpo. Algunos sofrólogos aplican protocolos tipo, acatando una metodología demostrada, donde el tiempo de palabra del paciente está limitado y todo el espacio dedicado a la sesión de sofronización. Sin embargo, hay terapias en las que la palabra se esfuerza por llegar, podemos, como a veces en análisis, dejar que ese silencio se ensanche y cierta incomodidad terminará por hacer que surja alguna cosa; es lento y, en ocasiones, doloroso. En el caso en que la persona es incapaz de expresar cualquier cosa que sea ("no es así, pero no sé por qué" + silencio), donde las emociones están como anestesiadas, sugiero la opción de proponer herramientas dinámicas, que permitirán cambiar el punto de vista. Una sesión de TLE para trabajar sobre el bloqueo, una sesión de sofrología para activar lo positivo, un masaje shiatsu para rearmonizar las energías (lo propongo de igual manera tanto a quien se pierde en una verborrea, como a quien, para mí, ¡dice tanto con el silencio!). Es un punto de vista personal. No está vinculado con el hecho de que no soportaría el dolor de la otra persona (mi vida me ha permitido adquirir un entrenamiento de comando sobre ese tema), sino que, con los años, he dejado de creer que sufrir es indispensable para avanzar. Para actuar, con mucha frecuencia, sí. Para avanzar, no.

Entonces, ¿cuerpo o espíritu? Si consideras que el cuerpo sólo es una maquinaria, sus males serán tratados independientemente del resto, pero, entonces, ¡lees este libro por error! Si hiciste el vínculo entre los gritos del cuerpo y tus estados de ánimo, concluiste que el cuerpo y el espíritu interactúan. Un trabajo de dos niveles será fundamental.

Un apoyo de medicamentos podría ser necesario para poder abordar un trabajo psíquico. Es por eso que los médicos prescriben antidepresivos aconsejando una psicoterapia. O que hagas sus sesiones de kinesiterapia igual que si trabajaras con un terapeuta por motivos de un mal crónico en la rodilla.

Es semejante en el desarrollo personal: un trabajo con la respiración será indispensable para acompañar una liberación emocional. En sofrología, se afloja el cuerpo para poder luego aflojar el espíritu… entonces, será posible hacer cambiar nuestra opinión sobre nosotros mismos, los demás y el mundo. Podrás elegir hacer una psicoterapia, seguido de cursos de yoga o de relajación (he tenido pacientes que estaban en psicoterapia paralelamente con el trabajo que efectuábamos juntos).

> Tengamos o no conciencia, **el cuerpo y el espíritu son indisociables.** Tanto en el desarrollo personal como en la terapia, el cuerpo y el espíritu están en juego.

He recalcado demasiado que lo que finalmente nos obliga un día a actuar, a prestar atención a nosotros mismos, es el dolor. Precisé que el dolor físico o psíquico. Tanto en el tratamiento como en la causa, el límite entre lo corporal y lo emocional es imperceptible… podría ser que no exista. En TLE, trato las eventuales manifestaciones dolorosas como emociones. No es que lleguen a verme para sanar el dolor, pero, a lo largo del trabajo de liberación emocional, las tensiones físicas pueden aparecer, resurgir viejos dolores. El dolor, la sensación desagradable, se trata como lo haríamos con la tristeza, la ira o cualquier otra emoción negativa. Asimismo, se evacua con facilidad. También, los pacientes llegan con dolores, heridas recientes "que no tienen nada que ver con su motivo de consulta", pero el mal desaparece al mismo tiempo que la problemática se resuelve.

El dolor está finalmente ahí para ayudarnos a tener conciencia
de nuestros límites y de nuestra necesidad de ayuda.
No obstante, puede ser considerado como una emoción
negativa y tratado como tal.

¿Encontraste a tu terapeuta? Casi…

¿Puede ser que aún te formules preguntas, técnicas, sobre las herramientas utilizadas en la terapia?

O ¿decidiste que, en esta ocasión, tomarás las riendas de tu vida?

Este libro te proporcionará respuestas concretas que te permitirán probar las herramientas, tener experiencias y quizá comprender mejor si tu necesidad depende de una ayuda exterior o de lo que tú mismo te aportarás.

En los capítulos siguientes, te presentaré una a una las herramientas. Tanto como sea posible. Terapeutas o pacientes: elijan lo que mejor les convenga.

Segunda parte

Las herramientas

Capítulo 3

La sofrología

L a sofrología es la primera de las tres herramientas que deseo presentarte en este libro; es, también, la más conocida y la más reconocida en Francia.

Tener fácilmente un buen sueño, prepararse al nacimiento: ¿quién no conoce estas dos aplicaciones mayores de la sofrología?

Las aplicaciones prácticas de la sofrología son innumerables y conciernen a dos ramas: médica y socioprofiláctica.

Las aplicaciones clínicas pueden concernir a:

— el acompañamiento del cáncer
— hacerse cargo de comportamientos alimentarios patológicos (anorexia, bulimia)
— la cardiología (reeducación después de infartos, gestión HTA, por ejemplo)
— la ginecología (esterilidad)
— la neumología (asma)
— la reumatología
— la anestesia o el manejo del dolor…

¡Utilizamos, asimismo, la sofrología en geriatría, cuidados de enfermería especializada o aun en kinesiterapia!

Por ejemplo, en kinesiterapia, el mejor conocimiento del esquema corporal y la capacidad para relajar las tensiones facilitan el trabajo del profesional. Una verdadera colaboración tiene lugar, hablado en mi kinesiterapia: en general, sabemos en el mismo momento si "eso va a pasar o no" y, a veces, ¡apenas hay tiempo para instalarse para una manipulación que se hace sola!

La socioprofilaxia remite el voto más apreciado de los sofrólogos caycedianos: *"difundir la sofrología en la ciudad".*[1] Toca todo lo que puede hacer cambiar la personalidad y desarrollar las capacidades y las potencialidades de cada uno y podría asemejarse a un inventario estilo Prévert:

— motivación

— concentración

— imaginación

— energización

— positivación

O hacerse cargo de los momentos coyunturales de la vida:

— preparación de exámenes

— desempleo

— luto

— cambio profesional o personal

— divorcio

— partida de los hijos fuera del nido

— preparación para el retiro…

Y eso no es todo:

— mejoramiento de la memoria

— cambio de hábitos

— administración del tiempo

— facilitación de aprendizajes

— abandono del nerviosismo

---

1. Patrick-André Chéné, *Sophrologie, champs d'applications,* p. 325. Véase bibliografía.

— desarrollo de la confianza en uno mismo

— protección ante el hostigamiento…

En resumen, todo lo que habitualmente entendemos como **manejo del estrés.**

Por ejemplo: ¿te sientes mal en tu empleo y piensas dejarlo? La sofrología podrá ayudarte a **preparar** tu proyecto de cambio, a **osar** tomar nuevos riesgos con serenidad, a **evaluar** lo que eres tú y los valores que deseas **poner en práctica** en tu vida profesional. Una vez que el proyecto avanza, puedes **aumentar tu confianza** en ti mismo, **elegir tus objetivos** con mayor discernimiento. ¿Conseguiste una entrevista? Prepárate con la sofrología: expresión oral, soltura, confianza en ti mismo, creatividad, dominio de ti mismo, están a tu alcance.

Recibo personas en busca de empleo, para lo que la moda llama un "asesoramiento". Los métodos que se utilizarán estarán centrados en la persona, en la validación de su potencial, en su capacidad para proyectarse en determinada situación. Como decía una de mis pacientes un poco dubitativa al partir: "¡Pero, eso funciona!". Efectivamente… encontró un empleo, dentro del plazo que se había fijado y correspondiente a los criterios fijados (proximidad y disponibilidad para los niños en este caso).

¿Ya no sabe quién es?

La sofrología puede remediar eso.

Una precisión, a pesar de todo: eso no se hace solo. La sofrología exige una práctica regular. Hay herramientas más rápidas, pero ¿reflejan bien lo que busca? ¿Un resultado a corto plazo o a largo plazo? ¿Una transformación positiva y durable de su estado de ser o un medio para controlar la situación? ¿Tener en verdad confianza en la vida o *sanar* el temor?

Tome tiempo para descubrir lo que es verdaderamente la sofrología. Eso le exigirá un esfuerzo, pero instálese en la práctica, avance en las técnicas y, sobre todo, ¡*escuche* el bien que eso le hace!

1. Un poco de historia...

El término "sofrología" se emplea desde hace años en los medios del desarrollo personal, de la terapia y de la formación. Puede esconder prácticas muy variadas. Su creador, el profesor Alphonse Caycedo, omitió proteger el término que inventó en 1960 y muchos se lo han adueñado desde hace cerca de veinte años. Cuando el profesor reaccionó, ya no era tiempo de registrar la "sofrología", ya largamente utilizada y declinada (sofrorelajación, sofroanálisis, sofroterapia… etcétera). La denominación protegida desde entonces es "sofrología caycediana", así como toda la terminología correspondiente a sus desarrollos (véase la tercera parte).

Originario de Bogotá, el doctor Alfonso Caycedo llevó a cabo estudios de medicina y después de cirugía en Madrid (España). Creó en 1959 la Sociedad Española de Hipnosis Clínica y Experimental, que en 1960 se convirtió en la primera Sociedad de Sofrología.

El término de "sofrología" nació durante un congreso mundial de psiquiatras en Viena, en 1960.

Etimológicamente, el término "sofrología" tiene sus raíces en el griego:

— *sos:* la paz, la armonía, la serenidad.
— *phren:* el espíritu, la conciencia, el cerebro.
— *logos:* el tratado, la ciencia, el estudio.

Entonces, se trata del estudio de la conciencia. La dimensión de cuidado se halla, también, en la similitud con *sophrosuné* (griego) que, de acuerdo con Platón, describe a los médicos que sanan mediante la palabra. La palabra, o más exactamente el *terpnos logos*,[1] posee, como veremos, un papel mayor en una sesión guiada de sofrología.

Según los términos mismos de Caycedo, la sofrología puede ser comprendida como "una ciencia de la conciencia y de los valores de la existencia".

---

1. Ver Anexo 2.

A partir de 1963, Caycedo se reúne y trabaja con Binswanger, el padre de la psiquiatría fenomenológica. La fenomenología (cf. Husser, Heidegger principalmente en lo que concierne a las investigaciones de Caycedo) es una filosofía que dirige una mirada al mundo "como si fuera la primera vez", apegándose a olvidar juicios *a priori*.

Es el enfoque fenomenológico el que ciertamente permitió definir en verdad la sofrología, permitiendo distinguirla definitivamente de la hipnosis. Hizo posible abordar el estudio de la conciencia vía fenómenos y manifestaciones de la conciencia. El doctor Caycedo completará esta investigación de la conciencia mediante estancias en Oriente, donde ha pasado varios años, principalmente en India, el Tibet y Japón, donde estudia en contacto con los místicos orientales, entrenándose en las técnicas yoguis, budistas y zen de meditación. Tales experiencias no son simples estudios intelectuales, sino una verdadera práctica personal, una integración no sólo en el espíritu, sino en el cuerpo. Éstas nutrirán ese vasto campo de estudio en que se ha convertido la sofrología.

Si hay un campo en el que la sofrología se distancia en forma radical de la hipnosis es, precisamente, en la atención dada al cuerpo, en las nociones de esquema corporal, de "corporalidad"[1] que está en particular bien ilustrada por los ejercicios de *relajación dinámica Caycedo (RDC)*, metodología que pretende desarrollar esta percepción en el cuerpo en movimiento. La sofrología es una forma elaborada de relajación física. Desde luego, permite una gran relajación del cuerpo, que sólo es el punto de partida para un trabajo (quizá debería decir una aventura) sobre uno mismo.

> La sofrología procede de una gestión *fenomenológica,*
> tiene en cuenta los fenómenos que emergen de la conciencia.
> **Por fenómenos entendemos todo aquello que se manifiesta**
> **en la conciencia:** lo que perciben nuestros cinco sentidos,
> nuestros pensamientos, nuestros sentimientos, etcétera.

---

1. El sentimiento corporal está, en cambio, integrado por la hipnosis ericksoniana.

Las técnicas de relajación facilitan la modificación del estado de la conciencia y la exploración de sus diferentes estados. El propósito de la sofrología es abrir, o más bien descubrir, una zona en la conciencia, una zona de posibles, ¡una zona de expresión de los fenómenos donde desarrollar nuestra creatividad!

2. De la sofrología a "mi" sofrología...

El término de "sofrología" que a menudo repetimos en este libro será, salvo mención explícita, usado para designar lo que denominamos sofrología caycediana.

Personalmente, fui atraída hace más de veinte años a las técnicas de desarrollo personal cercanas a la sofrología, antes de ser formada en las técnicas caycedianas. Mi gran descubrimiento con Caycedo fue la relajación dinámica caycediana (RDC). Esta metodología, muy progresiva, permite explorar diversos niveles de conciencia (concentración, contemplación…), al mismo tiempo que una práctica bien definida. En donde algunas escuelas proponen exploraciones que parten un poco de todos los sentidos, la RDC estructura etapa por etapa el descubrimiento del ser en todas sus dimensiones (desde la física hasta la espiritual). Posee doce niveles. En general, en la práctica, en el consultorio, se ponen en acción los cuatro primeros.

> La **relajación dinámica de Caycedo** (RDC) es una
> de las herramientas de la sofrología caycediana. Permite
> la relajación del cuerpo y del espíritu de *modo dinámico.*

En mi práctica he puesto un poco de distancia con la sofrología caycediana, con el más grande respeto a los trabajos de Caycedo y de mis colegas sofrólogos caycedianos. No sabría renegar de mis experiencias precedentes y trato de integrarlas en un marco más vasto de desarrollo personal. Aquí, me permito permanecer abierta al aprendizaje de otras herramientas y de poder enriquecer aún más mi práctica, tanto en el plano personal como en el profesional. En el transcurso de esta obra, mostraré la complementariedad evidente para mí de la sofrología, de la IPMO[1] y de la TLE.[2] En sesión individual, puede pasarse sin dificultad de una herramienta a la otra para una mejor eficacia. Constaté que la IPMO y la TLE facilitan la sofronización[3] (puesta en marcha de la relajación profunda)…

El doctor Caycedo transforma sin cesar la sofrología al integrar los descubrimientos hechos por los distintos sofrólogos en su práctica cotidiana.

En la mía, personal o profesional, oso innovar, con respeto a la herramienta de base. Me adapto a mis pacientes, empleo los materiales que producen sus discursos, su imaginación. Me atrevo a crear sesiones de sofrología originales, pero que, considero, permanecen dentro del espíritu caycediano.

Me viene a la memoria una anécdota: durante mi formación en la Academia de Sofrología Caycediana de París, animé un entrenamiento de grupo para un ejercicio de "RDC2". Una vez terminado, una persona señaló el hecho de que yo había guiado una parte del ejercicio reemplazándola por una que normalmente era parte del programa de la "RDC1". El doctor Patrick-André Chéné hizo entonces el siguiente comentario: "¡sí, pero eso se hizo dentro del espíritu de la RDC2!" Efectivamente, yo no lo había notado (ni los otros participantes). Al investigar si el procedimiento era escrupulosamente respetado, esa persona mantuvo su proceso mental activo en lugar de "entrar en el ejercicio". No pudo soltar la presa ni dejarse llevar para aprovechar el ejercicio. Ese incidente recalca para mí la importancia de estar, ante todo, en el espíritu de una sesión y de saber abandonarse a ésta con toda confianza.

> **Practicar la sofrología caycediana no obliga a encerrarse en metodologías estrictas e inflexibles.**
> La sofrología caycediana te permite desarrollar tu propia creatividad: deja que ésta se exprese y permanezca en el espíritu del método.

1. Integración Positiva por los Movimientos Oculares, véase capítulo específico.
2. Técnica de Libertad Emocional. *Ídem.*
3. Ver el anexo "Conceptos y estructuras teóricas de la metodología caycediana".

3. El desarrollo de una sesión de sofrología

En el consultorio, sigue un esquema recurrente:

El protocolo

— En un primer momento, el paciente es dirigido para que precise sus objetivos; en particular en la primera sesión en la que el sofrólogo procede a una anamnesis o interrogatorio acerca de la problemática que justificó la consulta. Al inicio de las sesiones siguientes, se expondrá el punto sobre la práctica de los ejercicios "en casa".

— Una vez definido el objetivo, comenzamos a hablar propiamente en la sesión. Es decir, luego de la primera conversación, siempre con una sesión de sofrología de base. Se invita al paciente a tomar una "postura de sofronización", en general cimentada por las primeras consultas. Se trata de una primera toma de conciencia de la presencia del cuerpo, una atención particular al relajamiento de los músculos que se hace al sólo permitir la tensión necesaria para mantener esa postura. Ante todo, preveo sistemáticamente un tiempo de atención a la respiración.[1] En seguida, se dedica tiempo a aflojar poco a poco el cuerpo, con la ayuda de diferentes técnicas propias de la sofrología: sofrología de base, sofrología de base vivencial, sofrología de respiración sensorial... etcétera. Para variar los placeres, una vez adquiridas estas técnicas de base, llega el momento de modificar la puesta en marcha de la sesión por otros, similares, tomados de otras fuentes.

— En cada etapa de la sesión se prevén pausas, en estado de relajación, ya sea para integrar la nueva experiencia (*pausas de integración*) o para resumir y concluir las diversas etapas de la sesión (*pausa de totalización*). Resalto la importancia de esas pausas que permiten potencializar las nuevas adquisiciones, hacer descubrimientos con el ejercicio mismo. Son como un respiro en el interior de una sesión y a menudo amplifican los efectos.

---

1. Véase "Sofrología práctica: un recordatorio sobre el estrés y la respiración".

— Después de las primeras sesiones, una vez que están bien integradas las técnicas de base, se abordan las técnicas llamadas "específicas"[1] que permitirán poner en acción una estrategia eficaz para resolver la problemática del paciente.

— Cada ejercicio concluye con un protocolo inmutable de *desofronización* que permite cerrar el ejercicio luego de hallar el estado de vigilia habitual. Este protocolo comprende:
  - *La activación de tres capacidades: confianza en uno mismo, armonía del cuerpo/espíritu, esperanza,*
  - *una acentuación de la exhalación (sobre dos o tres exhalaciones),*
  - *una movilización ligera del cuerpo para aumentar el nivel de vigilancia y llegar a "el aquí y el ahora".*

— La sesión concluye con una reflexión sobre lo vivido en el ejercicio y la animación a retomarlo en casa.

Durante esta sesión, el terapeuta se convierte en el *sofronizante,*[2] y el paciente en el *sofronizado* y la *alianza sofrónica indispensable para un trabajo armonioso* puede empezar a construirse. Se debe destacar que la mención específica de esta evolución de los papeles, la explicación de la necesidad de esta alianza, normalmente forma parte de la sesión de sofrología, de igual manera que el aprendizaje de toda la terminología específica de la sofrología. Sin embargo, sugiero no siempre dedicar tiempo a estas explicaciones, puesto que las veremos y no siempre utilizo la sofrología en primer lugar. La formalización intelectual no me parece indispensable.

Observación: en el caso de una sesión hecha "en casa", el esquema es el mismo desde la toma de postura hasta la desofronización. El sofronizado escucha un *terpnos logos*[3] interiorizado (voz interior) o, una vez integrada la práctica, se deja ir espontáneamente al desarrollo de una sesión.

---

1. Véase "Sofrología práctica / las aplicaciones de la sofrología".
2. Este término y los siguientes son terminologías propias de la sofrología caycediana, véase el anexo 2.
3. Véase este término en el anexo 2.

Algunos de mis colegas dan un CD en cada sesión. En lo personal, sólo recurro a esos apoyos en dos casos: la urgencia (maternidad, desorden importante del sueño o enfermedad grave que exigen resultados rápidos) y para las personas de edad avanzada que tienen un problema específico de memoria (sobre el cual, a veces, podemos intervenir).

En efecto, la sofrología debe poder ser practicada no importa dónde, no importa cuándo… en caso de necesidad es muy útil recurrir a ésta al instante. ¡Habituarse a la voz del sofrólogo no es el camino más seguro para llegar! Eventualmente, animo a los pacientes para que graben sus propios *terpnos logos;* esto refuerza la confianza en uno mismo, desarrolla la creatividad, la memoria y tranquiliza. No obstante, nuestro cuerpo y nuestro cerebro son los mejores apoyos de memoria que conozco…

Cada sesión de sofrología se organiza de una manera similar:
— elección de una postura de relajación (sentado o de pie)
— relajación detallada del cuerpo
— pausas de integración
— ejercicios específicos
— pausa de totalización
— desofronización: activación de las tres capacidades y, luego, regreso al estado de vigilia

---

Quizá el punto más importante que debe señalarse al sujeto de una sesión de sofrología es que ¡el "sofronizado" sale siempre de una sesión en un estado mucho más positivo que cuando entró! Sin duda, esto es lo que hace la profesión de sofrólogo muy agradable…

Para lo relacionado con el contenido concreto de estas sesiones, puedes consultar los terpnos logos que se proponen en esta obra (véase la tercera parte del libro: "Algunos ejercicios prácticos…").

4. El proceso a seguir durante una sesión de sofrología

Saber a *grosso modo* cómo se desarrolla una sesión (véase más arriba) es útil para familiarizarse con la herramienta, pero no será suficiente para comprender el proceso que se lleva a cabo en una sesión.

Como la mayor parte de las herramientas de desarrollo personal, la práctica es indispensable por muchas razones:

— la memorización de la técnica,
— el relajamiento del cuerpo y del espíritu,
— el análisis del estado de relajación,
— la obtención de resultados perdurables.

En el caso de la sofrología, en primer lugar es esencial comprender las "herramientas de base". Para las personas que ya han practicado técnicas de relajación profunda, el primer ejercicio clásico (sofrología de base)[1] les traerá a la memoria recuerdos. Se trata, en efecto, de relajar el cuerpo poco a poco para tenerlo en la conciencia, es decir, no esforzarse en la relajación, sino, más bien, dejarla que se relaje. Se acompaña un inicio de relajación en el plano físico, con atención suave, pero sostenida, en las sensaciones. Los habituados quizá olvidaron la importancia de esta fase, pero volver con regularidad a su práctica me parece indispensable, aun después de años de sofrología. Es por la atención al cuerpo que se logra el acceso a nuestra conciencia y a sus diferentes niveles.

Permitir simplemente que la relajación se instale. La respiración desempeña un papel esencial en la toma de conciencia del cuerpo: escuchar dónde eso respira en uno, *cómo* eso respira en uno; para mí, es el ejercicio más sencillo para relajar las tensiones físicas o psíquicas. Es, también, el más accesible y el más eficaz.

---

1. Véanse las advertencias sobre la SB en la parte "sofrología práctica".

Es suficiente con prestar atención a nuestra respiración en los escasos momentos en que nos sentimos tranquilos y serenos para darnos cuenta de que es más lenta, más libre.

En particular, en una época en que las exigencias estresantes son numerosas en el mundo profesional y, por rebote, en la casa, es importante tener contacto con esta función natural.

Los sentimientos se afirman sesión tras sesión.

Todos poseemos la herramienta más importante
para una buena relajación: ¡la respiración!
**La atención suave dada a la respiración es la puerta
de entrada a la relajación.**

LA RELAJACIÓN

RELAJAR EL CUERPO

Prestar atención a la respiración, a cada parte de nuestro cuerpo, registrar la relajación (ayudándose de la respiración) con suavidad, hasta donde es posible en el momento presente, sin juzgarse, sin comparar.

CALMAR LO MENTAL

Dejar pasar las ideas, los comentarios interiores, acoger lo que llega sin juicio, con una mirada nueva.

RELAJAR EL ESPÍRITU

Sentir la calma e instalarla globalmente gracias a una evocación positiva (recuerdo de un momento de gran confianza en uno mismo, de felicidad, de relajación), vivido con todos los sentidos, de la manera más detallada que sea posible en el momento presente.
En caso de necesidad, se puede, sin importar cuándo, "refugiarse" en esa evocación y en esas sensaciones positivas.

CREAR UNA ZONA DE POSIBILIDADES

Tener y mantener en nuestra conciencia un espacio en el que desarrollemos nuestras elecciones personales (valores, ser, proyectos…), los acuerdos positivos que tenemos con nosotros mismos. Prestar atención a nuestra vida y a su devenir.

A propósito de la relajación

Muchas cosas se han dicho y escrito al respecto... Yo misma, durante años, he escuchado a los amigos, a veces terapeutas, decirme a propósito de alguna prueba por la que pasaba en mi vida: "¡Será mejor que te relajes!" Eso tenía el don de enervarme, de enviarme a una especie de incapacidad acerca de que habría podido tomar una buena decisión (pero, ¿cuál?) que me habría liberado en el acto de mis tormentos...

Sé que se han escrito libros enteros a propósito de la "relajación", pero hoy, basándome tanto en mi práctica personal como en la profesional, creo poder afirmar que no puede tratarse de una decisión intelectual. No hay una toma de conciencia fulgurante en la que pudiéramos decidir, sino por el contrario, un proceso que lo mental no sabría controlar. En verdad, dudo que pueda controlarse la duración de ese proceso. En mi consultorio, he visto personas que sólo en una sesión se han liberado del peso de traumas antiguos y pesados (maltrato, abusos sexuales, pesadillas después de accidentes... etcétera) y otras contaminadas por un recuerdo en el que la aparente ligereza del sufrimiento habría hecho sonreír a más de una persona, pero que les toma meses liberarse de ello.

La manera en que registramos el sufrimiento en nuestro cuerpo y en nuestra psique varía enormemente de una persona a la otra. Emito la hipótesis de que, aunque nuestra memoria se construye y se alimenta de diferentes elementos que vienen a reforzarla, nuestros sufrimientos dejan huellas más o menos profundas, más o menos sensibles en nosotros. *Es entonces el recuerdo de este sufrimiento lo que nos hace la vida imposible. En el capítulo de la IPMO explicaremos algunas nociones de funcionamiento de nuestro cerebro que ilustran esto a la perfección. Hay recuerdos que nuestro cerebro se esfuerza por integrar, por diferir; a veces, el tiempo no logra nada y es indispensable un trabajo específico. Es un poco como los fantasmas en casas embrujadas que andan errantes por los corredores ¡porque no saben dónde reposar en paz!*

Para algunos, será fácil recuperar un estado de bienestar; para otros, será un poco más complicado.

La práctica regular de la sofrología facilita, por ejemplo, el manejo de experiencias penosas, ¡pues disminuye su impacto o las neutraliza en el acto! La sofrología permite instalar en nuestra conciencia no sólo un campo de posibilidades, sino desarrollar nuestras capacidades de amortiguación de los choques. Oso afirmar que, al transformar lo suficiente nuestra mirada sobre las cosas y el mundo, la sofrología puede permitirnos ver que quizá no ha habido un *choque* fatal, sino sólo un momento de "relieve" en nuestra vida. No obstante, ese momento agudo era necesario para una mayor comprensión de nuestro ser o de nuestra vida, en el desarrollo de nuestra conciencia.

La *relajación* es un *proceso* que se logra con el tiempo.
Es variable según las personas y sus vivencias. No podría realizarse con una simple decisión intelectual.
**La relajación es el fruto de nuestro trabajo
de desarrollo personal.**

El proceso a seguir

Cuando intervengo como instructora, presento el siguiente esquema para ayudar a comprender el proceso a seguir durante una sesión de relajación. Las etapas que inducen al estado de relajación profunda lo hacen también a distintos estados de conciencia.

Puedes ver que todo comienza en el nivel del cuerpo. Éste va a acoger la relajación y, en un primer tiempo, permite la relajación mental.

Será necesario aprender a rechazar con suavidad los pensamientos que se presentan, sin combatirlos; más bien, dejándolos pasar sin retenerlos. Debes permitir que la relajación se instale, hasta encontrarse en un estado próximo al sueño, donde la voluntad de controlar todo, los temores y todas las demás emociones negativas no pueden alcanzarte.

Dejamos entonces de interpretar las experiencias de nuestra vida a través de los filtros de nuestras angustias y de nuestras aprensiones, para recibir los fenómenos tal como se presentan en nuestra conciencia. Con frecuencia, descubrimos aspectos que permanecían ocultos o una percepción totalmente nueva.

Podría intentar explicar de manera más científica, principalmente a nivel neurobiológico, cómo se realiza ese proceso de profundización de la relajación, una vez que hemos podido comprenderlo hasta el momento. En el capítulo sobre la IPMO, abordaremos algunas nociones concernientes a la circulación y al manejo de informaciones en nuestro cerebro y, con la TLE, entenderemos la influencia determinante que podemos tener sobre estas informaciones. Desarrollar aquí este tema demasiado intelectual no me parece dentro de la lógica de la sofrología.

Se trata de comprender, es decir, de entender con nuestro intelecto el modo de funcionamiento de la sofrología, más que experimentar y descubrir paso a paso, de manera íntima, ese funcionamiento.

Comprender la sofrología concierne a la experiencia personal
más que a la utilización de nuestro intelecto.

Capítulo 4

IPMO
Integración Positiva
por los Movimientos Oculares

La segunda herramienta que deseo presentarte es la IPMO o integración positiva por los movimientos oculares. Estas dos últimas palabras podrían resultarte muy familiares, en especial si has leído el libro de David Servan-Schreiber, *Guérir* (Curar), donde presenta EMDR (*Eyes Movements Desenzitisation and Reprogramming;* literalmente, desensibilización y reprogramación por los movimientos oculares). Los movimientos oculares permiten un trabajo rápido y eficaz de recuperación de información por nuestro cerebro; más adelante desarrollaremos este punto.

Para ser honesta, ¡me va a resultar muy difícil definir lo que distingue a la IPMO del EMDR! Las formaciones que permiten dominar este último están exclusivamente reservadas para los médicos y los psicoterapeutas y yo no soy ni lo uno ni lo otro. A pesar de ello, sería muy interesante para mí poder confrontar mis descubrimientos personales, la manera en que utilizo la herramienta que creé, la IPMO, con la experiencia de los practicantes del EMDR. Los poseedores de la herramienta la protegen enormemente…

Otras personas, además que los poseedores del EMDR, han elaborado herramientas con los movimientos oculares. No me parece sorprendente que personas que llevan a cabo un trabajo similar hayan hecho observaciones que las llevan a las mismas conclusiones. Si prestamos un poco de atención a los descubrimientos científicos importantes que se hacen en el mundo, notaremos que diferentes equipos "descubren" más o menos al mismo tiempo. ¡Recordemos el descubrimiento del virus del sida! Si cierto número de terapeutas ha tenido la certeza de la eficacia de los movimientos oculares en la eliminación de traumatismos antiguos y su integración positiva en el plano neurológico, deberíamos regocijarnos y no iniciar rivalidades de pueblos. Cuando se trabaja en el campo del desarrollo personal, notamos con mucha rapidez que, más bien, se trata de "redescubrir" lo que permite la revelación de la conciencia y no de hablar de descubrir quién lo logró. Cada uno va a personalizar las técnicas, cada uno va a poner su creatividad al servicio de su arte, al servicio de sus pacientes y para ser clara, con toda lógica, ¡a su propio servicio! En esta obra, prefiero saludar a mis colegas que también aplican una herramienta basada en los movimientos oculares, más que reivindicar una maternidad del objeto. Como lo mencioné, la casi imposibilidad de poder confrontarse con algunas de esas otras herramientas obliga a cierta humildad.

Con este propósito, señalo a su atención el libro de Danie Beaulieu, *L'intégration par les Mouvements Oculaires* (La integración por los movimientos oculares).[1] No tenía conocimiento de su existencia, hasta haber terminado la redacción de mi propio libro; pero, felizmente, antes de su publicación, completo aquí mi información. La herramienta que ahí se explica (creada por Connirae y Steve Andréas en 1989) se llama IMO. Por la similitud con la IPMO, se ocupa forzosamente de la utilización de movimientos oculares… y de la noción central de integración (definiré esta noción más adelante). La IMO es una herramienta compleja al servicio de la psicoterapia, principalmente para el tratamiento de las manifestaciones de estrés post-traumático (lo expondré también más adelante).

---

1. Éditions Le Souffle d'Or, 2005.

Después de haber leído el libro de la señora Beaulieu, haré algunos comentarios:

— Ella no teme detallar la utilización de su herramienta (¡me habría gustado leer ese libro cuando preparaba mi propia herramienta!), por lo que le doy las gracias.

— Contrariamente al EMDR o a la IPMO, la IMO representa una técnica terapéutica completa.

— Los movimientos oculares empleados tienen un nivel de complejidad superior a la IPMO (y quizá al EMDR, por lo que pude saber).

— La herramienta está al servicio de casos graves del campo de la medicina y de la psiquiatría (Danie Beaulieu es médico psicoterapeuta) y ha sido objeto de una investigación y de un enriquecimiento importante (sobre todo, técnicas conexas de acompañamiento de la terapia).

No es el caso de la IPMO que es una herramienta muy simplificada de desarrollo personal. En mi consultorio, los pacientes que tienen problemas psiquiátricos llegan como complemento del seguimiento médico, su psiquiatra puede haberles aconsejado buscar técnicas de manejo emocional... No es su patología lo que se atiende, sino el manejo de sus emociones.

Luego de haber expresado con claridad las cosas, ahora puedo hablarles serenamente de la integración positiva por los movimientos oculares. En un primer momento, les contaré su historia, muy simple. Después, plantearé algunas hipótesis para explicar su funcionamiento en el estado actual de nuestro conocimiento del funcionamiento del cerebro. Por último, abordaré la utilización que he podido hacer de esta herramienta, por mí misma y en consulta.

Este capítulo es, en tamaño, más modesto que el precedente. El primer motivo puede ser la juventud de la herramienta. El segundo es que la IPMO es una técnica en verdad sencilla (más que la sofrología, por ejemplo) con una aplicación poco compleja y un protocolo de utilización que tiene pocas variantes. Además, y si me permite esta imagen, la sofrología es como un robot con multifunciones en el que podemos adaptar piezas adicionales que permitan variar la utilización, puesto que la IPMO es una herramienta multiusos. Sin cambiar nada, podemos aplicarla a problemáticas variadas. Eso tiene en su naturaleza: estos *movimientos* sólo son un aspecto, una técnica que se inscribe en un proceso más grande, un verdadero proceso terapéutico. Sería ilusorio creer que simplemente mover los ojos en todas las direcciones o en cierto sentido bastaría para borrar milagrosamente toda problemática.

> Los movimientos oculares de IPMO no representan una técnica
> terapéutica completa: se inscriben en un proceso terapéutico
> de gestión de las emociones o del estrés, optimizando
> la eficacia y la rapidez.

1. Un poco de historia...

Leí el libro de David Servan-Schreiber: *Guérir*, en 2004.

Buena obra de divulgación, agradable de leer, halló un eco particular en mí al abordar el tema del EMDR.

Al no tener conexión a Internet en ese tiempo, ¡no me enteré del nacimiento de esta herramienta! Sin embargo, por las pocas informaciones técnicas dadas en el libro de David Servan-Schreiber, parecía que se asemejaba extrañamente a algo que yo ya usaba. ¡La aportación sumamente positiva de esta lectura fue, de cierta manera, para "validar" ante mis propios ojos mi pequeña herramienta salvaje!

En efecto, la utilizaba muy raramente y sólo en los casos en que mis otras herramientas no permitían avanzar más. En la medida en que no tenía otra información sobre los movimientos oculares, aparte del conocimiento de la fase de *"eyes movements"* en el desarrollo de un ciclo de sueño, ¡me pareció una buena práctica poder desbloquear una situación gracias a mi "invención"! El hecho de saber que en alguna parte del mundo otras personas habían llevado a cabo investigaciones, estudios serios sobre el tema, me animó a profundizar en los míos. En esa época, no había publicaciones en Francia acerca del tema y esperé la publicación del libro de

Jaques Roques,[1] *EMDR*. Desde luego, él detalla la historia del *EMDR*, la manera en que encontró esta herramienta y el aporte importante en su práctica profesional. No obstante, desde el punto de vista técnico, ¡ningún detalle! Tras la publicación, leí de igual manera el libro de la señora Shapiro, inventora del EMDR, que relata de una manera apasionante a la vez su descubrimiento de la herramienta y también todas las investigaciones, todos los estudios efectuados desde su creación. Aun ahí, existe muy poca información técnica sobre la herramienta en sí, con una reserva comprensible: el deseo de que el EMDR no sea aplicado por inexpertos con el riesgo siempre posible de efecto negativo indeseable. Este argumento es válido, en la medida en que es indispensable tomar siempre un máximo de precauciones cuando se trata de manejar las emociones negativas rebosantes o invasoras. Pude notar un número considerable de similitudes entre las experiencias descritas por la señora Shapiro y las que yo había podido hacer. Señalo que no me importa en absoluto reivindicar un descubrimiento similar, la señora Shapiro matriculó de golpe su nueva herramienta en una gestión científica, pues ella tenía la posibilidad. Asimismo, ella permitió dar una verdadera credibilidad a esa herramienta a fuerza de voluntad, de trabajo, de tiempo dedicado, de energía puesta al servicio del reconocimiento del EMDR como terapia total con pleno derecho. Las aplicaciones que se pudieron efectuar, por ejemplo, con los veteranos de la guerra de Vietnam, o en ocasión de catástrofes naturales o después de atentados, son notables y son un ejemplo de la importancia que hay en hacer reconocer, en dar visibilidad, a nuevas experiencias. El mérito pertenece por entero a la señora Shapiro y a los años dedicados a experimentar bastante el EMDR. Es muy difícil hacer que la comunidad científica reconozca un aporte terapéutico nuevo, inmaterial, en especial cuando la demostración de su modo de funcionamiento sobrepasa los conocimientos que tenemos en la actualidad.

Sin embargo, es indispensable hacer algunos comentarios en cuanto al uso de los movimientos oculares:

---

1. Véase bibliografía.

— Son, en el marco de una terapia o de un trabajo de desarrollo personal, sólo un *momento particular;*[1] es decir, no representan en sí mismos un proceso completo de acompañamiento. Es más justo decir que "aceleran" dicho proceso.

— La dirección misma tomada por la mirada, principalmente cuando se expresa alguna cosa con la palabra, da una indicación acerca del origen de lo que se expresa. Si observamos a la persona que está hablando, podemos, con la práctica, saber lo que proviene de la memoria visual, auditiva o de la imaginación, etcétera.

— La kinesiología, por ejemplo, emplea desde hace mucho tiempo los movimientos oculares con fines de pruebas y de reeducación.

> Los movimientos oculares están integrados,
> desde hace más de veinte años, a diversas terapias
> corporales o psicocorporales.

En lo que concierne a mi herramienta personal, la IPMO, debo decir lo que en verdad la inspiró. Hubo cierta observación de los movimientos de los ojos de mis pacientes, pero había recibido de igual manera otra información a través de los años: las fases del sueño, en particular, con la llamada fase de movimientos oculares rápidos (o REM = *Rapid eyes movements*); la experiencia de la dirección y de la rotación de los ojos durante las sesiones de kinesiología y, en otro aspecto profesional, la atención a los movimientos de los ojos de algunos de mis pacientes ¡para verificar si me decían la verdad! Si en ese momento no lo pensé conscientemente, estoy convencida de que esa información fue la base de mi "descubrimiento".

Para concluir este capítulo "histórico", diré que las disputas, las tentativas de apropiación total que pueden tener algunos sobre la herramienta eficaz que representa el movimiento ocular dirigido, son lo que llamaría las "obsesiones de paternidad" y todo eso es en vano. Lo veo personalmente como una pérdida de energía… a menos que el objetivo real de esas batallas

---

1. Salvo IMO, como lo aprendí a consecuencia.

sea el de controlar una energía más vasta: el dinero. El dinero no es en absoluto el tema de este libro, por lo que volveremos a la herramienta.

2. *Las bases teóricas posibles...*

Quizá te sorprendas al ver que te presentan las bases teóricas como meras
posibilidades, pero es esencial reconocer que el funcionamiento real de la
IPMO, o de cualquier otra técnica de movimientos oculares, ofrece, por el
momento, hipótesis.

En un primer momento, vamos a tratar de comprender el funcionamiento
básico de nuestro cerebro. Semejante a una computadora hiperperfeccio-
nada, el cerebro controla el conjunto cuerpo/psique de un modo bioeléctrico; las informaciones eléctricas son recogidas y tratadas y se dan órdenes.
El conjunto de este funcionamiento permite a nuestro cuerpo y a nuestra
psique adaptarse al medio ambiente y sobrevivir. La optimización de este
sistema exige que cierto número de información sea almacenada con el fin
de permitir una respuesta más rápida y perfectamente adaptada a cada solicitud (hablamos de la memoria). Todos nuestros procesos de aprendizaje,
todas nuestras experiencias vividas y también las diferentes maneras que
hemos hallado para adaptarnos son "insertadas" así en las distintas zonas
del cerebro. Para cada uno, se dibuja una cartografía precisa. No hay un
esquema tipo de cerebro en cada individuo, sino, por el contrario, una di-
versidad increíble que constituye nuestra identidad.

> La comprensión de la IPMO sólo se puede conseguir
> sobre la base de la hipótesis. Por eso, es necesario
> conocer las bases del funcionamiento del cerebro.

Nuestro cerebro: un conjunto complejo

Los dos hemisferios bien conocidos, derecho/izquierdo, sólo representan
la parte más superficial, reciente del cerebro, que se formó de muchas

capas en el curso de la evolución del hombre. Primero, encontramos el cerebro llamado "reptil", arcaico: el sistema límbico cuyo papel es asegurar la supervivencia. Luego, viene la corteza, común en todos los mamíferos y, después de un desarrollo que particularmente dio como resultado al ser humano, la neocorteza.

En nuestro cerebro tenemos una organización que calificaría como *vertical*:

— El **cerebro reptil** (tronco cerebral + cerebelo), la parte más antigua del cerebro, está a cargo de la respiración, los latidos del corazón, la presión arterial, el sistema inmune y de todas las necesidades esenciales para la supervivencia de la especie (comer, dormir, eliminar, reproducirse). El cerebelo, "cerebro chico", apareció cuando nuestros ancestros (aún lejos de ser humanos) salieron del agua con dos imperativos: protegerse del sol y de los depredadores. Tiene a su cargo todo lo que concierne a la motricidad: mantener la postura, equilibrio, actividad muscular. Al cerebro reptil pertenecen los instintos de supervivencia, las necesidades fundamentales; produce comportamientos rígidos estereotipados, totalmente invariables. Es el lugar de los hábitos antiguos, de los rituales. Su *modo de expresión, no verbal*, es indispensable para la vida en grupo.

— El **cerebro límbico o emocional** reagrupa cierto número de estructuras cerebrales implicadas en la gestión del olfateo, las emociones, los *aprendizajes* y *la memoria*. Su función primordial es la adaptación a la vida en grupo y a la perpetuación de ésta. Todo lo que corresponde a la protección de nuestra integridad física (individuo) y a la de nuestro clan (especie) está a cargo de esta parte del cerebro. Organiza las informaciones propias de la integración social: aprendizajes por mimetismo, respeto al más fuerte, comportamientos socioculturales (usos alimentarios y de vestimenta, trabajo, costumbres, jerarquización social, cuidados, sentimiento de seguridad, sistema de creencias…). Es un acondicionamiento a la ley del grupo para la conservación de la especie. Controla la fisiología del cuerpo. Aún es arcaico en su organización neuronal, pero sumamente rápido en sus reacciones cuando se trata de la supervivencia. Su papel de intermediario entre la neocorteza y el cerebro reptil es indispensable: controla la afectividad y la memoria. Si fue considerado como la sede de las emociones, hoy sabemos que esto no corresponde precisamente a ninguno de los múltiples sistemas emocionales de nuestro cerebro.

— El **cerebro cognitivo** es la sede del conocimiento, de la integración del aprendizaje, ¡la corteza presenta una superficie muy similar a la de una coliflor! Está constituido por capas de neuronas perfectamente organizadas, una red compleja y ramificada dedicada a la circulación de información. Esta organización permite un tratamiento óptimo de los datos requeridos en todo el cuerpo mediante el sistema nervioso, así como su análisis detallado y extremadamente rápido. Aquí, se trata de controlar los impulsos y los instintos, de administrar la atención y la concentración, de generar una capacidad de relaciones interpersonales sofisticadas y de controlar el comportamiento social y moral. No estamos a un nivel de la reacción arcaica, espontánea, ante un suceso exterior, ni en la adaptación a la vida de grupo por aprendizajes miméticos; por el contrario, puede ser posible proyectarse en el futuro, sobre la base de imágenes mentales, de referencias almacenadas en el espíritu en la ausencia total de elementos externos tangibles. Eso permitirá el florecimiento de capacidades complejas, las invenciones indispensables para el progreso y la evolución de la especie. Asimismo, la creación artística y la capacidad de emplear el sistema nervioso central de modo voluntario (véase más adelante). Eso hace posible, entre otras cosas, el deseo de desarrollar estados de conciencia particulares (relajación, meditación) y adquirir una calidad de ser, de presencia de uno mismo. Todo ello es propio del ser humano y sólo de él.

Sin embargo, todo este magnífico funcionamiento del cerebro cognitivo tiene un "pero": en caso de estrés intenso y a pesar de toda la información y de todos los aprendizajes almacenados en nuestra memoria, es incapaz de reaccionar y pasa el relevo al cerebro límbico… ¡o reptil!

El cerebro puede dividirse en tres partes:

— El cerebro **reptil** (instintos de supervivencia,
necesidades fisiológicas fundamentales).

— El cerebro **límbico** (adaptación social, gestión
de las emociones, aprendizajes simples).

— La **neocorteza** (conocimiento, capacidades complejas,
invenciones, arte, calidad del ser).

El cerebro límbico es el intermediario entre el reptil y la neocorteza.
Es éste el que controla la afectividad y la memoria.

¿Cómo se organiza el funcionamiento de los diversos niveles de nuestro cerebro?

El sistema nervioso central, semejante a un vasto conmutador telefónico, pone en relación nuestro cerebro emocional (relevo entre los dos otros niveles) y nuestro cuerpo.

Por una parte, el *sistema nervioso autónomo* funciona de manera no consciente, le llamamos vegetativo (o neurovegetativo). Su funcionamiento corresponde a dos tonalidades: acción y reposo.

En las **fases de acción,** el cerebro permite la adaptación de nuestra fisiología al medio ambiente gracias al sistema simpático (u ortosimpático). En caso de estrés (positivo o negativo, este nivel del cerebro no cambia nada, sólo la neocorteza permite razonar), provoca una respuesta (reacciones físicas: aceleración del ritmo cardiaco, de la circulación, cambios en la temperatura corporal, ataque o huida…). No dedica tiempo en absoluto, cuando toma el control, a analizar la información más sutil como la tratada por su colega la corteza. Su objetivo es claro: la supervivencia, y comprende el mantenimiento de cierto equilibrio de las funciones vitales. Podríamos calificarlo como hiperactivo porque, con un mínimo de información, adapta al organismo en tiempo récord, pero sin retroceso.

En las **fases de reposo,** de recuperación, de manera automática, el sistema parasimpático (o vagotónico) toma el relevo e invierte las órdenes: la irrigación sanguínea puede mejorar el sistema digestivo, el ritmo cardiaco se aminora, la respiración se calma, las funciones emuntorias pueden activarse, una gran fatiga se instala… Es tiempo de ir al baño, luego de dormir mientras el conjunto del metabolismo, a nuestras espaldas, vela la restauración de nuestras capacidades.

El sistema nervioso central puede funcionar en modo consciente, voluntario. Se vuelve motor, toma las riendas para administrar las emociones, nuestra puesta en relación con el mundo. Desde luego, el sistema autónomo continuará su papel de gestionario de nuestra fisiología, pero la información suplementaria más fina será tomada en cuenta. Es aquí donde intervienen los aprendizajes y todos los datos que han permitido adaptar nuestro comportamiento a situaciones cada vez más complejas de acuerdo con el desarrollo de la humanidad. Por lo tanto, ¡es posible moderar las reacciones, percibir una connotación positiva en un estrés que si no sería captado por el cerebro reptil como un peligro! Nuestro metabolismo puede reaccionar con afabilidad, reconociendo el carácter no agresivo del suceso.

Un pequeño ejemplo te explicará las consecuencias del dominio de los cerebros reptil y límbico en ausencia de información suficiente.

Tomemos a un niño pequeño que aún no ha desarrollado suficientemente las zonas del lenguaje en su neocorteza, pero que desea comunicarse con sus pequeños camaradas en la guardería. Ser capaz de intercambiar con sus congéneres es indispensable para el pequeño. Utilizará prioritariamente el lenguaje corporal, con el riesgo de vivir esta situación nueva como un estrés (una forma de agresión), lo que puede ocasionar algunas mordidas y algunos arañazos, lo que horrorizará a los padres (a los suyos y a los del compañero objeto de su tentativa de comunicación). Su cerebro reptil ordenará huir o atacar… pero él desea acercarse al otro, por lo que no va a huir. Entonces, ¡le queda el ataque, porque su cerebro límbico aún no ha podido almacenar las experiencias que le habrían permitido, por mimetismo, adaptar un comportamiento "social"! El ataque será moderado ya que los fragmentos de información ya almacenados frenarán la reacción instintiva. Por eso los arañazos, las mordidas, los golpes: un comportamiento relativamente arcaico. La mayoría de los adultos, con una neocorteza bien desarrollada y hábitos sociales bien refinados, son incapaces de ver otra cosa que no sea la agresividad en los gestos arcaicos del pequeño. Él usó los medios que tenía a su alcance para lograr el rencuentro con ese otro niño que le interesa… En este caso, a menudo es suficiente dedicar tiempo a explicar al niño las reglas del juego, sugerirle algunos comportamientos más pacíficos para comunicarse. Tranquilizado, él podrá tener confianza en sí mismo y mejorar sus medios de comunicación. Poco a poco, desarrollará los vínculos nerviosos (a un nivel de la neocorteza) en una red de neuronas perfectamente capaces de administrar su expresión oral.

Entre un pequeño aparentemente "malo" y un adulto educado, sólo hay un número importante de conexiones que ponen en relación los aprendizajes perfectamente ordenados en nuestra memoria.

Otro ejemplo que, probablemente, te divertirá. Imagina que unos extraterrestres aterrizan en tu jardín (o junto a tu puerta, si no tienes jardín):

— Podría ser que los esperaras, como una hipótesis factible (véase la película *Encuentros cercanos del tercer tipo*).

Tienes un margen de maniobra, porque cerebralmente estás listo para administrar cierta cantidad de novedad (eres una persona inteligente, capaz de pensamiento abstracto, que ha tenido suficientes experiencias insólitas para prepararse para esto que es desconocido).

— Podría ser que no los esperaras, "ni en sueños", como dirían mis hijos…

Por poco que no veas la tele y que no tengas algún interés por la ciencia ficción, ese choque neuronal (flujo de información "imposible de digerir" por tu cerebro) corre el riesgo de ser fatal para tu neocorteza.

Incapaz de adaptarse, el límbico buscará ejemplos de adaptación a una situación similar. ¡No los encontrará! Regreso al cerebro reptil: nuevo ➜ peligro ➜ huida/ataque.

Probablemente huyas, si estás solo.

Si estás en grupo y tienes un poco de tiempo para comprender la situación, atacarás (véase, en este caso, *Marte ataca*, donde un vuelo de palomas pacíficas desencadena una reacción reptil… ¡con los marcianos!).

En resumen, te encuentras en la posición del niño que no sabe administrar la relación con un nuevo compañero.

"Sólo lo desconocido nos aterroriza", escribió Antoine de Saint-Exupéry.

El **sistema nervioso central** administra toda la información recibida por el cuerpo y el cerebro. Funciona de manera automática (sistema nervioso autónomo), pero puede de igual forma funcionar en modo consciente (intervención del pensamiento, neocorteza). ¡En ausencia de datos suficientes, nuestro cerebro actúa "con lo que tiene"!

¿Cómo se organiza la prevalencia de un cerebro sobre el otro?

Existen grandes leyes prioritarias en el funcionamiento de nuestro cerebro: la supervivencia de la especie; después, la supervivencia del individuo, que representan, como vimos, las reglas primordiales que va a respetar en la elaboración de soluciones para cada problema dado. Luego, se toman en cuenta cierto número de "programas". La alegoría de la computadora es una evidencia para el cerebro, puesto que el conocimiento que tenemos de su funcionamiento ha servido de base para el desarrollo de la informática. Hallaremos cierto número de similitudes y, de manera muy divertida, es utilizando los términos propios de la informática como llegaremos a comprender mejor el funcionamiento del cerebro.

Hemos visto que:

— la connotación positiva o negativa del estrés es imposible a un nivel del cerebro reptil,

— el sistema nervioso autónomo funciona sin pedirnos permiso y tiene alternancia de fases simpáticas (acción) y vagotónicas (reposo/recuperación).

Además, el cerebro límbico posee una relación privilegiada con el cuerpo,[1] integra las nuevas experiencias y facilita los aprendizajes en el interior del grupo; así pues, el desarrollo de comportamientos condicionados (algunos dirán obligados).

En este marco, es necesario tener programas arcaicos no susceptibles a adaptación y cierto número de *programas sociales* para los cuales, por desgracia, no hay *upgrade*[2] automático.

Asimismo, podemos tener *bugs* (errores) a un nivel de la neocorteza: un circuito de memoria que ya no funciona o la puesta en relación de dos informaciones que no tienen nada que ver. Es el caso cuando nuestro "gestor" clasifica por error un fichero en la memoria de dos programas en lugar de en uno. Recuerdo que, en un momento dado, si intentaba abrir un fragmento de música con Windows Media Player, mi computadora me mostraba imágenes normalmente administradas por Dell Imager Expert. ¡Extraño, pero eso me aclaró lo que sucedía a veces en mi cabeza!

Dichos errores a un nivel cerebral pueden ser de origen neuropatológico (destrucción de ciertas zonas de la neocorteza, por ejemplo) o resultado de interferencias eléctricas pasajeras (impresión de *déjà vu*) o vinculadas con

---

1. Aquí, observamos la importancia que pueden tener las técnicas de relajación del cuerpo para llegar a relajar el espíritu. Vemos, también, los límites que pueden hallar las terapias por la palabra que no necesariamente serán muy rápidas o suficientes para detener las manifestaciones desagradables debidas al exceso de intervención del cerebro emocional.
2. "*Upgrade*" significa, en el lenguaje de la informática, una actualización de datos en el sentido de un mejoramiento. Cuando un programa de computación es modificado en función de nuevos conocimientos, podemos descargar las correcciones que optimicen sus desempeños. El programa de base funciona teniendo en cuenta tal actualización.

una actividad del cerebro que aún se nos escapa; estamos en los inicios de las neurociencias. Durante los sueños, la rareza de las imágenes "vividas" podría tener las tentativas de clasificar las experiencias vividas en uno o en otro de los expedientes ya existentes en nuestra memoria o las tentativas de hallar o de crear conexiones (caminos para instalar y luego reconocer esta nueva información). Así como con nuestra computadora podemos tener un error recurrente si un programa debe ser reparado, en nuestra vida podemos ver que se repite un comportamiento erróneo y terminamos por sufrir. Felizmente, contamos con la posibilidad de intervenir, solos o con un terapeuta; es el objeto de este libro. La IPMO permite, así, corregir con rapidez un gran número de programas de vida deteriorados.

¿Cuáles pueden ser esos programas?

Desde el momento de nuestra concepción, recibimos la influencia de nuestro medio ambiente: las condiciones de vida de nuestros padres, la historia de nuestra familia y de nuestra especie, el conjunto del patrimonio genético que nos es trasmitido, hacen que seamos un ser particular, único (véase, también, el capítulo "TLE/las bases de la energética").

A partir de nuestro nacimiento, disponemos ya de inmensas posibilidades para percibir y comprender el medio ambiente, para "razonar" sobre el mundo. Así como el recién nacido está aún privado de la mayor parte de las capacidades que tendrá más adelante para proceder en su medio ambiente (aparte se manifiesta más o menos ruidosamente), sus estructuras nerviosas, mediante las sensaciones, van a empezar a intervenir en la elaboración de la memoria. Los recuerdos son fabricados y su evocación es posible que ponga en acción el proceso de aprendizaje y de adaptación.

> Desde nuestra concepción recabamos la información
> que va a influir en el desarrollo de nuestro cerebro.

Te remito a la excelente obra del doctor Sellam, *Origines et préventions des maladies* (Orígenes y prevención de las enfermedades), para que comprendas todo lo que se relaciona con los programas de "fidelidades familiares inconscientes". La historia de nuestra familia es la fuente de lo que llamo los *programas tóxicos*. Notarás que, por lo general, esta toxicidad no es el resultado de una intención maligna, sino por el contrario, de una voluntad positiva de dar al niño los medios para que se integre en el grupo. Aquí, podemos hacer la misma observación sobre los problemas de actualización de programas. Hace una o dos generaciones, golpear para educar era aceptado aun en el seno de las escuelas del mundo llamado civilizado (recuérdense los *corporal punishments* —castigos corporales— en Inglaterra o los reglazos en los dedos que recibimos…). Hoy, ese género de práctica está criminalizado…; entre tanto, los conocimientos acerca de la eficacia del aprendizaje han evolucionado. En la era del hombre de CroMagnon, el temor era un gran instructor y, con el joven Dupont del siglo XXI, es represor. Observe la forma respectiva de su cráneo y queda de manifiesto que ¡no tienen el mismo órgano cerebral!

Muchos tienen recuerdos de infancia terribles, donde una persona que contaba para nosotros o que representaba la autoridad nos infligió una sentencia casi definitiva: "tú jamás escribirás adecuadamente", "jamás serás bueno en nada", "tú sólo piensas en hacer el mal", "tú sólo eres un mentiroso (un ladrón, un flojo, una harpía…)". Volveré a tratar este tema en el capítulo TLE. ¡Podríamos llamar a esos programas tóxicos los "tú que matan"!

Peor aún, colmados de estos microprogramas tóxicos que son como virus en nuestro disco duro (cerebro), sufrimos a menudo de una especie de contaminación. Creamos nosotros mismos nuevos programas perversos, inspirados directamente: "no llegaré jamás", "tengo mucho miedo", "soy nulo", "no merezco…", "no valgo nada". Como somos extremadamente generosos, reforzamos esos programas con otros que valoricen a los demás a costa nuestra: "los otros valen más que yo", "los otros son más competentes", "los otros tienen más suerte", "los otros merecen más que yo"…

Encontrarás una buena explicación acerca del acondicionamiento por los programas tóxicos en los libros de Miguel Ruíz, principalmente en *Los cuatro acuerdos toltecas*. Nuestro cerebro reciente se deja contaminar con facilidad por esos virus.

De igual manera, usamos un gran número de programas extremadamente positivos, por lo que la confianza que adquirimos al dar nuestro primer paso y caminar sin ayuda permanecerá en nuestra memoria como referencia positiva; es uno de los recuerdos que serán activados cuando nos hallemos ante un nuevo aprendizaje, por ejemplo, sobrevivir al primer día de escuela o aprender a conducir…

Eso es válido, de igual forma, para los "bagajes familiares". Si crecimos bella/guapo, inteligente ante los ojos de nuestros padres, nos identificaremos con una persona bella e inteligente y sabremos ejercer una fuerza creciente que nos engrandecerá ante lo desconocido.

Un educador que ha sabido felicitarnos por nuestros esfuerzos escolares puede anclar en nosotros la confianza necesaria para llevar a cabo estudios prolongados. En el plano emocional, es también importante: ver el ejemplo de adultos que expresan sus emociones y sabiendo controlarlas hará de nosotros un ser vivo en el plano emocional, capaz de alejar las emociones sin identificarse completamente con ellas.

Podemos apoyarnos en estos programas de vida para aprender a ignorar los programas tóxicos. Si ya no tenemos esta capacidad, nos será indispensable utilizar las herramientas específicas presentadas en esta obra para:

— volver a centrarnos en esta capacidad (sofrología),
— desinstalar los programas tóxicos (IPMO y TLE),
— instalar programas de reemplazo que tengan el sentido de la vida (IPMO, pero, sobre todo, sofrología y TLE).

A lo largo de nuestra infancia y, luego, de nuestra vida, vivimos en función de programas: la mayoría van en el sentido de la vida. Algunos son tóxicos y podemos ignorarlos o nutrirlos.

---

3. *Del cuerpo al cerebro, del cerebro al cuerpo...*

Nuestro comportamiento social es, en gran parte, el producto de nuestro razonamiento.

En el caso de un predominio de programas tóxicos, en lugar de tratar la información objetiva, nuestra neocorteza va a analizar toda la información a la luz de los filtros que son estos programas. Ya no estamos en la supervivencia del individuo y de la especie (en todo caso, no en un primer momento), estamos en una tentativa pervertida de adaptación a un sistema social, en una gestión malsana de nuestra relación con los demás y con nosotros mismos. Cada experiencia va a estar integrada en nuestra memoria con una tonalidad afectiva. Más allá de la simple circulación de información eléctrica, hay siempre una emoción asociada. Cada experiencia va a ser registrada según su carácter agradable o desagradable, principalmente a través de la bioquímica. La circulación de información en las vías nerviosas de la región central del cerebro está vinculada a neurotransmisores específicos: la dopamina y las endomorfinas (deseo y placer), la serotonina (aversión, dolor, agresión). Por otra parte, diferentes hormonas van a ser producidas luego de la fase de funcionamiento del sistema nervioso central. La adrenalina o la noradrenalina en modo simpático mejoran las funciones vitales adecuadas para desencadenar las reacciones de huida o de ataque. La acetilcolina en modo vagotónico para tranquilizar al organismo, provocar un estado propicio para el reposo y la recuperación de las funciones vitales. Para resumir esquemáticamente, la química de nuestro cuerpo va a traducir una reacción a una experiencia dada, con una coloración emocional que determinará la interpretación de cada información. Nuestro estado físico será el eco de lo que vivimos, de lo que el cerebro ha comprendido y de cómo responde a eso.

Observamos aquí que se resalta el plan último de la armonía cuerpo/espíritu (véase capítulo de sofrología), que no es otra cosa que la percepción "justa" en nuestro cuerpo de nuestro estado emocional, del resultado del análisis por nuestro cerebro de la información transmitida por el cuerpo. La expresión de esta armonía (a veces dolorosa) nos da una cartografía precisa de nuestro estado de ser, a partir de la cual podemos intervenir para llevar a nuestros diferentes niveles a un estado de armonía global.

La puesta en práctica de la relajación o de la meditación, la ayuda psicoterapéutica, nos ayudan a tener conciencia de esos mensajes inscritos en nuestro cuerpo (insomnio, dolores, adicciones…) y nuestra psique (hipersensibilidad, inhibiciones, depresión, pesadillas, fobias…). Nuestra memoria puede restituirnos la información de base, por ejemplo, el suceso fundador de nuestra problemática. Si sólo recuperamos el recuerdo sin poder sanar la herida que lo acompaña, adquirimos un conocimiento que sólo puede volver a añadir dolor al dolor. Si perseguimos incansablemente la búsqueda de lo que pudo ser anteriormente la causa de ese primer indicio, agrandaremos la herida en lugar de sanarla.

Creo que es ahí donde reside el peligro de ciertas terapias por la palabra, estrictamente intelectuales. Errando sin cesar en lo mental, explorando todas las conexiones de nuestra neocorteza, sin llegar al cuerpo, nos perdemos, sin duda, en nuestro dolor. O las terapias cognitivas "puras y duras", que permiten aprendizajes reeducando un comportamiento, pero sin tratar la fuente del traumatismo. Se instala un automatismo, pero el problema no se resuelve y se corre el riesgo de que reaparezca bajo otra manifestación. Sin embargo, si podemos intervenir a un nivel corporal, anclar un programa de vida, "almacenando" en nuestra memoria el recuerdo traumático desuniendo el dolor, le damos su valor de aprendizaje. ¡Un aprendizaje que pudo ser doloroso e incomprensible en el momento, pero que ya no será un impedimento para vivir con plenitud!

La integración positiva por los movimientos oculares (IPMO) va a permitir ese trabajo de recuperación de la memoria errante. Es notable ver cómo, una vez recuperada esa memoria, el cerebro puede de nuevo elaborar comportamientos cognitivos sanos, borrando (a menudo sobre la marcha) las manifestaciones físicas o psíquicas dolorosas. En ocasiones, después de años de obsesión por un traumatismo que pudo provocar una disociación importante, vemos sonreír a una persona, hacer proyectos, volver a la vida en todos los sentidos del término. ¡Es interesante notar que esos procesos cognitivos sanos emergen la mayor parte del tiempo en forma espontánea, en el curso de la sesión!

Una vez desbloqueada la elaboración de la memoria traumática, gracias a los movimientos oculares, los procesos cognitivos sanos toman su lugar y la vida normal adquiere de nuevo su curso.

Movimientos oculares y memoria...

A partir de 1994, sabemos que los movimientos oculares del sueño están relacionados con la intensidad de las emociones negativas en el sueño y no son una especie de mirada que se pasea sobre la imagen del sueño.

Se presentó la hipótesis de que los movimientos oculares inducen una modificación eléctrica directamente asociada con el tratamiento de los recuerdos. Recordemos que todo el funcionamiento de nuestro cerebro no es otra cosa que un vasto sistema de transferencia de información eléctrica. La señora Shapiro se apoya en esta teoría para suponer que "las descargas neuronales de los movimientos oculares rápidos... podrían tener un efecto inhibidor sobre el emplazamiento donde el recuerdo traumático se almacena, invirtiendo la patología neuronal..."

Ella desarrolla una hipótesis de trabajo exponiendo un modelo teórico de tratamiento acelerado de la información. A partir de una experiencia traumática, ponemos en acción en todo lo posible nuestro pensamiento, nuestra palabra, nuestra capacidad para soñar, hasta la resolución espontánea del conflicto convocado por el incidente. Una vez integrados la nueva información y los aprendizajes vinculados con la experiencia, nuestro cerebro procede a almacenar esos datos. Todo lo que es inútil, emociones, sensaciones, opiniones negativas, se eliminó en el transcurso del proceso.

No obstante, sucede que este modo de integración ya no es operacional, sobre todo cuando lo vivido ha tenido un grado dramático demasiado importante para permitir la asimilación de la información por nuestro cerebro. La información no puede ser almacenada en la zona adecuada y entonces se expresa mediante pesadillas, *flashbacks*, pensamientos negativos recurrentes y emociones imposibles de digerir. Ello, con consecuencias externas: problemas de comportamiento, fobias, desocialización, etcétera.

En este sentido, se pueden mencionar las características del síndrome de estrés postraumático halladas, por ejemplo, después de atentados, accidentes graves, guerras, violaciones... etcétera. Los movimientos oculares permitirían estimular el sistema de tratamiento de la información, acelerando el proceso de curación psíquica.

> Cuando hay una vivencia insoportable, la elaboración cerebral de la información relacionada con la experiencia traumática se vuelve imposible.

Movimientos oculares y experiencia traumática: ¡aún hipótesis!

Mi visión personal del proceso a seguir para una sesión de movimientos oculares no está muy alejada de lo que se desarrolla a continuación.

Cuando una experiencia no fue elaborada por nuestro cerebro, estaría en cierto tipo de vagabundeo. Cada información transmitida por el cuerpo (experiencia física y emocional, vista, oído, olfato...) debe poder ser tratada por el cerebro y luego almacenada en la zona adecuada, si no, permanece en suspenso hasta que esté suficientemente elaborada para poder ser enviada y clasificada por la memoria apropiada.

En el caso de un suceso traumático, la multiplicidad de información negativa, su simultaneidad y la dificultad que encuentra el cerebro para adaptarse podrían compararse con un conmutador telefónico en el que llegan muchas llamadas. Ese conmutador se vuelve incapaz de transferir todas las llamadas y cierto número permanecerá en suspenso e, incluso, todas las llamadas entrantes estarán bloqueadas. Para hallar respuestas adaptadas a una nueva experiencia, el cerebro primero tratará de poner en acción los programas habituales resultantes de las experiencias precedentes.

Podemos comprender que, si hay exceso de información nueva o yuxtaposición de información hasta ahí señalada por una multitud de experiencias, el tratamiento de la información ya no va a ser posible. En todo caso, exigirá tiempo.

Cada persona ha tenido ya la experiencia de un incidente desagradable, no habitual. El hecho de hablar y replantear señalando los aspectos positivos de la experiencia (supervivencia, adaptación misma parcial…), permite comenzar a atenuar el recuerdo traumático. Volver a seguir una vida normal y los hábitos permitirá tranquilizarse. Poco a poco, el recuerdo se atenúa.

No obstante, habrás notado que, en estos periodos, es frecuente despertarse a mitad de un sueño o de una pesadilla. A menudo, el mismo tipo de película se repite (no necesariamente en relación directa con el suceso), hasta que hayamos integrado el estrés. La siguiente es mi hipótesis.

Hace tiempo, creía que un sueño era como un mensaje que nos enviaba el inconsciente para que aprendiéramos cosas sobre nosotros mismos. Éste es, efectivamente, el caso, pero en un sentido muy particular. Hoy pienso que, la mayor parte de los sueños que recordamos, son indicación de un proceso en curso, pero aún no terminado.[1] Así, podemos aprender mucho más sobre en qué nos estamos convirtiendo, que en lo que ya somos. Me parece que el sueño interrumpido y que se revela en nuestra conciencia señala la dificultad que tiene nuestro cerebro para elaborar la información producida por nuestras experiencias de vida. La parte de nuestro sueño en que soñamos es aquella donde se producen los movimientos oculares rápidos, espontáneos.

Esos movimientos podrían ser la respuesta a una falla de nuestra capacidad cerebral para integrar cierta información nueva. Si es una estimulación que perturba el potencial eléctrico sináptico y, en consecuencia, el tratamiento mnésico con un "efecto inhibidor sobre el emplazamiento donde el recuerdo traumático es almacenado" (Shapiro) o (es mi hipótesis) una estimulación buscando facilitar el tratamiento de esta información y su acceso a una zona

---

1. Excepto lo que llamamos los "grandes sueños", que nos dejan una impresión fuerte y durable de algo positivo y que son como la conclusión de una etapa de crecimiento personal, de un tiempo de evolución.

de almacenamiento apropiada, estos movimientos desempeñarían un papel esencial en nuestra evolución y en nuestra capacidad de adaptación.

En la medida en que el funcionamiento habitual de nuestro cerebro consiste en almacenar información que pueda ser reutilizada con el fin de enfrentar una eventual nueva presentación de los factores de estrés, estoy tentada a creer en una estimulación activa en el sentido de un almacenaje y no de una utilización de lo almacenado.

Cada experiencia nueva permite la creación de nuevas redes de circulación de la información en nuestro cerebro; en particular, si responde a los criterios de supervivencia de la especie y del individuo. En el caso de estrés extremadamente violento, que ponga en juego la vida de la persona, podemos suponer que el trabajo del cerebro va a ser tratar un máximo de datos, con el fin de afinar lo mejor posible el proceso de respuesta, de protección, de reparación. En mi opinión, sólo un exceso de datos "intratables" puede impedir la integración memorial, como en un conmutador telefónico sobrecargado.

Esquemáticamente tenemos los siguientes procesos:

- En el caso de una experiencia simple, observamos un proceso cognitivo simple:

> Experiencia ➡ tratamiento de información ➡ respuesta
> adaptada ➡ elaboración de recuerdos ➡ renovación
> de la experiencia ➡ tratamiento más rápido de la información
> ➡ respuesta adaptada optimizada ➡ etcétera.

- En el caso de una experiencia traumatizante:

> Experiencia ➡ tratamiento de información insuficiente ➡ respuesta
> más o menos adaptada ➡ elaboración parcial de recuerdos ➡
> recuperación de información durante la fase de sueño y REM ➡
> complemento de elaboración de recuerdos ➡ recuperación de
> información aún no elaborada (sueños, REM) ➡ elaboración de
> recuerdos ➡ …etcétera, hasta la elaboración completa.

• En el caso de una experiencia con estrés postraumático:

> Experiencia ➜ tratamiento de información insuficiente ➜ respuesta insuficientemente adaptada ➜ elaboración de recuerdos imposibles o muy parcial ➜ recuperación imposible de información durante la fase de sueño y REM: pesadillas ➜ vivencia de trauma antiguo ➜ recuperación de información bloqueada ➜ elaboración de recuerdos imposible ➜ adaptación imposible ➜ …etcétera.

La consecuencia de este círculo vicioso es una falla creciente de adaptación al medio ambiente por un efecto que llamaría de "contaminación":

En falta de sus capacidades de adaptación, con una vivencia de amenaza de su supervivencia a un nivel del cerebro límbico, el individuo ya no puede razonar lógicamente (neocorteza) y se vuelve eventualmente esclavo de comportamientos arcaicos: huida o ataque.

En el plano del comportamiento social, la huida se manifestará, por ejemplo, por el desarrollo de fobias activas, hasta la fobia social completa o el desarrollo de patologías que reducen el contacto social.

Tales patologías podrán aparecer como consecuencia del traumatismo, una especie de reacción del cuerpo para eliminar el estrés, pero serán la respuesta de nuestro cerebro a una situación indigerible.

Al encontrarse en conflicto con su medio natural, el individuo desarrollará las únicas estrategias coherentes con el funcionamiento de su cerebro reptil, la enfermedad indica simplemente un modo de adaptación que desde el exterior parece patológico, pero que es la aplicación de un proceso de supervivencia.

(Sobre este tema apasionante, aconsejo consultar las obras del doctor Sellam, principalmente *Origines et préventions des maladies.*)

Tenga en cuenta que los animales, en ausencia de un cerebro pensante, son incapaces del análisis. Raramente se enferman. En una situación totalmente incomprensible para ellos, si no pueden ni atacar ni huir, mueren o desarrollan patologías autodestructivas (cáncer), rápidamente fatales. No están equipados neurológicamente para comprender lo desconocido y mueren de terror o de incomprensión… Un traumatismo intenso puede dejar indefenso al ser humano. Si no muere, la búsqueda desesperada de su cerebro de un medio de supervivencia al choque podrá traducirse en patologías físicas y/o psíquicas graves.

> A falta de sus capacidades "modernas" de adaptación,
> el individuo regresa a comportamientos arcaicos.
> La mínima súplica exterior puede ser percibida como una agresión.
> La enfermedad va a intentar solucionar el conflicto.
> Si no, la huida (fobia, adicciones) o el ataque (violencia)
> serán las únicas respuestas posibles.

En la medida en que el funcionamiento del cerebro límbico supere lo que hace de nosotros seres pensantes, se comprenderán los límites pronto afectados por las terapias cognitivas. Si bien, en cierto nivel, éstas pueden reeducar un proceso de aprendizaje, reprogramarlo en alguna forma, pueden ser insuficientes en el caso de traumatismos severos. De este modo, ¡vemos fobias reeducadas que "desaparecen"… para reaparecer luego bajo otra forma! Si tomamos en consideración el hecho de que la fobia es un sistema de protección, un medio de racionalizar un universo donde las referencias están ausentes, hacer desaparecer retira el único programa que permitía permanecer en el sentido de la vida. Es preferible desactivar el programa tóxico y luego reeducar lo cognitivo (o, como veremos más adelante, el cerebro recupera a menudo espontáneamente esa capacidad de integrar nuevos comportamientos a partir de la aplicación del tratamiento).

Es aquí donde los movimientos oculares dirigidos como la IPMO pueden intervenir con éxito.

Respecto del impacto directo de los movimientos oculares sobre ese proceso de elaboración de la memoria, mi hipótesis es que el efecto de estos movimientos es una especie de reflejo. Los movimientos oculares rápidos (REM) parecen corresponder a una estimulación que facilita este proceso. Su aplicación es el resultado verosímil de una adaptación desde hace mucho tiempo de nuestro cerebro a una necesidad de tratamiento de la información para permitir un comportamiento adecuado (activo en el sentido de la supervivencia, de la adaptación al grupo y de la evolución del individuo) cuando una situación similar se presenta. Así, la puesta en práctica dirigida de movimientos oculares puede, por similitud (o por reflejo de tipo pavloviano), inducir un tratamiento apropiado de la información. Si, desde hace milenios, estos movimientos durante el sueño favorecen la elaboración de recuerdos, su aplicación consciente, guiada, puede provocar el tratamiento adecuado de datos errantes.

Hipótesis:
Los movimientos oculares conscientes reproducen las condiciones de la fase del sueño donde se producen los REM (*rapid eye movement*), produciendo un efecto similar: la elaboración de recuerdos, hasta entonces en curso.

De manera similar a los esquemas siguientes, podemos, entonces, describir el proceso en curso durante una sesión de movimientos oculares de la siguiente forma:

Evocación del recuerdo traumático → *secuencia de movimientos oculares* (con apoyo de las sensaciones y las emociones) → emergencia de aspectos específicos del recuerdo traumático → *secuencias de movimientos oculares* (conforme a la emergencia de los aspectos específicos, apoyo sobre sensaciones/emociones) → recuperación progresiva por el cerebro de la información antiguamente bloqueada → ELABORACIÓN PROGRESIVA DE LOS RECUERDOS → vivencia de lo antiguo más tranquila, aparición de soluciones del conflicto interno → cambio de la mirada sobre el recuerdo traumático → ELABORACIÓN DE NUEVOS COMPORTAMIENTOS COGNITIVOS → adaptación otra vez posible, transformación del esquema de vida.

Para ser juzgado aceptable por los diferentes niveles de nuestro cerebro, el tratamiento de la información en terapia debe ser juzgado superior a la respuesta ya hallada. Cuando esta respuesta es la enfermedad, que, recordemos, es considerada por el cerebro reptil como solución aceptable y que permite la supervivencia de la especie (que domina sobre la del individuo, precisemos), la resolución por los movimientos oculares deberá permitir no sólo la adaptación del individuo a su medio ambiente, su supervivencia como persona, sino, también, con seguridad, la de la especie. Si el cerebro indicaba la menor duda sobre este último tema, ¡podemos apostar que el individuo permanecerá con su estrés postraumático!

Además, si el individuo, en su comportamiento más complejo (inconsciente o consciente) ha encontrado un beneficio de su sufrimiento, lo conservará (véase capítulo TLE — los *side benefits* o beneficios secundarios). Un ejemplo muy sencillo es la percepción de una pensión por invalidez + la atención plena de compasión de los allegados, comparada con el regreso al trabajo y al mirar indiferente de los demás. Debido a que tiene necesidad de la atención de los demás de manera excesiva, una minusvalía da un sentido a la existencia. Tengo conciencia de que dicha hipótesis puede contrariar, pero he visto a numerosos pacientes aplicar la fuerza de lo que no es otra cosa que un programa tóxico de más.

> Para que sea eficaz, la terapia debe procurar
> una ventaja superior a la situación anterior.
> ¡Es el cerebro el que juzga, pero nosotros podemos
> tener conciencia de nuestras "creencias" y soltarlas!

Asimismo, no son sólo los diferentes aspectos de una experiencia traumática los que encierran el sistema de integración, sino todo lo que de cerca o de lejos se les parezca (para el cerebro). De esta forma, en la fase de resolución del conflicto, mucha información "parásita" se injertará.

Por ejemplo, el recuerdo de experiencias traumáticas similares, cuya repetición es responsable del bloqueo emocional. Sin embargo, también toda la información que, de cerca o de lejos, puede acompañar al suceso

disparador de ese bloqueo: estrés inicial, memoria auditiva u olfativa similar, sentimiento físico semejante, ambiente geográfico idéntico, recuerdos
familiares.

Una paciente que había tenido una primera experiencia amorosa traumatizante con un
hombre pelirrojo, se preguntaba si su nuevo encuentro con un pelirrojo no estaba condenado
al fracaso. Una vez dejado atrás el bloqueo (integración de la dificultad para entrar en
relación con lo masculino) e iniciado el nuevo idilio, ella se dio cuenta de que su nuevo
compañero, que ella había visto pelirrojo, era en realidad castaño. Su angustia de la rela-
ción amorosa le hizo proyectar el color rojo sobre el objeto de su angustia: un individuo de
sexo masculino. Aquí vemos que el traumatismo puso en acción un sistema de protección
patológica y, si ella no hubiera trabajado consigo misma, ¡la paciente habría terminado
por ver "rojo" cuando un hombre se le acercara!

Entonces, se trata de actuar con habilidad.

Por fortuna, cada elemento, cada aspecto del suceso traumático permite,
con la IPMO, tratar el bloqueo paso a paso. Gracias a la memoria, que
es una red enmarañada de circuitos que transportan la información, con
multitud de interconexiones, la información podrá al fin tomar buenos caminos hacia las zonas del cerebro donde su almacenaje (en vía de reutiliza-
ción) va a ser más apropiado.

Tratar el estrés postraumático va a ser como seleccionar una de las uvas
de un racimo a veces enorme o como talar los árboles más o menos grandes
que sembraron en medio de los caminos y que volvieron impenetrable una
parte del bosque. Es interesante notar que, en muchos casos, el tratamiento
de un solo aspecto resolverá muchos otros. La explicación de este fenómeno está, sin duda, vinculada con el funcionamiento mismo de la memoria,
en red. Cuando un aspecto se resuelve, la circulación de la información
vuelve a ser posible: los pasajes previamente cerrados pueden reabrirse,
permitiendo que la información conexa circule. La elaboración de la memoria se vuelve posible por una parte del traumatismo más importante
que aquella sobre la que el trabajo se efectúa. Una vez más, presento aquí
una hipótesis. Todo el arte del terapeuta (casi siempre apuntalado por su

intuición) va a ser reparar los aspectos que permitan este "efecto dominó". Escuchar al paciente es esencial, en particular la atención a sus sensaciones físicas y emocionales.

Una problemática presenta a menudo múltiples aspectos.
La IPMO permite tratarlos uno por uno, haciendo posible que cada información sea elaborada correctamente por el cerebro.

Comentario: *No es obligatoriamente necesario tratar todos los aspectos. La resolución de uno solo puede ser efectiva para muchos.*

Con la IPMO partimos de la parte más tangible del trauma, lo que resta del recuerdo, a veces una verdadera obsesión.

Contrario a la fase nocturna del tratamiento de la información, vamos a poder orientar el trabajo en la conciencia. Durante el sueño, la elaboración de los datos se hace a partir de una reserva de recuerdos, de los que no siempre tenemos conciencia, pero es también un periodo en el que no podemos arriesgarnos demasiado. La noche está llena de peligro, nuestro cuerpo lo sabe, nuestro cerebro lo sabe. Durante el día, en especial si visitamos a un terapeuta (una relación de confianza se establece en el proceso terapéutico), estamos en una zona de relativa seguridad y podemos conducir ese trabajo de elaboración de manera más serena.

Estoy convencida de que la eficacia de la IPMO está relacionada con esta seguridad.

El sueño representa un mecanismo de autocuración que soluciona la mayor parte de nuestros problemas. Cuando se trata de un "trozo grande", que envía a una situación de peligro para nuestro cuerpo o nuestro psiquismo, la noche y el sueño no son ciertamente condiciones ideales de resolución de conflictos. Si, de una manera general, tengo totalmente confianza en los mecanismos de autocuración propios del ser humano, es indispensable constatar que, en ocasiones, son débiles en relación con la supervivencia del individuo. Acepto que la enfermedad es una respuesta positiva a una situación negativa. Pese a ello, si puedo ayudar a mi cerebro a adquirir nuevos mecanismos de adaptación que respondan a la vez a los criterios de supervivencia de la especie, según el cerebro límbico, y de supervivencia confortable de mi persona de acuerdo con mi neocorteza *sapiens sapiens*, tengo un poco la impresión de haber participado en la evolución de la especie humana.

Por tanto, con la IPMO, podremos aplicar a la vez el mecanismo reflejo del movimiento ocular y la conciencia de que tenemos un traumatismo por curar.

En una primera etapa: recuperación de nuestras capacidades de manejo de la información asociada con el trauma (sensaciones, emociones, imágenes, sonidos… etcétera).

En una segunda: recuperación de nuestras capacidades cognitivas de adaptación. Tenemos conciencia de los bloqueos, eliminamos la carga emocional negativa al experimentar un nuevo esquema donde generamos soluciones durables para el trauma original. En el mejor de los casos, desbloqueamos las energías de vida insospechadas y cambiamos el curso de nuestra vida para lo mejor.

Recuperar la capacidad para integrar los recuerdos vinculados con el trauma

=

Recuperar la capacidad para reactualizar lo cognitivo

=

¡Volver a vivir plenamente!

Ejemplo:

Una paciente fue agredida por un automovilista que la había rebasado y la obligó a detenerse. Aterrorizada, soportó sus insultos (¡jamás comprendió lo que él le reprochaba!) y se preguntó si finalmente iba a arrancarle la portezuela. Paralizada, no osó hacer otra cosa que arrancar de nuevo cuando el hombre, furioso, la dejó al fin; ella temblaba, lloraba y tuvo "la impresión de ser una niña muy pequeña". Después, se aterrorizaba (transpiración con grandes gotas, palpitaciones aceleradas del corazón, deseo de llorar) cuando un vehículo la rebasaba. ¡No es necesario decir que ya no estaba en condiciones para conducir, salvo con un costo emocional enorme! Además, tenía pesadillas en las que un loco la atacaba con una botella rota.

Tras una serie de movimientos en IPMO, reconoció brevemente las sensaciones desagradables y se sobrepuso a su recuerdo a la orilla de la calle la imagen de su padre aullando de cólera:

Ella tenía 5 años, él estaba ebrio, ella estaba *aterrada*.

Extrañamente, el recuerdo del conductor le pareció finalmente menos alarmante:

"Un pobre tipo que perdió los estribos contra una joven sin defensa, es lamentable", me dijo ella.

Sin embargo, el recuerdo de su padre causó sensaciones físicas violentas (¡le acerqué el cesto de plástico previniendo el vómito intempestivo, pero, como es frecuente, el deseo de vomitar desapareció en el acto!). Nueva serie de movimientos oculares, al final de la cual puso en paralelo a su padre actual, viejo, enfermo y totalmente incapaz de agresión:

"¡Cuando pienso que tuve tanto miedo de él! Él mismo se hizo el mayor mal, ¡cómo osó agredir a una niña tan pequeña!"

La *ira*, sana y purificadora, osó al fin manifestarse. Nueva serie de movimientos sobre esta ira...

"¡Él nunca se recuperó de la muerte de mamá; él no sabía qué hacer conmigo, es seguro!"

Después de eso, una gran oleada de *tristeza* con un nudo en el estómago, nueva serie de movimientos oculares:

"¿Yo estaba muy triste sin mamá, quería que estuviera viva, quería a mi mamá; eso debió ser muy difícil para él, educarme... es como si no hubiera nadie."

Entrada en escena de la *culpabilidad*, nueva serie:

"Es triste, pero yo era sólo una niña, no podía administrar todo sola, son los adultos los que deben hacerse cargo de los niños, no al contrario."

Segunda oleada de *ira* contra ese padre incapaz de ser adulto, ¡otra vez las nauseas! Nueva serie sobre la ira:

"¡No podía, no podía! Fue por eso que empezó a beber… no es su culpa, no estaba armado para eso, tampoco para ayudar!"

Nuevo recuerdo que emerge:

"Cuando entré al primer año, me dejó con su hermana. Yo adoraba a esa tía, ella no había podido tener hijos y yo no tenía madre, ¡estábamos hechas la una para la otra!"

Sentimiento de felicidad que aflora. Trabajo de desatadura en relación con el padre, elección de un programa positivo de reemplazo:

"Soy una persona en parte entera, ahora avanzo sin temor por mi vida".

Reanudación de la dirección de partida para verificación:

"No comprendo cómo he podido perder así mi capacidad ante ese chiflado; en fin, sí, comprendo… la próxima vez, yo iré atrás, saldré como rayo, ¡él siempre podrá intentar correr!"

Es una joven sonriente que tomó de nuevo el volante con la consigna de llamarme ante el menor problema con el auto…

Fui yo, finalmente, quien la llamó, para un seguimiento, dos meses después. Ella había olvidado el incidente de partida y había estado muy ocupada por la hospitalización repentina de su padre, unos días después de nuestra entrevista. En el hospital, él le pidió perdón, lloraron juntos… y ella lo albergó quince días en su casa durante la convalecencia: "¡No iba a dejarlo solo en un hospital a cuarenta kilómetros de su casa! En el curso de nuestra conversación telefónica, me dijo que luego de replantear su infancia con su tía… ¡se sentía al fin lista para tener el bebé que su marido le había pedido en vano desde hacía tres años!

Con seguridad, todas las sesiones no proporcionan resultados tan espectaculares en una sola vez. No obstante, ¡la curación está ahí casi siempre!

¿Qué sucede exactamente durante esta sesión?

Cuando un conflicto que echó raíces durante la infancia se "descubre", una o más nuevas conexiones neuronales intracerebrales aparecen entre el sistema límbico y la neocorteza. El paciente incrementa su conciencia de sí mismo y de sus experiencias. El conflicto que había generado un bloqueo energético (eléctrico) en ciertas áreas del cerebro límbico puede ahora circular con libertad hacia la neocorteza, en lugar de estimular perpetuamente las zonas en el hipotálamo. Dicha energía se convierte en la fuente de una vitalidad más grande y de una mayor transparencia de espíritu. Sin embargo, el circuito en conflicto hasta el hipotálamo es programado por la costumbre y necesita ser "desacondicionado". Autores como Pavlov, Shapiro y Callahan han descrito la necesidad de emplear técnicas que independicen el suceso inicial de la respuesta habitual producida por el cerebro. Esto es lo que permiten las técnicas de movimientos oculares. Mientras el paciente deja que llegue a su memoria el recuerdo perturbador, los movimientos oculares, las idas y vueltas de aproximadamente treinta segundos a un minuto, permiten anular la respuesta automática habitual del cerebro (manifestaciones indeseables que buscamos eliminar). De ahí, en el ejemplo anterior, la toma de conciencia del recuerdo infantil, la ruptura permitida por los movimientos oculares (que tienen permiso de tratar la información parcialmente en instancia) y la acción de un nuevo proceso cognitivo y de nuevos componentes.

Parecería que, teniendo en cuenta lo intrincado de la red neuronal en el cerebro, que enlaza el sistema límbico con el hipotálamo (y, prácticamente, con cualquier otra estructura cerebral), el dolor crónico, físico o psíquico no puede ser tratado con éxito sin tomar en cuenta sus componentes psicoemocionales. El motivo principal por el que cierto número de pacientes mejoran con sólo una intervención "técnica" (analgésicos, reconstituyentes...), sin ninguna intervención psicoterapéutica, es que la mayor parte de los médicos actúan como *consejeros* con sus pacientes hasta cierto grado (con mucha frecuencia, sin tener conciencia de esto) y que así disminuyen la estimulación del sistema límbico, al estimular la confianza y la aceptación. A pesar de ello, este tipo de terapia inopinada se hace sin un fin preciso y no utiliza conscientemente los increíbles beneficios que ofrecen los enfoques "técnicos" orientados hacia la responsabilidad psicoemocional, como la IPMO.

Una sesión de IPMO implica, ante todo, hacerse cargo con un fin preciso. Se definirá un objetivo para ser tratado. Vemos aquí un enfoque que supone la construcción de una relación positiva con el paciente y la necesidad de una definición específica del problema (en un capítulo próximo expondremos que ése es también el caso para optimizar eficazmente la TLE). Hablemos claro: la verdadera especificidad sólo aparece a veces en el curso de la sesión. Es un proceso de descubrimiento específico de la conciencia que el paciente puede tener de su problemática. El punto de partida es el sentir del paciente y su descripción de los síntomas (físicos y psíquicos). Un punto de llegada teórico será, de igual manera, definido por el paciente. Así, el camino recorrido podrá medirse. Además, me parece importante que, desde el inicio del trabajo, el paciente pueda, aunque con dificultad o con incredulidad, considerar una solución posible. El terapeuta debe ofrecer el espacio de la esperanza cuando a la persona que sufre le es imposible pensar.

Por ejemplo: el problema es "Tengo gran dificultad para controlar mis emociones ante ciertas personas". El punto pendiente positivo cognitivo por solucionar podría ser: "me siento perfectamente sereno y confiado, sin importar quien sea mi interlocutor". El paciente no tiene necesidad de creer eso, sino simplemente de expresar con sus palabras cómo se manifestaría la solución…

Observación: para los pacientes cuya incredulidad es demasiado grande, la sofrología permitirá proyectarse en una vivencia virtual de lo positivo, completando la IPMO. Uno de los motivos por los cuales me importaba presentar estas tres herramientas en una misma obra es, precisamente, su complementariedad y su capacidad para poner en relieve, para cambiar el ritmo en un proceso de reconquista de uno mismo.

Observación: es más prudente trabajar por etapas. Por ejemplo, una persona que ha sufrido abusos sexuales no podrá considerar de buenas a primeras "Me siento perfectamente serena aun en presencia de desconocidos" o "A partir de ahora, tengo una sexualidad serena y desarrollada"…

Siguiendo el progreso del trabajo, podrá pensar: "Soy una persona completa, totalmente digna de respeto", "Me reconcilio con mi cuerpo", "Cada día me siento con más confianza conmigo misma", etcétera.

El papel del terapeuta será el de acompañar esta reconquista de sí mismo, solicitar esa confianza renaciente para que el paciente se atreva, aun sin creerlo mucho, a considerarse de otra manera. Es sólo en ausencia total de formulaciones positivas cuando el arte del terapeuta se expresará bajo forma de proposiciones, de ayuda para "soñar tu vida": ¿y si…?

Aquí también, atraigo tu atención al hecho de que la sofrología y la TLE pueden ser auxiliares preciosos. La sofrología permite, gracias a un estado de conciencia ligeramente modificado, proyectarse en un positivo imaginario que nutrirá las reformulaciones cognitivas. La TLE permitirá "desbloquear" lo imaginario para que el paciente recupere (a menudo) instantáneamente sus capacidades creativas positivas. Es útil saberlo para algunos casos en que la readaptación de lo cognitivo representa un problema. En la mayor parte de los casos, los movimientos oculares, por sí solos, hacen posible dejar atrás el obstáculo.

Aprovecho para indicarte que la utilización de otras herramientas durante la sesión permite a las personas, cuyos ojos se fatigan con rapidez, conservar cierto ritmo de trabajo. ¡En lugar de vivir como un fracaso tu dificultad para seguir los movimientos, simplemente continúa el camino, sin formularte preguntas!

LA IPMO PERMITE LA RECONQUISTA DE UNO MISMO.
La sofrología y la TLE pueden, en este proceso, convertirse en ayudas preciosas.

---

4. ¿Cómo se desarrolla una sesión?

Antes que nada, preciso que esta sección se dirige en específico a los terapeutas.

Las personas que están interesadas en la herramienta verán el proceso por los ojos de ésta. En efecto, contrario a la sofrología y a la TLE,[1] es un poco delicado poner en acción sobre sí mismo la IPMO. Para las personas que tienen la costumbre de trabajar con ellas mismas (práctica lenta de desarrollo personal, seguida de psicoterapia... etcétera), dudo que sea tentador probarla en uno mismo. Lee lo que explico a continuación. Si deseas probar la experiencia (quizá eres terapeuta), puedo indicar la "verdad siguiente": Colócate ante un espejo, a un metro. Mueve tu dedo extendido (o un bolígrafo con tapa de color subido) siguiendo la punta que se refleja en el espejo. ¿Por qué? Porque te fatigará menos el brazo. Es una buena distancia para mirar realmente el punto de referencia en movimiento; de lo contrario, te obligarías a mantener el brazo en una postura retorcida/semi extendida, poco agradable. Si padeces una enfermedad importante a tratar en tu vida, si lo deseas, pide ayuda. La IPMO puede ser extremadamente rápida y llevarte al punto en que no sepas manejar solo la situación. No juegues al aprendiz de brujo...

El territorio de lo inconsciente es apasionante, pero exige precauciones para ser descubierto. Las exploraciones deben hacerse con un máximo de seguridad. En el caso de los movimientos oculares, es necesario un terapeuta experimentado.

> **Es delicado aplicar la IPMO en uno mismo.** Su capacidad para hacer remontar con rapidez las emociones ocultas requiere, casi siempre, la ayuda de un terapeuta entrenado.

Una sesión de IPMO

Siempre es delicado describir una sesión terapéutica porque no existe una receta: cada paciente llega a consulta con su historia y con su propio ritmo

---

1. Es extremadamente fácil utilizar la TLE y quizá es una herramienta más "accesible". La IPMO, con el tiempo, se ha convertido para mí en un instrumento de "último recurso", cuando la persona está lista para avanzar, pero las otras herramientas han dado un resultado insuficiente. No hay que arrepentirse... deje eso a los profesionales. ¡El objetivo de este libro es, también, dar a conocer las herramientas, simplemente!

para avanzar. Para escribir este párrafo, me formulé la pregunta del desarrollo de una sesión de IPMO. Queda entendido que existen fases de trabajo, una especie de marco relativamente reproducible.

La tabla en las páginas 242-243 intenta resumirlas. Los terapeutas que leen este libro recordarán sus propias sesiones, esas pequeñas zonas de errores que a veces surgen… Información hasta entonces oculta, las reticencias salen a la superficie, el paciente comienza a sopesar los pros y los contras de una mejora… En resumen, más allá de este marco, es esencial probar la intuición, la imaginación, para "hallar el hilo negro". Es por ello que, en ciertos casos, indico que, en ocasiones, son indispensables más sesiones. He intentado sintetizar las diferentes etapas del trabajo con los movimientos oculares, con el fin de hacerlos más legibles.

Sería en vano tratar de aplicarlos de manera estática porque no faltan los motivos que van a necesitar la adaptación del terapeuta en el curso del trabajo:

— La confianza del paciente jamás se adquiere en forma definitiva.
— Los elementos nuevos de la historia del paciente pueden aparecer en cualquier momento.
— El tratamiento de un objetivo secundario puede ser necesario antes de proseguir con el trabajo sobre el elemento principal.
— El elemento "principal" prueba ser sólo un elemento secundario (emergencia de la verdadera problemática en el marco del trabajo con los movimientos oculares).

Globalmente, el desarrollo obedece un recorrido característico de sesión de terapia.

— ¿Qué es lo que llevas con el terapeuta?
— ¿Cuál es el objetivo de tu consulta?
— ¿Qué ayuda puede aportarte el terapeuta en ese recorrido?
— ¿Qué herramientas pueden utilizarse?

En el curso de la sesión, las respuestas a dichas preguntas van a determinar un enfoque terapéutico que tendrá como propósito:

— Tranquilizar al paciente y construir una relación de confianza.
— Proponer una dirección del trabajo con etapas y pausas para aclarar el punto.
— Adaptarse al ritmo del paciente.
— ¡Avanzar!

Avanzar va a significar:

— Reconocer el sufrimiento y sus manifestaciones emocionales y físicas.
— Buscar las causas al ritmo del paciente.
— Tratar las causas, metódicamente, para llevar al paciente a una liberación emocional.
— Establecer un remodelaje cognitivo que liberará al paciente de sus antiguos esquemas de sufrimiento conforme a la cura.
— Validar los resultados y verificar la postura en el tiempo del positivo reconstruido.

Notarás que, al final de la sesión, siempre preveo un tiempo de relajación positiva, de reenergetización.

En efecto, el trabajo con los movimientos oculares, como todo lo que se relaciona con el remodelaje cerebral, exige mucha energía del paciente. Debemos tener en cuenta que llega a nuestra consulta con un estrés importante y, a menudo, con cierta forma de agotamiento. Además, los momentos de concentración durante los movimientos representan, de igual modo, una fuente de fatiga. El recuerdo de las emociones y las sensaciones, a veces desagradables, aunque sea durante lapsos muy breves, consume también energía. Asimismo, la recuperación de información por el cerebro, con frecuencia en un plazo muy breve, necesita las reservas energéticas de los pacientes. Un medio excelente para evitar esa fuga de energía es invitar al paciente a beber agua durante la sesión. He notado que, en caso de deshidratación, los resultados son más lentos, difíciles de obtener.

Cuando hago formaciones con estudiantes, que reclaman "recetas" rápidas para recuperar concentración y memoria durante la preparación de sus exámenes, el primer consejo que les doy es beber[1] cada día un vaso de agua al despertarse… y de continuar haciéndolo a lo largo del día. Es un excelente medio para tener ideas claras. Preocuparse todo el día para efectuar las aportaciones hídricas necesarias para el funcionamiento de nuestro cuerpo y de nuestro cerebro es la garantía de una capacidad de trabajo regular y eficaz.

Sin embargo, beber agua no siempre es suficiente y me parece importante que el paciente parta con una impresión positiva.

Si la fatiga es excesiva (y el terapeuta no controla forzosamente la fatiga del paciente), una sesión rápida de relajación con un componente de energización mejorará los resultados obtenidos.

El paciente saldrá del consultorio sin experimentar jamás una fatiga excesiva.

---

1. Beber agua es un "truco" de BrainGym. Trataremos la importancia de una buena hidratación en el capítulo sobre TLE.

Capítulo 5

*La causa de todas las emociones negativas que expe-
rimentamos proviene de una perturbación del sistema
energético de nuestro cuerpo.*

Gary Craig

LA TLE
Técnica de Libertad Emocional

— María, de treinta años, tiene una ciática "intensa" que se traduce en
su tensión entre ir al hospital para una mastectomía y permanecer
en casa con su hija. Una sesión de TLE le permitió comprender su
temor a la anestesia y de dejar sola a su hija si no despertaba. ¡La
ciática desapareció! Continuará utilizando la TLE hasta la opera-
ción y después. El "cáncer" no será para ella... ¡el buen ánimo sí!

— Pierrot tenía miedo de montar un poni, hasta el punto de enfer-
marse. Sólo un minuto de TLE y tomó las riendas sonriendo, listo
para un buen paseo.

— Sebastián, de nueve años, se fracturó el brazo y tiene dolor. Para
tratar su dolor, "la vergüenza" de regresar a la escuela con el brazo
enyesado, lo trataré con la TLE (¡es mi hijo y lo conozco bien!) y
después trataré el dolor, a medida que se manifieste. ¡El interno de

urgencias guardó su Doliprane, pero formuló algunas preguntas sobre la técnica!

— ¡Mimi, de dos años, gritaba cuando se cayó, encolerizada! Su mamá y yo practicamos la TLE con ella. Se calmó, nos observó hacerlo y se levantó sonriente.

— Monique debía continuar su camino (500 km aproximadamente), pero se le trabó la rodilla en el momento de partir y sufría. ¿Qué hacer? Una sesión de TLE por teléfono, ¡una concientización rápida y la tensión dolorosa desapareció de pronto! Hará su trayecto sin problema.

— El pequeño Simón, de tres años, ya no dormía durante la siesta en la escuela y hacía berrinches por la noche. Temía quedarse solo. "Magic Tapping" en él y en su osito de peluche; ¡eso le hizo bien para volver a dormir!

— Arnaud, de 18 años, tenía miedo de reprobar sus exámenes. TLE para el escrito y para el oral… algunos malos recuerdos de la escuela sacados a relucir más tarde y estuvo sereno.

— Marianne estornuda, se suena, llora. Las alergias la dominan. TLE en cada síntoma. ¡Eso va mejor!

— Joanne tiene un hijo con una otitis persistente. Teme que pierda el oído como ella a la misma edad. TLE en ella y el origen de su problema de oído. Su audición mejora mucho y la otitis de su pequeño sanará sobre la marcha.

— Me caigo y me lastimo el dedo medio poco antes de la medianoche. Está hinchado y colorado en poco tiempo. TLE sobre el dolor, la hinchazón, la rojez, el temor de haberme lastimado gravemente. Ya no me siento mal; finalmente, sólo es un esguince. Ato tres dedos con un esparadrapo e iré a urgencias mañana por la mañana. (El interno me sacó una radiografía, en ausencia de la hinchazón, creyó que se trataba de una fractura.)

— Caro tiene dificultades para aprender sus lecciones y se distrae con la computadora. No tiene deseos de trabajar, pero no quiere reprobar. Con la TLE, trabajar ya no parece tan difícil, memoriza con mucha mayor facilidad que antes. Cuando encuentra una dificultad, la resuelve sola.

— Paul regresará al colegio en unos meses pero tiene problemas de "fugas" (encopresia y enuresis). La TLE lo ayudará a liberarse de ciertos temores e inhibiciones y de su problema.

88% de éxito. ¡Es, aproximadamente todo lo que es imaginable, como problemática emocional!

Porque el hilo conductor de todas estas historias es perturbación emocional.

La TLE es quizá la herramienta más original y la más desconcertante que deseo presentarte en esta obra. Es, de igual forma, la menos conocida en Francia, lo que no impide que sea muy practicada en los países anglosajones, en particular en los Estados Unidos donde fue inventada, así como en otros países (hay aproximadamente cuarenta libros sobre el tema en Alemania, según parece). La TLE constituye una propuesta radicalmente distinta a la de las prácticas terapéuticas tradicionales.

Aplicada de modo apropiado, esta técnica puede aportarte resultados excelentes, sin importar que seas terapeuta o un ciudadano común en busca de los medios para ocuparse por sí mismo de su bienestar emocional y físico (veremos que ambos están asociados). Queda entendido que no será cuestión de abordar una sesión de TLE sobre uno mismo o sobre los parientes para problemáticas demasiado complejas, a menos que seas un terapeuta calificado. Sin embargo, el número de situaciones que todo el mundo puede sanar gracias a esta herramienta es casi ilimitado; desde ayudar a un niño a calmarse cuando está encerrado en una rabieta, hasta abordar una situación que genera estrés (por ejemplo, una entrevista de contratación), calmar el dolor de un esguince, frenar o eliminar una reacción alérgica en espera de que el médico se haga cargo, dejar atrás el temor del vacío, ayudar a un niño para que se vuelva a dormir luego de una fea pesadilla, eliminar los dolores menstruales, detener una crisis de hipo… ¡los ejemplos son demasiado numerosos para citarlos!

La TLE es parte de la gran familia de las "técnicas de los meridianos", es decir, derivadas de la medicina china donde se considera que la energía circula dentro del cuerpo a lo largo de meridianos. Los meridianos son las vías de circulación sobre las cuales se puede intervenir para regular la energía a cierto número de sitios, los puntos de acupuntura. Te explicaré un poco más acerca de estos meridianos después de contarte la historia de la TLE.

Más que ceder a la tentación de hojear este libro, de ir directamente a la puesta en práctica de las técnicas un poco al azar, te aconsejo dedicar tranquilamente tiempo para leer lo siguiente y abordar el aprendizaje de la TLE por etapas. Incluso los más inexpertos obtienen resultados rápidos, ya sea un alivio apreciable o la desaparición pura y simple del problema sobre el campo. No obstante, para evolucionar en la práctica de la TLE, es necesario conocer las bases. Los terapeutas encontrarán aquí materia para introducir con más facilidad la TLE en el marco de sus consultas o sesiones de grupo. ¡Es más sencillo aceptar una herramienta tan sorprendente… una vez que nuestro cerebro izquierdo (intelecto) se tranquilizó!

1. *Un poco de historia…*

Los precursores: del doctor Goodheart a Roger Callahan

Antes de rendir un merecido homenaje a su fundador, Gary Craig, me parece útil volver a los orígenes. Hacia 1960, en los Estados Unidos, cierto número de quiroprácticos llevaron a cabo investigaciones principalmente para hallar el medio de localizar con precisión las zonas del cuerpo a equilibrar, para determinar, entre otras cosas, el origen de los bloqueos vertebrales de sus pacientes. El doctor George Goodheart, quiropráctico, fue el primero en someter a una prueba los músculos en tensión para evaluar la calidad del tono muscular y así interrogar al cuerpo. El doctor Goodheart constató los puntos siguientes:

— El tono muscular se debilita a partir de que sufrimos una perturbación estructural, bioquímica o psicológica.

— Si el sistema muscular puede estar equilibrado, todo el sistema óseo estará equilibrado al mismo tiempo.

— Si ponemos a prueba el sistema muscular, es posible tener respuestas dadas al mismo tiempo por el sistema energético y orgánico del cuerpo.

Propuso una prueba muscular, simple, al alcance de todos, en especial útil para los terapeutas corporales. Esa prueba nos hace escuchar a nuestro cuerpo, su lenguaje sutil. Para las personas que dudan de la capacidad de nuestro cuerpo para "hablarnos", les hago recordar sus últimos dolores. Es un mensaje que percibimos bien… ¡aunque no siempre lo entendamos!

A partir de los trabajos del doctor Goodheart, se desarrollaron muchas técnicas. En primer lugar, la kinesiología, con sus diversas ramas:

— ***Touch for Health*** de John Thie usa la prueba muscular para reequilibrar la postura y así prevenir o sanar las disfunciones estructurales, bioquímicas y psicológicas.

— La **edukinesiología** del doctor Paul Dennison se apoya, de igual manera, en los estudios del funcionamiento del cerebro (por ejemplo, en los de Roger Sperry, premio Nobel de Medicina, 1981) que mostraron la especificidad de las funciones diferentes de dos hemisferios. *"Dennison explica que la matriz del aprendizaje* (¡y la adaptación constante a la vida es un aprendizaje sin límite!) *pasa por la integración y la cooperación de los dos hemisferios"*[1] y desarrolla una serie de ejerci-

---

1. En *La kinésiologie, art du test musculaire,* de Dominique y Virginie Bernascon, ed. Jouvence.

cios para reeducar y rearmonizar el funcionamiento del cerebro: el *Brain Gym* (gimnasia cerebral).

— En fin, la **kinesiología conductual,** iniciada por Gordon Stokes y Daniel Whiteside, se aplica para buscar las raíces de nuestros males en nuestra historia, gracias a la prueba muscular, con el fin de liberar los bloqueos, tanto en el cuerpo como en el psiquismo. El enfoque energético meridiano está integrado a esta visión de rearmonización. Este aspecto de la kinesiología está muy cercano al desarrollo en TLE: los sufrimientos pueden ponerse en perspectiva por la historia de la persona, sus sentimientos y ser desechados. Éstas son, a la vez, las raíces del problema, sus manifestaciones, pero también sus consecuencias sobre el plano energético que van a ser "limpiadas".

En otras palabras, el trabajo con la TLE va exactamente en el mismo sentido.

Volvamos al doctor Goodheart, otro de los pioneros de la kinesiología, quien influyó en el australiano John Diamond, médico, y en el californiano Roger Callahan, doctor y psicólogo.

Este último nos interesa en particular. Ahora estamos en la década de 1980… Roger Callahan, quien estudió además las técnicas energéticas como la acupuntura y quien conocía los trabajos del doctor Goodheart, se topó con un caso de fobia. Una paciente sufría un terror fóbico al agua, con perturbaciones físicas y psíquicas importantes (dolores de cabeza y de estómago frecuentes, pesadillas aterradoras…) y ningún otro terapeuta había podido librarla de ese problema… y el doctor Callahan no avanzaba tampoco empleando las técnicas académicas. Tuvo la idea de dar golpecitos a uno de los puntos situados en la extremidad del meridiano estómago (puesto que Mary se quejaba de dolores en ese sitio), inspirándose así en sus estudios de energética. Aún era novato en la materia y le sorprendió mucho el resultado: ¡la fobia al agua desapareció! Callahan ahondó en su estudio y puso en práctica un método para solucionar no sólo las fobias, sino todas las perturbaciones emocionales.

> Los precursores de las técnicas modernas de los meridianos,
> como la TLE, son esencialmente:
> El doctor Goodheart, John Thie y el doctor Callahan.
> Las técnicas puestas en práctica por el doctor Callahan
> son el origen directo de la TLE.

Aquí, entra en escena Gary Craig quien, con la ayuda de Adrienne Fowlie, desarrolla la herramienta original , eficaz y económica que es la TLE…

Gary Craig, "ingeniero de Stanford"…

La Universidad de Stanford, en los Estados Unidos, produjo la crema y nata de los ingenieros ¡especialistas en la física y no en lo físico! Fue ahí donde Gary Craig hizo sus estudios. A algunos quizá les contraríe saber que una herramienta como la TLE, capaz de sanar los sufrimientos emocionales y físicos, fue inventada por un ingeniero… Después de todo, Louis Pasteur era biólogo y no médico. Aunque este ejemplo tal vez no sea muy bueno: la formación de Pasteur explica, sin duda, por qué la medicina moderna es una medicina química que olvida con mucha frecuencia la globalidad del individuo. ¡Los binoculares dan una imagen parcial del sujeto! Por otra parte, la visión estructuralista de un ingeniero no perjudicaría la comprensión de nuestros males…

Gary Craig reconoció demasiado pronto que la calidad de vida de una persona se vincula directamente con su estado emocional. Tú y yo hemos hecho lo mismo. Cuando estamos carcomidos por la cólera, una pena o cualquier otra emoción parecida, nos es difícil sentirnos alegres y llenos de confianza en nosotros mismos. Gary tomó tan en serio esta constatación que no cesó hasta hallar un remedio para las perturbaciones emocionales. Si nunca ha ejercido su profesión de ingeniero (eligió las materias donde el intercambio interpersonal era importante), la gestión rigurosa aprendida en Stanford, analítica, experimental, le permitió seleccionar las herramientas de desarrollo personal para estudiarlas. Si eso no resultaba, las desechaba.

Dedicó un tiempo a continuar los estudios de psicología, pero, dijo: "mientras más me sumergía en este campo, más me daba cuenta de que sería en detrimento mío… eso me alejaba de mi objetivo; por ejemplo, hallar las herramientas de desarrollo personal que fueran eficaces…".[1] Es indispensable advertir que sus conclusiones acerca de la eficiencia de la psicología son muy severas. Aunque admite el desarrollo y la compasión de los terapeutas tradicionales, Gary Craig juzga con dureza los resultados obtenidos.

En lo personal, no lo seguiría verdaderamente en este camino: los resultados no siempre pueden medirse en el campo y con mucha frecuencia preparan para una siguiente etapa de crecimiento personal. Pretender obtener de la psicología resultados idénticos a los de una experiencia en física o en química apunta a una gestión de ingeniero, ¡Gary! A pesar de ello, la psique es infinitamente más sutil y los caminos que llevan a uno mismo son múltiples y a veces un poco embrollados. Eso no quiere decir que los resultados son muy poco convincentes… Además, es toda la evolución de la psicología lo que llevó al campo de estudio hacia la energética. No sé más de lo que decía el sabio: "el camino importa poco, sólo la meta es importante" y si no soy ingeniero por formación, la psicología iluminó mi camino.

Lo adivinaron: como con la sofrología del doctor Caycedo, me permitiré en este capítulo hacer algunos comentarios personales, porque, si bien el punto de vista de un autor, de un inventor, amerita respeto, es importante poder integrar nuevos conocimientos con toda libertad y, eventualmente, tener una comprensión íntima, diferente. ¡Una vez más, "dejar caer los *a priori*"! Los invito a hacer lo mismo para poner en práctica las herramientas presentadas en este libro. Prueben, osen, dudar y sólo vean lo que "funciona" para ustedes y lo que les aporta algo.

Así pues, Gary busca, busca…

Halla cierto número de herramientas, todas fuera del campo de la psicología, sobre todo la programación neurolingüística, y se vuelve maestro práctico en PNL. Sin embargo, un día escucha hablar de Roger Callahan.

---

1. Gary Craig en *The Manuel of EFT,* p. 20.

Éste había afinado mientras tanto su trabajo y desarrollado una herramienta precisa y muy costosa de adquirir. ¡Parece que pedía 100,000 dólares por una formación de sus técnicas! Gary pagó, Gary aprendió… y Gary continuó formulándose preguntas. El método funciona, pero es complejo para ponerlo en acción. Se requiere un diagnóstico energético preciso, así como el aprendizaje de numerosos protocolos específicos, utilizando cada uno puntos particulares, sobre los distintos meridianos. El principio de golpeteo está siempre ahí, semejante a una acupuntura sin agujas, pero como para la acupuntura, es indispensable una formación profunda. Mientras reconoce la importancia de las técnicas de diagnóstico, busca simplificar. Finalmente, se atreve a pensar en un concepto de "revisión general".

Partiendo del principio de que "toda emoción negativa es causada por una perturbación del sistema energético corporal", va más allá del diagnóstico y propone una herramienta simplísima para poner el conjunto de ese sistema en estado de un procedimiento correcto. Tal herramienta es "demasiado" de alguna manera, puesto que rearmoniza el conjunto de nuestras energías sin señalar de antemano un trayecto perturbado. En efecto, Gary tuvo la experiencia de un tratamiento de TODOS los meridianos por medio de la acción mecánica sobre sus extremidades.

¡Y los resultados son muy motivantes: nació la TLE!

> El genio de Gary Craig reside en proponer, además
> de un diagnóstico energético preciso, una "**revisión general**".
> Con ello, ¡pone la herramienta al alcance de todos
> para un gran número de perturbaciones a tratar!

En lo personal, tengo una formación de *shiatsu* y, por no poder practicarlas lo suficiente, sólo uso rara vez las técnicas de diagnóstico. Es fundamental una larga experiencia y renovación para ser eficaz. Por el contrario, cuando masajeo, efectúo un trabajo de armonía con las técnicas de base. Les aseguro que es un excelente medio de prevención, de mantenimiento y de arreglo en forma, que permite expulsar las tensiones más grandes.

Asimismo, el discurso de Gary en el sentido de una armonización global, me agradó. Tener una herramienta al alcance de todos, con eficacia en la mayoría de los casos, sin tener que pasar por el complejo diagnóstico energético es una idea excelente. Con seguridad, no trataremos TODOS los problemas, pero tendremos una resolución para la mayor parte de nuestros males emocionales y, al menos, una solución de esperanza para lo que deja atrás nuestras capacidades. Además, en las manos de los terapeutas expertos, la TLE adquirió otra dimensión y permite obtener resultados excelentes en los casos más difíciles.

"Advertencia"

Antes de hablar con detalle de la TLE, debo abordar un tema delicado: la responsabilidad, principalmente jurídica, asociada con el empleo de esta herramienta. Habría podido hacerlo también para la sofrología o para la TLE… En lo que concierne a la práctica "terapéutica", mencioné lo que tenía que decir al inicio de este libro (véase "Preámbulo"). La TLE nació en los Estados Unidos en una época en particular conflictiva (todos recuerdan el caso de la persona indemnizada por la muerte de su gato que había puesto a secar en el horno de microondas, ¡pues el fabricante no había precisado el riesgo de tal utilización!). Así pues, una advertencia acompaña a toda herramienta nueva…

La TLE, técnica para los meridianos preparada por Gary Craig, se utiliza desde 1991. Cabe señalar que, si bien él propone formaciones con la TLE y dispersa formadores en Europa, expone libremente las bases de la TLE a quien lo desee. Gratuitamente. Es posible que cada persona reciba *The TLE Manual* bajo forma de *e-book*[1] en formato "pdf". Una versión francesa la tradujo recientemente la quebecana Louise Gervais, para los francófonos. En el sitio de Gary (escribe *emofree* en el buscador de tu computadora),

---

1. Un *e-book* es un libro "virtual" que se halla en internet y que uno mismo puede imprimir como cualquier documento. El formato "pdf" no autoriza la modificación del contenido y protege con ello el texto inicial.

aparecen inventariados un impresionante número de estudios de caso. Es un sitio en inglés. La idea de Gary es poner al alcance del mayor número de personas su descubrimiento y agrupar los desarrollos en un modo de muy fácil manejo. Esto va totalmente en contra de protecciones jurídicas variadas y otros *copy rights* o regalías habituales, por si alguien piensa haber "inventado" alguna cosa. Un verdadero filantropismo anima a Gary Craig, un auténtico amor a su prójimo. Dicha conducta generosa encuentra, según creo, un gran eco con los diferentes terapeutas que se forman con la TLE. Hay una técnica, bases y una gran libertad para desarrollar las aplicaciones de la herramienta.

La única advertencia de G. Craig, por insistencia de su abogado:

"Aunque la TLE produce resultados notables y jamás ha causado mal a nadie desde su creación, esta técnica está aún en un estado experimental. La responsabilidad de la utilización de la TLE está totalmente en aquellos que la aplican. Demuestra tu buen sentido y conoce sus límites."

Cada uno es remitido a su propio sentido de responsabilidad personal, ¡lo cual me conviene! Somos responsables de nuestros actos, ya sea de las palabras pronunciadas, los consejos dados, las herramientas compartidas, etcétera, tanto en nuestras relaciones personales como en las profesionales.

Aplico para mí la advertencia de Gary: eres el único responsable de la utilización de la TLE. Veamos ahora la herramienta puesta en práctica.

...

Antes de abordar las bases de la TLE, es útil iniciarse en las bases del meridiano energético y comprender el funcionamiento del cerebro. Recuerda el capítulo precedente, IPMO, ahí descubrirás las interacciones y las interreacciones cerebro/emociones/cuerpo. Vimos cómo la memoria se organiza o, por el contrario, permanece errante, y cómo, en ocasiones, es necesario intervenir para facilitar la elaboración de ciertos recuerdos traumáticos. La

TLE es otra herramienta que va a permitir esa integración a través de la rearmonización del sistema energético.

2. Un poco de energética...

Para comprender la eficacia de la TLE, me parece indispensable abordar las bases de la energética china. En efecto, como lo explicamos, la medicina china ha estado en el origen del desarrollo de las técnicas de los meridianos, en donde la TLE es uno de los avatares más recientes, pero también de los más originales en su simplicidad de aplicación.

La energía: el yin y el yang...

Si consideramos el punto de vista chino, debemos referirnos al Tao que, propiamente dicho, no es una filosofía como a menudo se entiende, sino, más bien, una realidad global, una percepción de la vida en su dimensión energética y siempre en movimiento. "...Desear hablar del Tao es ya hablar de otra cosa que el Tao", nos dice Michel Odoul[1] en *L'Harmonie des énergies* (La armonía de las energías). No es tan importante definir lo que es el Tao, como percibir la organización de la vida tal como la expresa.

Así, el hombre situado entre el cielo y la tierra, recibe influencias energéticas diversas que van a influir sobre su persona en toda su globalidad. Cada uno va a recibir sus influencias de manera especial y según su posicionamiento en el mundo, tanto en su mundo interno como en su mundo exterior. Su capacidad para asimilar, para canalizar sus energías o, por el contrario, sus dificultades para integrarlas, para generarlas, van a integrar un ser específico con su personalidad, sus fuerzas y debilidades, un ser humano único. Sería ilusorio imaginar que podemos asimilar armoniosamente todas las influencias energéticas y convertirnos en una especie de ser perfecto. Recuerdo lo que Michel Odoul advirtió

---

1. Véase bibliografía.

durante sus cursos de psicoenergética: el equilibrio es un punto donde lo único que hacemos es pasar y repasar, nos esforzamos por permanecer cerca, pero donde, en cualquier caso, no podemos permanecer. La vida es movimiento, si uno se detiene, ya no hay vida... Entonces, vamos a esforzarnos por conservar un estado de equilibrio administrando poco a poco las aportaciones y las pérdidas de energía que son nuestro destino y buscando los medios para regular nosotros mismos esos flujos a medida que nuestra vida se desarrolla.

> El equilibrio energético es un punto por donde sólo pasamos.
> ¡Es un estado dinámico y no estático!

Antes de exponer algunos tipos de energía que vamos a administrar, abordaremos algunas nociones generales:

— La energía vital la llaman *Ch'i* los chinos (los practicantes de yoga reconocerán el *prana*, los indios habrán notado la circulación de nuestra energía y habrán localizado sus trayectos, así como sus numerosos puntos de acceso y sus cruces: los *chakras*).

— El *Ch'i* circula en el cuerpo a lo largo de los canales llamados meridianos. Éstos pueden estar, en un primer nivel, reagrupados por polaridad: los famosos *yin* y *yang*, principios complementarios que hacen referencia a dos expresiones diferentes de la energía.

Parece útil recordar que no hay ninguna connotación positiva o negativa relacionada con los principios *yin* y *yang*: la energía ESTÁ, y manifiesta su movimiento perpetuo, su transformación continua a través de estas dos fuerzas cósmicas. No obstante, ninguna de las dos se excluye por completo, sino, por el contrario, cada una contiene siempre un poco de la otra, anunciando su desarrollo venidero, mientras que la otra está en plena expansión (véase símbolo del Tao). Es una especie de renovación perpetua, armoniosa, de danza donde se pasa de manera muy fluida de un estado al otro. Una de las mejores ilustraciones que puedo hallar es el paso de las estaciones: cuando el invierno aún no ha terminado, podemos percibir las transformaciones que anuncian la primavera; cuando la primavera todavía no concluye, podemos percibir ciertos días el calor del verano por llegar y las tempestades al final del mes de agosto y los primeros días de lluvia en septiembre, que se mezclan con los días aún cálidos y soleados anunciando la humedad del otoño; en fin, el mes de diciembre se asemeja al invierno, ¡antes que éste haya llegado! Nunca hay cambio radical y definitivo de una estación a la otra… Asimismo, si prestamos atención a nuestro estado interior, veremos que nuestros sentimientos no son lineales ni iguales. Están muy influidos por las experiencias que vivimos o por los ecos de experiencias pasadas, pero, además, por el clima que hace, la temperatura, la luminosidad, lo que comimos, lo que bebimos… etcétera. Aquí, encontramos la influencia energética de la que anteriormente hablé.

> La energía vital, **el *Ch'i***, circula por los canales llamados meridianos, cuya polaridad puede ser yin o yang.

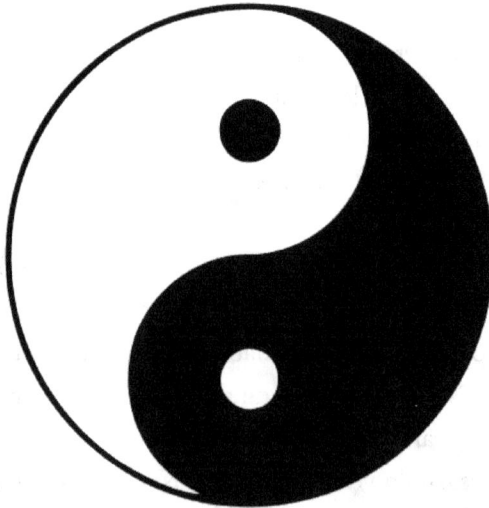

Símbolo del Tao: el equilibrio yin/yang
en el movimiento de la vida

La energía: diversos orígenes,
modos de influencia...

Podemos comprender perfectamente que sufrimos o nos beneficiamos por la influencia de diversas energías a lo largo de nuestra vida. Antes señalé que el hombre estaba entre el cielo y la tierra y que la influencia energética más evidente de constatar es aquella de nuestro ambiente. Es lo que los chinos llaman "las energías del cielo y de la tierra". Por ejemplo, el aire que respiramos por los *pulmones* (energía del cielo) o los alimentos que digerimos por el *estómago* (energía de la tierra). La manera en que vamos a asimilarlos por nuestra respiración, por nuestra digestión, con más o menos placer, determinará, conforme a nuestro crecimiento, la persona en que vamos a convertirnos.

No obstante, antes de hallarnos de pie entre el cielo y la tierra o sólo en cuatro patas, o simplemente, antes de ser un niño de pecho llorón ya sumiso a las influencias del cielo y de la tierra, éramos ya una manifestación de la energía. En el mismo momento de nuestra concepción, recibimos de nuestros padres lo que los chinos llaman la energía ancestral, portadora de memoria y de influencias específicas. La energía ancestral puede considerarse como el producto del encuentro de las energías cósmicas (asociadas con el medio ambiente, con el cielo de concepción), de las de nuestros padres en ese momento específico con esta vibración propia de cada individuo, producto de su historia (sus recuerdos, la huella de los recuerdos de sus ancestros). Cuando decimos popularmente que llegamos al mundo con dos valijas bien llenas, nos referimos, de hecho, a la suma de todas esas energías. El trabajo de los astrólogos de todos los tiempos ha sido redactar la carta de las influencias de nuestro cielo de concepción y tratar de leer ahí nuestras capacidades, nuestras fortalezas y nuestras debilidades. Se trata, más bien, de tener una lectura de lo que ha podido condicionar a nuestro ser ¡y no de poder adivinar los elementos extremadamente factuales, como nuestras probabilidades de ganar la lotería o de saber si es el mejor momento para cambiar de auto! Pese a ello, la astrología no es, en absoluto, el tema de este libro.

> Nuestro ser está influido por diferentes energías:
> — Las **energías nutritivas:** del cielo y de la tierra.
> — La **energía ancestral** o primordial.

Cada una de estas influencias energéticas tiene una calidad especial sobre la cual vamos a poder intervenir. Tenemos la opción de sufrir o de trabajar para mejorar su asimilación. Todas las técnicas de relajación, de respiración, de desarrollo de nuestra conciencia y la sofrología que abordamos a mayor profundidad son un ejemplo excelente, van a poder permitir mejorar la forma en que asimilamos las energías. Una práctica regular nos permitirá lograr un estado de armonía y de equilibrio. La TLE, que es el tema de este capítulo, es uno de los medios más rápidos y eficaces para intervenir sobre una perturbación, principalmente sobre una manifestación puntual que, de hecho, se revela como un timbre de alarma, un modo que tiene nuestro cuerpo (tensión, dolores) o nuestro espíritu (manifestaciones emocionales desbordantes, depresiones) para llamar nuestra atención acerca de una perturbación energética, una dificultad de manejo en la asimilación de las energías.

Con el fin de comprender mejor este tipo de funcionamiento energético de nuestro ser, voy a referirme un poco más a la energética china. Más allá de la complementariedad yin/yang, hay que tener en cuenta la manera en que el cuerpo asimila, combina y reparte todas esas energías. Para ello, debemos referirnos a la noción del "triple calentador". El triple calentador se descompone en tres partes: triple calentador superior, al nivel del pulmón, para la gestión de la energía del cielo; triple calentador medio, al nivel del estómago, para la gestión de la energía de la tierra, pero también la combinación de las energías del cielo y de la tierra (que dan la energía *esencial*) y el triple calentador inferior, al nivel de los riñones, donde está almacenada la energía *ancestral* de la que hablamos anteriormente y que, de igual forma, va a combinarse con la energía esencial. Esto puede parecer complejo, pero no es necesario tratar de hacer una representación estática. Por el contrario, trata de visualizar tu respiración: el aire entra en tus pulmones llevando el oxígeno, pero también una calidad particular de tu ambiente al interior del cuerpo. Al estómago llegan los alimentos, pero, además, el contexto en el cual fueron ingeridos. Quizá ya notaste que la calidad de tu respiración influye directamente sobre la calidad de tu digestión. Luego, a medida que la digestión se lleva a cabo, van a ser extraídos los diferentes elementos de los que nuestro cuerpo tiene necesidad y los residuos de este proceso serán llevados hacia las partes emuntorias bajas. En esta región baja de nuestro cuerpo, van a combinarse las energías ancestrales (almacenadas al nivel de los riñones) con la energía esencial o *vital*. Pasamos del triple calentador superior al medio y luego al inferior, en cada etapa con una distribución de la energía a las partes del cuerpo que tenían necesidad de ésta. Tras la última combinación energética, la energía vital va a ser distribuida en el circuito de los meridianos. La energía restante es repartida, entonces, bajo dos formas particulares "nutritiva" y "defensiva", fundamentalmente siempre esta misma energía del *Ch'i*, pero que va a ser afectada por dos papeles muy distintos: la aportación en elementos nutritivos, alimenticia por una parte (energía de naturaleza yin) y la defensa de nuestro cuerpo ante las agresiones del mundo exterior (energía de naturaleza yang circulante en superficie durante el día, pero yin circulando profundo durante la noche).

El manejo de las energías, su combinación y su distribución se llevan a cabo a un nivel de tres calentadores:

— **Triple calentador superior** – energía del cielo.

— **Triple calentador medio** – energía de la tierra + energía del cielo = **energía esencial.**

— **Triple calentador inferior** – energía ancestral + energía esencial = **energía vital.**

Además, la circulación de la energía vital evoluciona a lo largo de 24 horas, según un ciclo perpetuamente renovado. Va a pasar de un meridiano al otro, tomando durante esas horas una fuerza, una coloración propia para cada uno de los órganos o de las entrañas con las que está asociada. Tiene doce meridianos principales (aquí no abordaremos los meridianos particulares llamados "maravillosos") cuya relación se establece según la "ley de los cinco principios".

La energía: los cinco principios

Es, quizá, la observación de la naturaleza y de sus ciclos lo que da origen a la ley de los cinco principios. En el espíritu del Tao, presenta el universo en su funcionamiento cíclico, perpetuamente en movimiento. Organiza alrededor del principio de base de la tierra, el elemento más concreto sobre el cual reposamos, las manifestaciones más evidentes: el calor/el frío, el sur/el norte, lo seco/lo húmedo… Toma en cuenta la manera en que se hace esta manifestación (si el calor aumenta o disminuye, por ejemplo) en ese movimiento de la vida, en el ciclo mismo que se realiza. La observación de las estaciones nos muestra que vamos del frío hacia el calor, por ejemplo, o del calor hacia el frío y así tenemos estaciones energéticas calcadas sobre las estaciones climáticas y van a definirse cuatro direcciones correspondientes a los cuatro puntos cardinales, a las cuatro estaciones. Si añadimos ahí el centro, la tierra, tenemos cinco principios con los que están relacionadas las correspondencias múltiples (punto cardinal, estación, clima, color, sabor, autor, tipo de alimentos, órgano/yang, entrañas/yin, rasgo psicológico, humor o sentimiento).

Los cinco principios son: la madera, el fuego, la tierra, el metal y el agua. Cada principio posee una expresión yin o yang. El modo en que estos principios van a poder influir unos sobre los otros obedece leyes particulares y rigurosas: la ley de engendramiento y la ley de control. Aquí tampoco vamos a ahondar en el tema, pero, para ilustrar estas leyes, voy a dar algunos ejemplos:

• Riega un árbol para nutrir su crecimiento; ahí ilustra perfectamente la ley del engendramiento (o de nutrición, decimos también "la madre alimenta al hijo") agua/madera ¡en sentido propio como en figurado! Es el agua la que acarrea para nutrir la madera del árbol.

- Para cortar un tronco, utiliza un hacha: ¡ahí también, tanto en sentido propio como figurado, ilustra la ley de control metal/madera!
- ¡Su rama irá a la chimenea! La madera nutre el fuego.

Si buscas bien, hallarás múltiples ejemplos: el dique de tierra que retiene el agua (control tierra/agua), el agua que apaga el fuego (control agua/fuego), el agua mineralizada (nutrición metal/agua), la práctica de la tala (nutrición fuego/tierra), etcétera. ¡Puedes ver que estas leyes ilustran a la perfección la observación hecha por los hombres de la antigüedad acerca del funcionamiento del mundo!

La organización de los cinco principios y de las leyes de engendramiento y de control puede ser ilustrada por el esquema siguiente. Es imposible ignorarlo puesto que lo hemos visto trabajar con las técnicas de los meridianos… ¡salvo, tal vez, con la TLE!

En efecto, como la TLE es un método de enfoque global de intervención energética (que no requiere de diagnóstico), no es indispensable tener conocimientos profundos sobre la energética china. Como señalé, esta herramienta puede ser usada por niños y, como veremos, con una dimensión intuitiva que no es despreciable. Sin embargo, sucedió que recibí a una

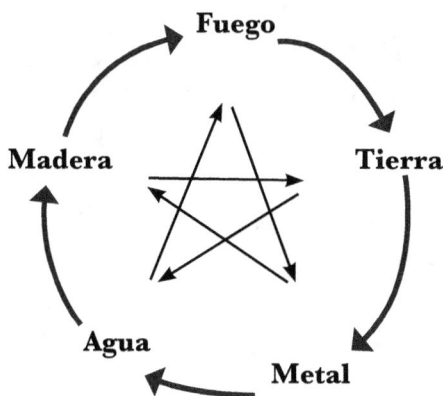

Esquema de los cinco principios

paciente en el consultorio (con la que me tomé la molestia de darle algunas explicaciones racionales para tranquilizar su "cerebro izquierdo") y reaccionó muy brutalmente, no por la herramienta en sí, sino por su presentación. Completamente enloquecida, se preguntaba si no había caído en una secta. ¿Cómo algunas frases reforzadas con golpeteos podrían ayudarla a curar sus emociones? ¿Y si todo eso sólo eran encantamientos y otros rituales? ¿Se hallaba en un "templo" o en un consultorio de sofrología? (¡Ésa fue, en realidad, la pregunta que formuló!). En la medida en que cuento seriamente contigo para poner en práctica la TLE gracias a esta obra, me parece más prudente proporcionarte todos los elementos que van a permitir a tu espíritu racional (cerebro izquierdo) comprender el funcionamiento de esta herramienta. Luego, permite que se desarrolle tu creatividad (cerebro derecho).

La TLE es una técnica que los pacientes pueden considerar desconcertante.
¡Explicar simplemente las bases teóricas (energética china) permitirá tranquilizarlos!

Si este tema te interesa, te aconsejo consultar la bibliografía en el anexo y aumentar tus conocimientos en energética china.

La TLE va a poner su eficacia a tu servicio para efectuar una revisión y el mantenimiento de tu sistema energético.

Queda entendido que, si no has hecho visitas para mantenimiento de uso, este vehículo que es tu ser quizá exigirá visitar a un especialista. La TLE es una herramienta maravillosa, nunca podré expresar cuánto; no obstante, ten la prudencia de respetar tus propios límites y no trates de solucionar sólo las problemáticas demasiado importantes, demasiado complejas. Sólo los terapeutas perfectamente formados pueden hacerse cargo, tenles confianza y no juegues al aprendiz de brujo. ¡A no ser que conozcas las técnicas de construcción, no tratarías de reparar sólo los cimientos de tu casa! En cambio, con buena voluntad, consejos y paciencia, puedes intentar modificar el papel tapiz, volver a pintar o coser las cortinas. Lo mismo ocurre con los trabajos que puedes llevar a cabo sobre ti mismo. Haz lo que esté a tu alcance y el trabajo pesado, delégalo. El primer regalo que puedes hacerte a ti mismo es respetar tus propios límites.

> *La TLE te permitirá mantener más fácilmente*
> *tu equilibrio energético.*
> ¡Si la perturbación es demasiado importante,
> es más sabio consultar a un terapeuta experto!
> **Respeto de tus límites = respeto de ti mismo**

3. *TLE y el funcionamiento del cerebro*

El estudio de los conceptos de la energética china (véase abajo) nos permite comprender mejor la circulación de la energía, pero también lo que influye en su calidad y su cantidad. La energía sigue trayectos muy precisos y, si la circulación se lleva a cabo sin dificultad, optimiza nuestro potencial biológico (recuerda el capítulo "Sofrología" y de la **sofroactivación vital**), nuestro metabolismo, la manera en que nuestro organismo se adapta a toda súplica. A un nivel del cerebro, podemos comprender que eso se traducirá en mensajes claros, información fácil de tratar, respuestas rápidas y eficaces.

Para comprender el funcionamiento del cerebro, puedes volver a leer el capítulo "IPMO"; ahí, entenderás que su actividad se lleva a cabo de un modo eléctrico. Es decir, un poco como una computadora, nuestro cerebro administra la información (bajo forma bioeléctrica o bioquímica), la recibe y la trata; a partir de esas señales, da órdenes, reorganiza el funcionamiento de nuestro cuerpo, por ejemplo, adaptándolo a la información recibida. Dicha información circula por la red compleja de nuestro sistema nervioso. La calidad de la energía circulante en nuestro cuerpo condicionará la transmisión y la fiabilidad de las señales, su comprensión, su tratamiento. Es mejorando esa circulación como la TLE permite obtener una optimización del funcionamiento de nuestro cerebro, una restauración de nuestras capacidades de autocuración. Encontramos similitudes con el funcionamiento de la IPMO: reeducación de la circulación de la información energética (y de la bioeléctrica), tratamiento simultáneo de muchos puntos de bloqueo mientras trabajamos en uno solo, elaboración de recuerdos errantes, recuperación de la posibilidad de una adaptación cognitiva más apropiada, expansión de lo que podríamos llamar el "campo de vida".

¿Cómo funciona nuestro cerebro cuando la circulación energética está perturbada?

Cierta información no va a poder ser tratada correctamente por el cerebro (véase el capítulo "IPMO"), el mecanismo es el mismo y las consecuencias son idénticas: ¡aquí sólo la herramienta difiere! Por ejemplo, si vivimos una situación de agresión, en lugar de adaptarse y dar las órdenes apropiadas a la situación, el cerebro va a "patinar". En lugar de huir o atacar, permaneceremos paralizados por el temor y, peor aún, ese estado traumatizante podrá perdurar después del ataque.

La perturbación de la circulación de la energía en nuestro cuerpo altera la gestión de la información por el cerebro.

Gary Craig ilustra este fenómeno con el siguiente esquema:

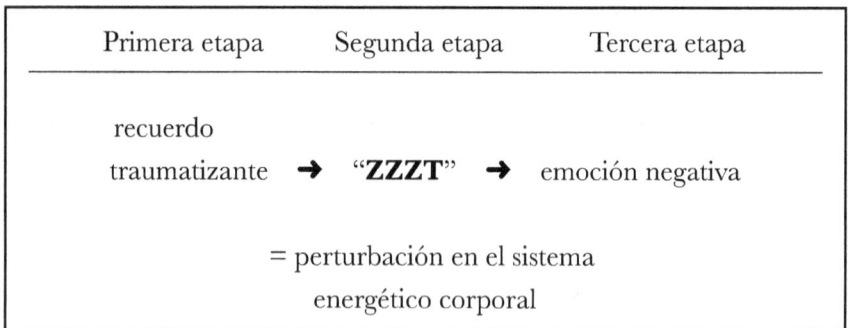

Primera etapa	Segunda etapa	Tercera etapa
recuerdo traumatizante ➔	**"ZZZT"** ➔	emoción negativa

= perturbación en el sistema energético corporal

Él explica que **"ZZZT"** es un poco como lo que sucede si creas un ligero cortocircuito en tu televisor: la imagen se desvanece porque la señal es modificada, el flujo electromagnético está perturbado… en nuestro cuerpo, también sufrimos perturbaciones energéticas y la señal llega al cerebro un poco o demasiado desvanecida. La TLE va a poner orden en los circuitos. La energía va a hallar una circulación armoniosa, la información emitida por nuestro cuerpo va a ser percibida sin distorsión. El cerebro va a poder dar las órdenes adecuadas y nuestro cuerpo las ejecutará correctamente. El problema inicial se resolvió utilizando nuestras capacidades interiores de curación. Como la circulación de la información en el sistema nervioso es muy rápida, no es necesario que esté ahí años. En un buen número de casos, la solución es inmediata.[1]

> La TLE restaura nuestro sistema energético y optimiza
> nuestras capacidades de autocuración.

Un comentario necesario: Gary Craig coloca la perturbación antes que la emoción negativa, pero yo me pregunto si no estamos aquí ante un caso del tipo de "¿qué fue primero, el huevo o la gallina?"

Si seguimos a Gary y consideramos que la psicología clásica pierde su tiempo dando un gran lugar a la escucha para traer a la mente los recuerdos, podemos decir que efectivamente es el "ZZZT" el que está en el origen de las emociones negativas y de nuestro malestar. En alguna parte en el camino de la información hacia el cerebro o en el momento de su tratamiento por éste, se crea una perturbación energética. No obstante, si ésta no es la *consecuencia* directa del estrés, ¿de dónde procede?

Planteo algunas hipótesis:

— Si retomamos las bases de energética presentadas en el párrafo precedente, es fácil comprender que la mala calidad de las energías nutritivas va a perturbar nuestro sistema energético. Una mala alimentación, un aire viciado o contaminado, nos perturba; el estómago y el pulmón son los primeros afectados ¡**ZZZT**!

---

1. Más adelante, abordaremos los casos en que es necesario ir a consulta varias veces para consolidar la armonización. Véase "Perseverancia", en el capítulo "TLE práctica", p. 235.

— Eso también es válido para las energías ancestrales. Digamos que llegamos a la tierra con un sistema energético que ya puede ser portador de perturbaciones. ¡**ZZZT!**[1]

— La exposición a cualquier tipo de estrés exige al organismo un tiempo de recuperación. Si otro estrés importante se presenta antes de la renovación en estado espontáneo de nuestras energías, sufrimos una nueva perturbación por eso. ¡**ZZZT!**

— Así, la repetición de estreses menores puede convertirse en el terreno de una perturbación crónica de nuestras energías. Entonces, se instala un círculo vicioso que no se romperá si no tomamos conciencia de nuestro estado de agotamiento. Esperando: ¡**ZZZT!**

— Un trauma en específico puede simplemente sobrepasar las capacidades de manejo de nuestro cerebro. Es el caso de los atentados, los accidentes graves, pero también del maltrato, de abusos sexuales, de la tortura o aun de la manipulación perversa, de la violencia psicológica repetida. El organismo, finalmente, no se defiende, "bloquea": ¡**ZZZT!**

— Las emociones "negativas" son, según mi opinión, útiles cuando llegamos a expresarlas. Dan color a una situación y negarlas sería en vano. El temor es necesario para tener conciencia del peligro y de nuestros límites. La ira nos permite levantar una barrera cuando todos los medios pacíficos resultan inoperantes. La tristeza es un sentimiento natural en caso de duelo. De manera general, lo que buscaremos tratar es el desbordamiento de esas energías. Si se rebasan, no son "negativas" y, entonces, ¡tratar de reprimirlas puede enfermarnos! Sin embargo, si nos sumergen, no son más la consecuencia, sino la causa del ¡ZZZT!

Es posible decir que la causa de las perturbaciones de nuestro sistema energético proviene de nuestra historia, de las experiencias que vivimos, pero

---

1. De ahí el interés de la sofrología y de la TLE durante el embarazo.

que a veces no aceptamos, de una sobreexposición al estrés. La forma en que vamos a reaccionar influirá de modo directo en nuestras energías. Una vivencia traumatizante influirá en el plano emocional, la reacción específica a esa vivencia se traducirá, de igual manera, en ese nivel. Podemos presentar una hipótesis suplementaria:

— Nuestra relación con la vida, nuestros valores y el modo en que los expresamos van a garantizar o a estropear la circulación de nuestras energías. Nuestra psicología, nuestra ética personal, las referencias que respetamos o que no respetamos, van a tener una consecuencia directa sobre nuestro estado de ser. En caso de reacción inadecuada (fragilidad psicológica, exceso emocional, valores falsos, ausencia de ética, perversidad…), el sistema energético de nuestro cuerpo se altera: **¡ZZZT!**

> La causa de todas las emociones negativas
> que experimentamos proviene de una perturbación
> del sistema energético de nuestro cuerpo. (Gary Craig)
> **Sí, pero:**
> Toda emoción negativa no tratada correctamente
> por el cerebro provoca una perturbación en el sistema energético.
> (¡M.O. Brus!)

Este distanciamiento en relación con la teoría de Gary Craig me pareció indispensable porque mi experiencia terapéutica la muestra sistemáticamente: la historia de la persona está en el centro de la sesión. La ventaja de la TLE es que no se requiere un regreso detallado y doloroso a los momentos de sufrimiento, de estrés. Sin embargo, es indispensable evocarlos, poner una intención particular en el trabajo energético. Todo estudio de los trabajos de Craig, de sus videos o de sus transcripciones de sesiones de grupo, todos los testimonios, muestran esta reemergencia de la vivencia. La sanación en TLE atraviesa por una toma de conciencia, como en la psicoterapia clásica. La diferencia radica, más bien, en el nivel donde se rebasa esta toma de conciencia. En el uso de la palabra sola, el intelecto está al mando y no siempre deja lugar a una integración global (sensación, sentimientos…). Con las técnicas de los meridianos, estamos en vínculo directo con la globalidad del ser, incluyendo el cuerpo. Es una terapia holística, que integra y respeta todas las dimensiones del ser humano.

Comentario: Gary Craig, cuando presenta la Procédure Personnelle de Paix (una aplicación de un trabajo de desarrollo personal profundo), precisa:

"La mayor parte de nuestros problemas emocionales y físicos son causados por (o recibieron su contribución de) nuestros sucesos específicos no solucionados, de cuya mayoría puede hacerse cargo la TLE."[1]

Parece que es bajo la forma, más que sobre el fondo, que el ingeniero de Stanford elude lo psicológico.

Respecto de la palabra, ésta ha sido, es verdad, sobre investida de poder, principalmente por el psicoanálisis. La etapa era indispensable. A finales del siglo XIX, la expresión de los sentimientos no estaba de moda y muchos tabúes permanecían inexpresables. En el arte, hemos visto al movimiento surrealista dar una primera forma de expresión a todo lo no dicho, llevando los fragmentos de lo inconsciente a la luz. ¡La emoción se manifestaba, con ello, más fácilmente que a través de las palabras! Si la palabra sólo es machacar los males y tentativas vanas de explicaciones intelectuales teñidas de justificaciones psicoanalíticas, que hacen perder lo mental por lo inconsciente, entonces, sí, la palabra puede parecer inútil. Si se convierte en apoyo de la expresión de los sentimientos físicos y emocionales, entonces, la palabra es vida. En todos los casos, es al menos una tentativa para hallar el camino de la vida y amerita que se le respete. En consulta, recibo a personas que piensan que estarán mejor si "dicen todo". Mi papel es enmarcar, no limitar, sino recentrar el propósito sobre las experimentaciones. Si es imposible interrumpir el raudal y éste genera sufrimiento (porque la

---

1. Gary Craig en *Tutorial #13: Personal Peace Procedure*, en www.emofree.com. Véase también p. 171.

palabra sólo es alivio), es tiempo de provocar una ruptura, de hacer una pausa (masaje, ejercicio de yoga de los sonidos, sesión de sofrología con objetivo exclusivamente relajante, etcétera), hasta recuperar un sentimiento y apoyarse encima para "avanzar". La TLE permite avanzar aunque no se "diga" nada. Los sentimientos son fundamentales.

> **La palabra es terapéutica si tiene un sentido.** Ese sentido
> se lo otorgan las emociones y las sensaciones que permite expresar.
> Separada del cuerpo, la palabra puede convertirse
> en una reclusión dolorosa (machacamiento estéril).
> **Los sentimientos son fundamentales.**

Numerosos debates ponen de relieve que la psicología relevó a las religiones que, sofocadas por dogmas demasiado rígidos, se esfuerzan por seducir a las masas y que los psicólogos en su consultorio tomaron el lugar de los curas en el confesionario.

No hay UNA respuesta. Lourdes da buenos resultados para algunos, la psicología para otros, la TLE igualmente…

¡La sabiduría puede consistir en reconocer la multiplicidad de los caminos hacia la vida!

> **La TLE aporta una dimensión holística a la psicología.**
> TLE y psicología no se oponen sino, por el contrario,
> se complementan maravillosamente bien.

4. *Puesta en práctica de la TLE*

El interés de la TLE reside, como ya señalé, en su simplicidad de utilización. Su uso puede efectuarse en muchos niveles:

— La receta de base: al alcance de todos.
— La versión corta: ¡aún más al alcance de todos!

— Las otras técnicas: conciernen a un nivel de práctica más elaborado, más al alcance de los terapeutas y de los psicoterapeutas. No
obstante, una vez integradas las versiones de base y en el marco
de una gestión de un desarrollo personal, podrás, de igual manera,
emplearlas. En ocasiones, son necesarias para obtener resultados
con más rapidez o en caso de respuesta insuficiente a las prácticas
de base.

Nociones de base

Antes de exponer con detalle la aplicación de la TLE, deseo proporcionarte algunas referencias indispensables:

El "***tapping***" es un golpeteo sobre un punto energético particular (punto
de acupuntura). Se practica de manera regular y más o menos marcada
según las personas. A medida que vayas conociendo la TLE, podrás variar
el tiempo, la fuerza y ver lo que más te conviene. Según mi propia experiencia, diría que el ritmo y la intensidad que le demos espontáneamente
son, a menudo, los más convenientes.

La **inversión psicológica** es un fenómeno energético que impide la resolución del problema. Gary Craig lo define así: nuestro sistema energético
puede sufrir una especie de interferencia eléctrica que bloquea el efecto
de rearmonización del *tapping*. Es un poco como si hubiera una inversión de
polaridad (da el ejemplo de un aparato de radio donde una de las pilas se
colocó al revés: ¡la corriente no pasa, las emisiones no pueden recibirse!).

Por ejemplo: tu problema puede ser que estás muy enfadado y no puedes dejar escapar esa ira.

***Para tratar la inversión psicológica que existe, puedes re-
petir tres veces:***
"Aunque tengo esta ira, me amo y me acepto tal como soy."

Al mismo tiempo, estimularás un punto en particular masajeándolo (punto sensible) o golpeteándolo (punto karate).

Una vez efectuada esta etapa, podrás continuar el ejercicio tranquilamente sin preocuparte por la inversión psicológica.

Comentario 1: para las personas que comienzan a trabajar con ellas mismas, en ocasiones es difícil pronunciar una frase como "yo me amo y yo me acepto". Eso parece demasiado imposible, demasiado alejado de la realidad. Asimismo, cuando se trabaja con un niño, esa formulación puede parecer un poco inadaptada. ¡Todo eso no es muy grave! Es posible hallar las palabras que convienen a cada uno. Por ejemplo, para quien no está dispuesto a amarse, podemos proponer: "¡Todo va muy bien, a pesar de todo!".

Con los niños, las frases como "soy un súper chico (o el nombre)" o "soy un súper pequeño chico (o "tipo" o el nombre)" dan muy buenos resultados. Cabe mencionar que los niños aprecian en especial la dimensión lúdica de esta herramienta. Eso no excluye del todo la posibilidad de utilizar la fórmula consagrada: "Yo me amo y yo me acepto completamente", que, creo, es un regalo muy bueno para hacerse…

Comentario 2: la inversión psicológica será tratada con más detalle un poco después…

A **los puntos** sobre los cuales se va a hacer el *tapping*, para que sean accesibles para todos, se les han dado los nombres descriptivos de sus emplazamientos (borde del ojo, bajo el brazo… etcétera). Se encuentran ya sea al inicio o al final de un meridiano. Por motivos de comodidad, no es forzosamente el primero o el último. El punto "bajo el ojo" es el segundo en el trayecto del meridiano estómago (E2), para poder golpetear el primero (E1) ¡es necesario poder alcanzar bajo el globo ocular a un centímetro de profundidad!

(Para los puristas, consúltese la lista de los puntos con su equivalencia meridiana en el anexo.)

El punto sensible: mide aproximadamente ocho centímetros partiendo de la base del cuello (la "U" que forma una pequeña depresión), luego lleva esa medida a la derecha o a la izquierda (a menudo más eficaz). Caerá sobre el punto "sensible". En lo personal, prefiero la utilización de una medida más tradicional que es el ancho de la mano. Para la mayoría de los adultos, este largo mide aproximadamente siete centímetros, pero si trabajas con niños o personas de talla pequeña o superior a la media, toma la medida del ancho de la mano de esa persona, que va de acuerdo con su escala, y ello te indicará la zona a masajear. Si los chinos señalan siempre los puntos usando las medidas tomadas del cuerpo mismo de la persona como referencia (ancho de la mano, ancho de uno o de dos dedos…), es simplemente porque es el medio más preciso ya que toma en cuenta las proporciones propias de cada uno.

El punto karate: situado sobre el borde de la mano, a dos centímetros debajo del nacimiento del dedo. Se le estimula golpeteándolo sobre el ancho de dos dedos (bajo el hueso que se siente en la base del dedo meñique). Algunos prefieren ese punto de trabajo. En lo personal, empleo más el punto sensible. Toma nota: para una sesión rápida, en un lugar público, por ejemplo, el punto karate permite una discreción (pero véase, también, el párrafo sobre las otras técnicas de la TLE).

La técnica de base

Ver esquema en pág. 138.

- La localización de una problemática específica, emoción negativa o tensión física se evalúa sobre una escala de 0 a 10, en donde el 10 representa el nivel máximo de dolor psíquico o físico. Es una escala muy utilizada en el medio hospitalario para evaluar el dolor.

- La corrección de la inversión psicológica (IP), con la elección de una frase sobre el modelo siguiente: "Aunque tengo (este problema), me amo y me acepto completamente" o "me amo y me acepto tal como soy."[1]

Esta frase se repite tres veces estimulando uno de los dos puntos siguientes: "punto sensible" o "punto karate".

- La primera "ronda" de *tapping* se aplica sobre los puntos siguientes:
  — inicio de la ceja
  — lado del ojo
  — bajo el ojo
  — bajo la nariz
  — barbilla
  — clavícula
  — bajo el brazo
  — bajo el pecho
  — base de la uña del pulgar
  — base de la uña del índice
  — base de la uña del dedo medio
  — base de la uña del dedo meñique
  — punto karate
  — punto gama

- La etapa de "gama". Al dar golpecitos en el punto gama, deberás hacer los movimientos oculares siguientes:
  — mirar al frente
  — cerrar los ojos
  — abrir los ojos
  — mirar hacia abajo a la derecha, sin mover la cabeza
  — hacer lo mismo a la izquierda

---

1. Algunos dirán que "tal como soy" es restrictivo. Por el contrario, pienso que esta formulación señala la aceptación de quién somos en realidad y no de un ser fantaseado, idealizado. "Quien somos" es un conjunto complejo de realidades conscientes e inconscientes, la manifestación de nuestro ser profundo, perfecto, sin importar cuáles sean las apariencias y las manifestaciones.

Posicionamiento de los puntos de *tapping* en TLE
Esta es la posición de los puntos sobre los cuales
harás el *tapping* en la "receta de base":

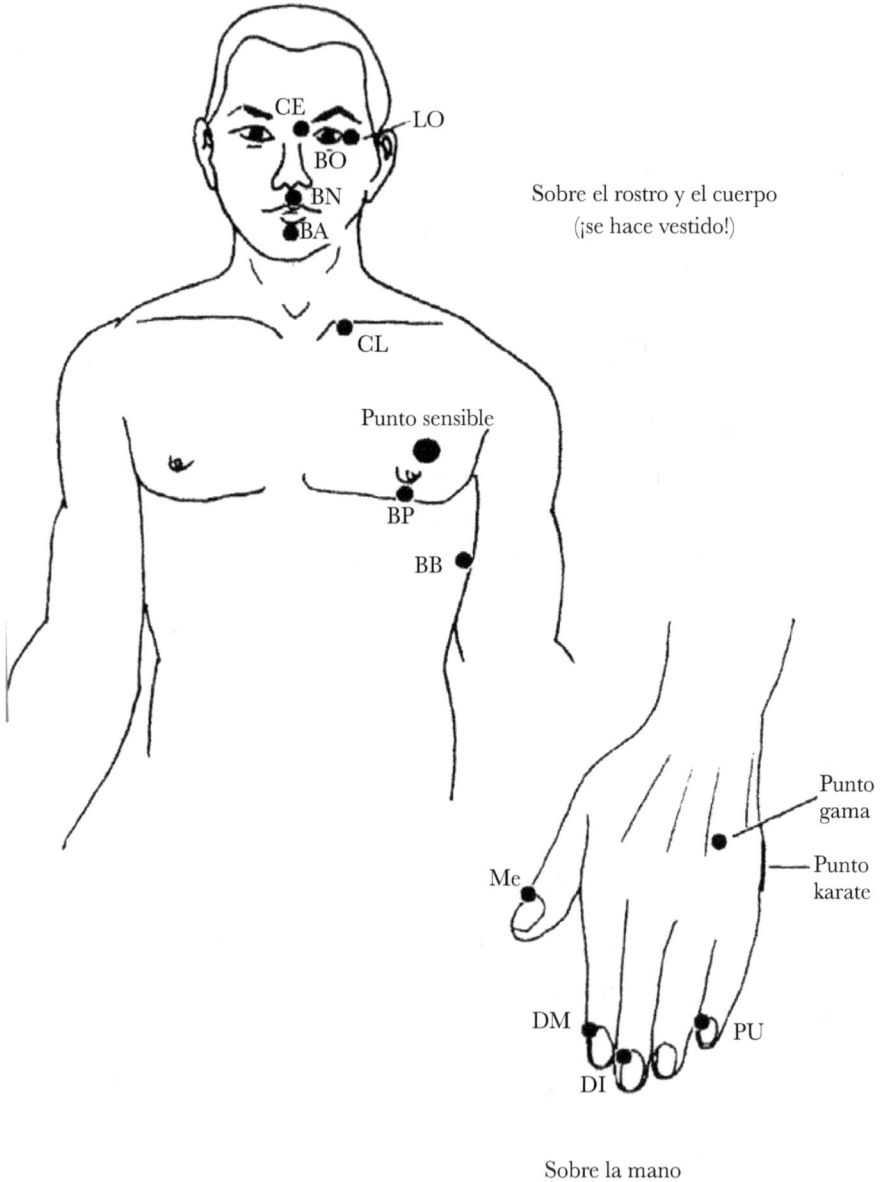

Sobre el rostro y el cuerpo
(¡se hace vestido!)

Sobre la mano

(Gracias a la cortesía de Geneviève Bally - www.technique-TLE.com)

— sigue con los ojos un círculo imaginario suelo-techo

— suelo en el sentido de las agujas del reloj, luego en el otro sentido

— tararea una melodía conocida durante dos segundos ("Feliz aniversario" con la ventaja de ser internacional

— cuenta en voz alta del 1 al 5

— tararea de nuevo una melodía conocida unos segundos

- La segunda "ronda" de *tapping*

- Aspira, espira. Evalúa de nuevo la emoción negativa o el dolor sobre una escala de 0 a 1.

El procedimiento de la TLE es sencillo:
— Definición y evaluación del problema
— Corrección de la inversión psicológica
— *Tapping* sobre catorce puntos energéticos, repitiendo una "afirmación"
— La etapa de "gama"
— *Tapping* sobre los catorce puntos, repitiendo "una afirmación"
— Respiración amplia y reevaluación.

La versión corta

Aunque la técnica de base parece muy simple, puede terminar por resultar fastidiosa cuando hay que repetirla una y otra vez (véase más adelante: "Las condiciones de un resultado rápido y durable: precisión, énfasis y *perseverancia*"). Felizmente, en 90 por ciento de los casos, es suficiente una versión abreviada.

El proceso es exactamente el mismo al inicio (evaluación, corrección de la inversión psicológica IP), pero, en lugar de dar golpecitos en catorce puntos, sólo lo harás en los siete primeros, a saber:

— inicio de la ceja **CE**
— lado del ojo, **LO**
— bajo el ojo, **BO**
— bajo la nariz, **BN**
— sobre la barbilla, **BA**
— clavícula, **CL**
— bajo el brazo, **BB**

¡Una inspiración profunda, una gran espiración… y evalúa!

Asimismo, notarás que, cuando la corrección IP se hizo de manera adecuada sobre el problema a tratar, es posible una sucesión de "versiones cortas" sobre las diferentes emociones que se presentan (se identifican a medida que transcurre el trabajo). A continuación, vamos al protocolo de base incluyendo la IP sólo si los progresos cesan.

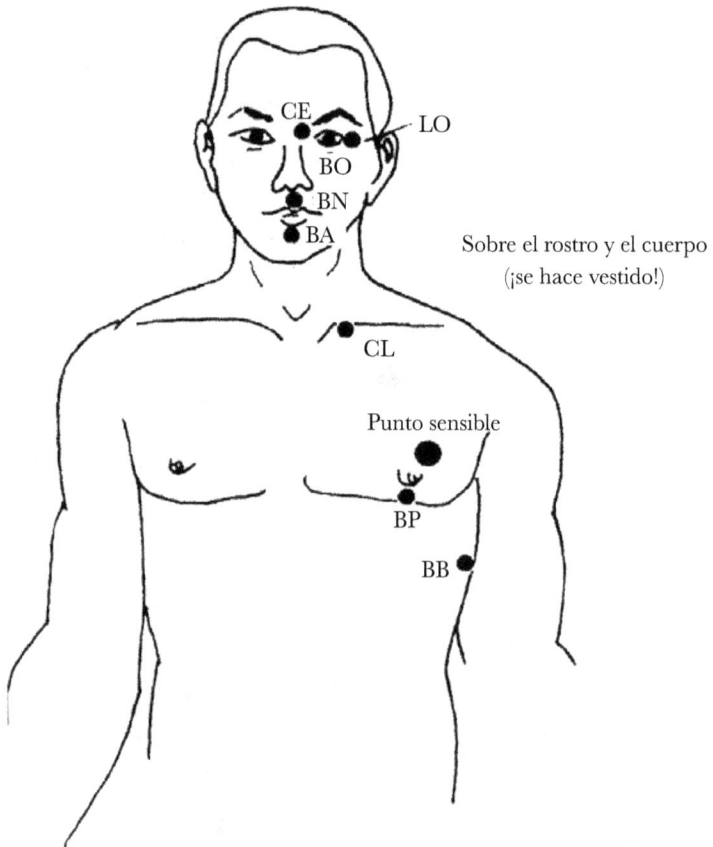

Sobre el rostro y el cuerpo
(¡se hace vestido!)

> **En 90 % de los casos, una versión corta del protocolo de TLE**
> **es suficiente para obtener resultados satisfactorios:**
> — Definición y evaluación del problema
> — Corrección de la inversión psicológica
> — *Tapping* sobre siete puntos energéticos repitiendo
> una "afirmación"
> — Respiración amplia y reevaluación

Posibles reacciones emocionales o físicas: mejora, agravación, estancamiento

La TLE es una herramienta simple y de gran docilidad; no obstante, es posible que, durante una sesión, aparezcan cierto número de manifestaciones físicas o emocionales. ¡Eso puede ir de la mera manifestación energética (sensación de calor, por ejemplo) a algunos llantos o risas locas! O, por el contrario, a una ausencia total de sentimientos.

Globalmente, es posible clasificar las reacciones emocionales o físicas en tres categorías:

— **la mejora de los síntomas;** por ejemplo, en caso de dolores, de tensiones físicas o de emociones desbordantes
— **la agravación de los síntomas:** los sentimientos emocionales se vuelven más fuertes o el malestar físico más importante
— **el estancamiento** del estado general de la persona.

En el primer caso, podemos considerar que la eficacia de la herramienta comenzó a actuar y se continuará el trabajo en la dirección tomada. ¡A menos que la mejora obtenida corresponda a la desaparición pura y llana del síntoma!

Un ejemplo:

Recibí a una joven adolescente con un problema de imagen de sí misma y de dificultades escolares. Durante una sesión, habló de un sentimiento en verdad doloroso. Sus padres estaban separados y, "por desgracia" (el doctor Sellam no estaría de acuerdo y tendría razón), su padre había rehecho su vida con una mujer que tenía una hija de la misma edad que ella... ¡y que tenía el mismo nombre! Mi joven paciente había terminado por reconocer unos celos feroces hacia esa medio hermana, a la que percibía como más bella, más inteligente y un poco más apta para captar la atención de su padre, al que ella veía poco (mientras que su rival vivía bajo el mismo techo que él...). En ese tiempo, yo utilizaba poco la TLE, pues estaba perfeccionando mi práctica personal (por ejemplo, sobre mí misma y mis parientes). La evidencia del dolor por experimentar ese sentimiento de celos y la conciencia de que ella se responsabilizaba me hicieron proponerle una sesión de TLE. Expliqué el protocolo (ya se había creado entre nosotras una relación positiva) y le hice dar un primer paso:

— "Aunque en verdad siento celos hacia (el nombre común), ¡soy una súper chica a pesar de todo!"
— Tapping sobre el conjunto de puntos con un recuerdo de "esos celos".

Resultado inmediato: "Es extraño, pienso en ella, pero ya no recuerdo lo que es sentir celos de ella ni por qué los sentía". Luego, me explicó que, sin duda, su medio hermana sufre la misma enfermedad, que a su edad "las otras" ¡y que es en verdad importante que, al vivir todos los días con su padre, su "rival" no debe poder asombrarlo fácilmente!

En el caso de un agravamiento de los síntomas, no hay ningún motivo para aterrorizarse, ¡por el contrario! Es la señal segura de que se "dio en el blanco" a un nivel de la problemática y que es indispensable explorar todos los aspectos. El trabajo apenas comienza y, a veces, serán necesarias muchas sesiones para una resolución completa. A pesar de ello, advierto que, en ningún caso, se dejará partir a un paciente que se sienta más mal que cuando llegó (¡o igual de mal!). Por lo general, continuar avanzando tranquilamente por el camino que se halló permite obtener con rapidez una mejora de los síntomas, si no es que su desaparición total.

En el caso de un estancamiento, no hay que desanimarse. Quizá la problemática se expresó o se definió mal y es esencial repetir el protocolo desde su inicio. Sucede que, de entrada, ciertas personas exponen un problema para solucionar que no es el motivo real por el que inician un trabajo sobre ellas mismas. Mis lectores terapeutas no se sorprenderán por este comentario que, con seguridad, los hará sonreír al acordarse de algunos casos.

Un ejemplo:

Un paciente llegó a verme porque sufría de un exceso de estrés de orden profesional. Fatigado, irritado, no podía manejar sus emociones (tendencia colérica/deprimido) y quería las herramientas para eso. Sucedió que se había lastimado la rodilla derecha, indicación sobre el plano energético de tensiones o de dificultades de relaciones con el "yin", así pues, posiblemente con lo femenino. Interrogado sobre el asunto, consideraba que su herida se debía a una sesión de futbol y señalaba sus dificultades profesionales como explicación de su estado perturbado. Por si acaso, lo hice trabajar sobre ese dolor en la rodilla, para curarlo. Eso no sólo mejoró su caminar, sino que parecía más calmado. En el momento de despedirse, con la mano en la puerta, me dijo rápidamente: "Desde hace algún tiempo tengo una amante, me siento mal con mi mujer y no quiero entrar en conflicto con mi hija. Aunque eso no tiene nada que ver con mi rodilla lastimada durante el futbol, ¿piensa que podría tener alguna relación?"

¡Sólo sonreí!

Por otro lado: un estancamiento, una ausencia total de resultados con la TLE puede ser producto de una inversión psicológica (IP) que no se ha solucionado. Puede haber muchos motivos para eso y es muy importante conocerlos para una buena práctica de la TLE.

La puesta en práctica de la TLE puede provocar tres tipos
de reacciones **(emocionales o físicas)**:

• **Mejora:** muestra la pertinencia del trabajo.
• **Estancamiento**: señala la necesidad de precisar o de redefinir el
objetivo y puede, eventualmente, indicar la IP (inversión psicológica).
• **Agravamiento**: revela la pertinencia del objetivo y la necesidad
de profundizar en el trabajo.

Todas estas manifestaciones son normales y orientan el proceso
hacia su resolución.

5. *Los desarrollos de la TLE y de los enfoques psicoenergéticos*

Había previsto presentarte con detalle todos los desarrollos de la TLE, pero, considerando la riqueza del tema, eso será objeto de un próximo libro.

Es extremadamente sencillo aplicar la TLE, posee un campo de acción casi ilimitado y las posibilidades de adaptación de la herramienta son múltiples. Vamos a ver diversas variantes que pueden mejorar más la TLE.

Te invito a inspirarte en ella y a dejarte llevar por una creatividad desenfrenada. La TLE es aún demasiado joven y son posibles numerosos desarrollos. Te agradezco por adelantado compartir conmigo tus hallazgos, todos ganaremos con tal intercambio (el sitio de Gary es un ejemplo representativo).

Para cierto número de técnicas, elegí conservar el nombre anglosajón, ya que, a menudo, han conservado este nombre aún después de aplicarlas los francófonos.

— **TAB: *Touch and Breath*:**[1] cuando el *tapping* es insoportable para el paciente. Permite practicar la TLE aún con más delicadeza.

— ***Technique de choix* de la doctora Patricia Carrington**:[2] sustituye una formulación de elección positiva de la expresión habitual de corrección de la IP.

— ***Technique de reemplacement***: técnica de elección mejorada; te permite expresar tu creatividad con más precisión.

— **Técnica silenciosa**: para practicarla en todas las circunstancias, con discreción.

— **El *tapping* continuo y la "*movie techique*"**: permiten alejar las emociones más fuertes durante el relato de un recuerdo traumatizante.

— **Técnicas de consolidación** (técnica personal): hace posible precisar el resultado deseado, en especial durante su duración y dentro del plazo de su aplicación.

— **Técnicas de liberación y de desatadura**: principalmente en el trabajo con otras herramientas y habiendo podido hallar su lugar en la fase siguiente.

— **Técnica de los posibles**: resultante de los trabajos de Carol Look[3] (TLE-*master*). Ella propone apoyarse en el campo infinito de los posibles que nos ofrece nuestro inconsciente para eliminar un problema crónico.

— ***Borrowing Benefits*:**[4] particularmente adaptada al trabajo de grupo; cada uno saca provecho del trabajo de los demás.

---

1. En inglés, *to touch:* tocar; *to breath:* respirar.
2. http://www.emofree.com/articles/choices.htm
3. Contacto: http://www.attractingabundance.com
4. Literalmente "beneficios prestados".

— *Personal Peace Procédure* / **procedimiento de paz personal (PPP)**: una práctica global y completa de desarrollo personal. Para cambios profundos y perdurables en tu vida.

"Si, finalmente, debes hacer alguna cosa importante, que hará en verdad una diferencia... ¡hazla ahora!".[1]

Técnicas primas

Si bien estas técnicas se derivan de los trabajos del doctor Callahan, como la TLE, conservan una especificidad propia. Éstas son todas las técnicas energéticas que apuntan a solucionar en forma durable, de preferencia definitiva, los problemas emocionales que son un freno para la experiencia de una vida feliz y armoniosa. A continuación, menciono tres a manera de ejemplo.

— El "método TAPAS": el TAT[2]

La *Tapas Acupuncture Technique* fue elaborada por la terapeuta californiana Tapas Flemming. Su objetivo es aplicar una desaparición rápida del estrés y calmar, por ejemplo, las reacciones alérgicas o suprimir las creencias negativas. Ella pretende, además de procurar una paz interior, aumentar la vitalidad y reforzar las capacidades personales. Todos esos puntos sólo son comunes con la TLE en que, al liberar las emociones negativas, se permite efectivamente calmar lo mental y recuperar una energía vital incrementada.

— *Be Set Free Fast* (BSFF) instantáneo

Be Set Free Fast es una técnica particular de *tapping*... ¡pero sin *tapping*! La describe su inventor, el doctor Larry Nimms, psicólogo clínico, como "un

---

1. *"If you are ultimately going to do something important that will make a real difference... do it now"*, Howard Wight, citado por Gary Craig en *Tutorial 1 #13: Personal Peace Procedure*.
2. *Tapas Acupuncture Technique*-véase, también, www.unstressforsuccess.com

proceso energético altamente preciso, con el fin de extraer la raíz de las emociones negativas y de las creencias limitantes que engendran nuestros problemas, obligándonos a efectuar ajustes dolorosos y a sufrir insatisfacciones y carencias".[1]

— *Zensight*

Esta tercera técnica prima es la más reciente. Elaborada por Carol Ann Rowland,[2] psicoterapeuta canadiense, psicoenergética. Carol Ann creó una herramienta energética que se ve en el cruce de los caminos entre TLE, BSFF y EMDR (aunque aquí el movimiento ocular se utiliza débilmente). El *tapping* es inútil y *Zensight* es de gran facilidad para autotratarse.

La característica del método es el uso de un símbolo de "curación".[3]

— **Cuando la música es buena…** *Zensound*: técnica personal, inspirada por el trabajo con una paciente particularmente sensible a la música. Sumamente adaptada a las personas "auditivas".

Para concluir sobre la TLE

Puedes emplear la TLE muy bien tanto para solucionar problemas… como para evitarlos. Prepara tu día, las etapas importantes sobre el camino de tu vida… ¡anticipando las emociones negativas que podrían llegar a perturbar la acogida de los regalos de tu vida!

De igual manera, puedes utilizar la TLE para regular tu metabolismo… hay interesantes investigaciones en curso sobre el tema, pero no es posible abordar aquí esas aplicaciones.

---

1. Hallarás en el sitio del doctor Nimms, www.besetfreefast.com, todos los detalles de aplicaciones particulares de su método ¡en inglés! Un gran trabajo de presentación en francés de sus trabajos (y de otros terapeutas que han desarrollado técnicas específicas) fue realizado por Sophie Merle.
2. http://www.zensightprocess.com/
3. "Curación" se utiliza aquí en el sentido más grande de desaparición de las manifestaciones emocionales, psíquicas o físicas resultantes de la perturbación. Es el término empleado por la señora Rowland.

De las tres herramientas que presento, la TLE es la más fácil de apropiarse, tanto para los terapeutas como para el común de los mortales. Su empleo se anota en las publicaciones más diversas y la multiplicidad de aplicaciones y de variantes permitirá variar tu placer para ocuparse de ti (o de otras personas, si ése es tu camino). En todos los casos, aprende a tenerte confianza (lo que desarrolla la práctica) y deja a tu creatividad las riendas libres, pues ésta tiene su propia sabiduría y no te llevará por caminos peligrosos. En caso de problemas difíciles de tratar o de incapacidad para tratar un punto en particular, no dudes en consultar a un terapeuta experto. En la actualidad, existen pocos, pero los hay y estoy segura de que su número se multiplicará con rapidez.

Con tal de que no se obstinen una vez más en encender una hoguera contra una práctica aún mal comprendida y que la ciencia halle su capacidad para interrogarse e interesarse en lo que todavía puede sorprenderla, la TLE nos reserva sorpresas increíbles. Espero que nuestras sociedades puedan ver el interés de una herramienta que tiene poco que ofrecer al mercado del consumo, pero que aporta mucho al mercado del bienestar y, osemos decir, de la salud.

Capítulo 6

Sobre la utilización conjunta de las tres herramientas

En este momento, cada una de las tres herramientas debería parecerte más familiar. Has podido ver hasta qué punto las aplicaciones pueden ser las mismas. ¿Por qué, entonces, sólo elegir una sola para trabajar con uno mismo?

Son precisamente los puntos comunes evidentes entre la sofrología, la IPMO y la TLE los que me hacen inclinarme hacia un uso conjunto. Es posible pasar de una a otra y validar la que es mejor para permitir el avance del trabajo o su conclusión. Creo que no es necesario desarrollar los motivos del paso de una herramienta a la otra. Simplemente, los voy a enumerar:

— Como mencioné, un deseo de **eficacia en un momento dado.**
— La **rapidez deseada** (o indispensable) del resultado a obtener. Al inicio es deseable, para reforzar la confianza en uno mismo, poder constatar que el trabajo sobre uno mismo no exija "años" para todo. Una vez instalada esta confianza y el conocimiento de uno mismo iniciado, es más fácil admitir que trabajar sobre uno mismo es un avance. Me parece fundamental[1] la utilización de una

---

1. Seamos claros: es un punto de vista personal y, según tu sensibilidad, podrás preferir otras herramientas (yoga, *Qi-Gong*, *Tai Chi*, meditaciones diversas, artes marciales), ¡hay cientos!

práctica de fondo (como la sofrología) sobre un plan de higiene de vida, tanto sobre el plano físico como el mental o el espiritual, sin necesariamente una investigación de resultado preciso.

— La **comodidad**: claramente, la IPMO puede, por ejemplo, resultar fatigante para los ojos o el conjunto de la persona. La sofrología permite, entonces, hallar con rapidez la energía.

— La **comparación de las herramientas** para una elección personal: algunas personas preferirán la sofrología, otras la TLE. ¿Por qué imponer una única elección? Un terapeuta debe poder "variar los placeres", tanto por un interés de eficacia como para facilitar a los pacientes el inicio hacia otros enfoques.

— ¡La **curiosidad**!

De hecho, los puntos comunes dependen de la similitud de los objetivos buscados.

1. *La relajación del cuerpo y del espíritu*

En el capítulo "sofrología" explicamos que el objetivo de esta herramienta era obtener la relajación del cuerpo para permitir el relajamiento del espíritu. Esto, con el fin de abrir un espacio en la conciencia para desarrollar ahí nuevas aptitudes, una nueva mirada y experimentar el "encuentro" con los fenómenos.

Es fácil comprender en qué el cuerpo puede ser la "puerta de entrada" de la conciencia. Basta con observar lo que sucede cuando somos confrontados por el estrés de cualquier tipo. Una parte o la totalidad de nuestro cuerpo reacciona, experimentamos *sensaciones* diversas (tensión, dolor, frío, calor, temblores, rubores, etcétera).

En el capítulo "IPMO" pudimos comprender cómo, ante una situación, nuestro cerebro "responde" a una solicitud, un estrés. Modifica nuestro metabolismo para prepararlo para reaccionar, para adaptarse. Nuestras *sensaciones* son la traducción de un cambio en nuestro metabolismo corporal; son, a la vez, la conciencia de que "algo sucedió" y el medio de ponernos en contacto con nuestras *emociones.*

De acuerdo con la calidad del vínculo con nosotros mismos, la conciencia que tenemos de nuestro cuerpo, la identificación de las emociones será o no sencilla.

Puede recorrerse el camino inverso. A partir de las emociones que nos identifican (solos o con la ayuda del terapeuta), tenemos conciencia de una perturbación en nuestro sistema bioeléctrico y, entonces, podemos proceder según la manera en que la información sea tomada en cuenta por el cerebro (véase el capítulo "TLE", la inversión psicológica). Esta "corrección" se hace sobre el cuerpo, ahí donde se manifiestan las sensaciones. Es, en efecto, por la atención a las sensaciones que podremos evaluar la eficacia de nuestra acción.

En la aplicación de las tres herramientas presentadas en este libro, se observan las mismas manifestaciones de relajación del cuerpo y del espíritu:

— En sofrología, se dedica tiempo a relajar profundamente el cuerpo. Esta experiencia permite desarrollar un recuerdo de la relajación. Un recuerdo es un producto y es ahí donde se puede hallar una información, en caso de necesidad. O las sensaciones son información, tanto como las emociones. Tenemos la opción, gracias a la conciencia, de ir en busca de los recuerdos agradables o de los negativos. Ambos tienen su utilidad. El recuerdo de una quemadura permite evitar renovar esa experiencia dolorosa; no será útil "desalmacenar" la sensación desagradable. ¡El *recuerdo* es suficiente! Sin embargo, la sensación de relajación profunda es, con la práctica regular, fácil de lograr en sofrología.

— En IPMO, el trabajo puede partir del *recuerdo*, pero es a través del resurgimiento de las sensaciones y de las emociones como se hace el trabajo de integración. La liberación obtenida llevará a un estado de relajación profunda del cuerpo y del espíritu.

— La TLE trabaja directamente sobre la emoción que se manifiesta, no para amplificarla, sino para volver pronto al cuerpo; para la práctica del *tapping*, pero con la aparición de sensaciones que van a poder ser tratadas como emociones. El resultado es también una relajación rápida del cuerpo y del espíritu. Bostezos, ruidos variados e "incapacidad" para dejarse perturbar por los pensamientos parásitos. Las tensiones o las emociones son sólo *recuerdo*.

**La sofrología, la IPMO y la TLE permiten facilitar
la relajación del cuerpo y del espíritu.**

---

2. *Un trabajo de memoria*

Me parece importante distinguir aquí el *recuerdo* de la *memoria*. Ambos términos son intercambiables en nuestro idioma, a tal punto que, a menudo, se escucha "no tengo memoria, no puedo recordar...". No obstante, la memoria existe independientemente del recuerdo, está inscrita, no sólo en los arcanos de nuestro cerebro, como información almacenada en una zona muy precisa, sino en nuestro cuerpo. Las tensiones pueden almacenar la memoria de un estrés. Al salir de una sesión, es frecuente que el paciente note que su cuerpo se mueve en forma diferente, que un movimiento más grande o sin el dolor habitual es posible. Asimismo, hay manifestaciones súbitas de calor en un sitio muy preciso del cuerpo durante un ejercicio y la tensión que ahí estaba depositada desde hacía mucho tiempo, desaparece. No quiero desarrollar aquí la memoria del cuerpo, sobre la cual hay aún mucho por descubrir. Lo que me parece interesante es el vínculo cuerpo/espíritu, esa comunicación que con mucha frecuencia se lleva a cabo a nuestras espaldas, pero sobre la cual podemos actuar conscientemente.

El *recuerdo* es la memoria expresada de un suceso, sin que para eso haya necesariamente restitución de la memoria del cuerpo.

Es un proceso intelectual que permite distanciar los afectos y las sensaciones, quizá un proceso de protección del individuo. La experiencia es restituida como información, tratada por el cerebro y utilizable ante una situación similar: "Toco la flama, me quemo" se convirtió en: "si toco la flama, me voy a quemar; entonces, para no quemarme, no toco la flama".

En el caso de un estrés postraumático, por ejemplo, tenemos una memoria que no ha podido ser tratada y almacenada en una zona "útil" (hablé sobre la memoria errante en el capítulo IPMO), el *recuerdo* no existe realmente. La persona traumatizada no recuerda el drama; *lo revive* incesantemente, sin la distancia del recuerdo:

"La bomba explota, hay muertos por todas partes."

No "explotó", no "explotaba", no, ¡siempre es presente!

Por cierto, todos lo experimentamos, algunos curándonos con mayor rapidez que otros o peor, reprimiendo esa memoria. Piensa en un conflicto que hayas podido tener con una persona amada y trata de recordar el momento cuando te dirigieron palabras hirientes; ¿la vergüenza o la ira o la tristeza vuelven intactas en la memoria? Eso no es aún un *recuerdo.*

Es demasiado sintomático oír de manera recurrente en el consultorio (¡más en fin de semana!): "Bof, eso es sólo un recuerdo". A pesar de ello, la información está en la memoria, pero las emociones correspondientes no existen más en esa memoria ahí: la herida está limpia, cicatrizada, indolora.

¿Cómo se desarrolla ese trabajo de memoria según las tres herramientas?

• La sofrología

Vamos a poder ya sea abrir en la conciencia un espacio de integración de la memoria o trabajar de modo directo la memoria, como un material. En el primer caso, nos proporcionamos referencias tranquilizantes: concientización tranquilizante del cuerpo, atención a la respiración, reapropiación de límites físicos, restablecimiento de la confianza en uno mismo en un plano global, etcétera. Poco a poco, la zona sofroliminal se incrementa, las experiencias se acumulan, la mirada evoluciona, incluida la memoria traumática. No es obligatorio intervenir en forma directa sobre ésta, principalmente cuando la demanda del paciente es más general.

En el segundo caso, en cambio, es la memoria quien entra en escena. Sucede que, durante una sesión, en ese espacio de conocimiento que nos ensanchamos en la conciencia, emerge una memoria, inesperada, violenta a veces. Hablamos entonces de "*flash*" o "de *insight*" (cuando se acompaña de una concientización fulgurante). Puede ser, de igual forma, que la petición del paciente concierna a una vivencia dolorosa. Entonces, es posible trabajar directamente con la memoria en estado sofrónico. En general, evocamos un recuerdo agradable, para "suavizar el terreno" y se conservan las sensaciones agradables. Luego, llega el momento de dejar que el suceso perturbador se remonte y propondremos revivirlo "como se hubiera querido vivirlo". Es una técnica de domesticación de la memoria: proporcionamos la información complementaria para facilitar la integración de la memoria. Si la evocación permanece dolorosa, sustituimos ese sentimiento con el recuerdo agradable trabajado con anterioridad. Ese trabajo de ida y vuelta (ayudado de técnicas de distanciamiento como la autoscopía) permite facilitar "la digestión" por el cerebro. Mi percepción del proceso es la siguiente: al "reescribir la historia", al mismo tiempo que se evoca la situación pasada, proporcionamos a nuestro cerebro nueva información. Esa información, propuesta en un estado de conciencia modificado (cerca de la fase de sueño ligero donde se efectúa la integración cotidiana de nuestras experiencias), va a ser como datos complementarios que permiten clasificar el expediente. En lugar de estar desconcertado por la información "ingerible", nuestro cerebro va a poder proceder con calma con la integración de esas memorias errantes.

Para las personas que prefieren la sofrología, el trabajo de memoria también es posible.

Comentario: el hecho de "producir" un recuerdo corregido durante una sesión de sofrología no quiere decir que se reemplaza una información por otra. Así, la persona está perfectamente consciente de la realidad del suceso, tal como pasó, no lo niega. No obstante, al revivirlo "tal como habría deseado o preferido vivirlo", facilita la integración. El proceso es consciente y no tiene nada que ver con el remonte de pseudo-recuerdos, como es el caso con ciertas psicoterapias donde, por ejemplo, las "memorias de incesto" parecen salir del inconsciente... ¡pero siendo fantasmas![1]

La sofrología permite reapropiarse de una memoria,
hacer evolucionar la mirada acerca del suceso pasado
y así proporcionar datos nuevos al cerebro
para facilitar la integración.

• La IPMO

La relación con la memoria es más evidente, puesto que vamos a interesarnos directamente en un suceso traumático, que no llega a ser vivido como un mero recuerdo, sino que permanece como una memoria errante. Imágenes, sonidos... la memorización consciente resulta casi siempre fácil. A medida que se desarrolla el trabajo, se descubrirán diferentes "aspectos" que la herramienta permitirá integrar al mismo tiempo. Cada "objetivo" identificado será tratado al mismo tiempo. En la mayoría de los casos, el trabajo de integración en la memoria se hace de inmediato. Una vez que se pasa revista al conjunto de objetivos, la corrección cognitiva está en sitio y el discurso mismo de la persona va a hacer tangible esta integración mnemónica. El resultado será perceptible rápidamente y las manifestaciones "del vagabundeo" (pesadillas, obsesiones, fobias, etcétera) desaparecerán. Es una herramienta perfectamente adaptada para el tratamiento de las memorias que calificaría como "violentas", obsesivas, que por su presencia invasora impiden una vida normal.

---

1. Hace diez años, se hacían numerosos procesos a los padres de personas que habían "revivido" abusos en sesiones de psicoterapia. Algunos terapeutas parece que producen una gran cantidad de esos recuerdos en sus pacientes. El objeto de este libro no es explicar ese fenómeno, pero es bueno saber que ese género de desprecio no es posible con la sofrología (en todo caso, jamás lo he visto en veinte años de práctica).

La IPMO permite
integrar con rapidez las memorias "violentas",
que hasta entonces permanecían errantes.

• La TLE

Los materiales de base son las emociones como son experimentadas por el paciente. El trabajo del terapeuta va a permitir identificarlas, aunque eso no siempre es tarea fácil.

A partir de las sensaciones y las emociones concernientes al suceso que causa los problemas de integración, se corregirán todas las "inversiones psicológicas" que son barreras para la integración de las memorias. Luego, con las fases de *tapping*, se eliminarán las emociones negativas para permitir a nuestro cerebro integrar una realidad del suceso que pueda procesarse.

Ese proceso de eliminación de lo que impide la "clasificación" correcta de las memorias es consciente y, por lo general, la persona va a expresar de manera espontánea sus concientizaciones, escalón por escalón. Paradójicamente, cierta dificultad para hallar los detalles precisos del suceso traumatizante es el signo de integración de las memorias. Están, entonces, disponibles sólo en caso de necesidad y no se imponen más en forma anárquica.

Uno de los intereses de este proceso que se apoya en los sentimientos (físicos y emocionales) es poder trabajar con material a veces poco identificable. No evoca una situación precisa, sino que simplemente se focaliza en el sentimiento. Así, las memorias muy antiguas, que nuestro intelecto no sabría restituirnos, pero que, sin embargo, nos perturban, están al alcance de la herramienta. La TLE será, asimismo, eficaz tanto sobre las memorias "violentas" como sobre las memorias "sordas" (¡igualmente ciegas y mudas!).

La TLE permite integrar las memorias cuyos detalles escapan a nuestro pensamiento. ¡Es el cuerpo el que da los indicios! En cambio, sucede que la liberación producida hace remontar un recuerdo. Como si la posibilidad de al fin saber qué hacer con esa memoria errante permitiera autorizar la representación. De ahí la emergencia de nuevos objetivos tratados al mismo tiempo.

> Al actuar directamente sobre el cuerpo, *vía* el sistema
> energético, **la TLE permite** tratar las memorias errantes
> "sordas", cuyo único rastro es una sensación o una emoción
> cortada de toda representación.

Comentario: la integración de la memoria es instantánea o progresiva. En ciertos casos, será necesario practicar cierto tiempo para que el resultado perdure. Por ejemplo, en el caso de enfermedades crónicas, en especial degenerativas, la práctica deberá ser constante.

El caso de las enfermedades degenerativas es interesante, pues nos lleva al centro de la memoria, dentro de la manifestación de su pérdida: confusión, olvidos, amnesias. Existen casos de tratamiento con la TLE que van a permitir manejar con más facilidad la irritación a veces violenta de los enfermos.

Un ejemplo citado por Gary Craig: una mujer no se acordaba del nombre de su marido y no lo reconocía una buena parte del tiempo. Evidentemente, cuando era la hora de irse a acostar al lado de un "extraño", ella se agitaba mucho. La TLE permitió que "reinstalara" la memoria del nombre de su marido, Léo, el reconocimiento de éste y luego de su último hijo (aún bebé). Espero que la ciencia se interese rápidamente en las posibilidades de tal herramienta, porque el número de enfermedades degenerativas aumenta sin cesar (Alzheimer, SEP, leucodistrofias).

En este caso, la TLE no permitiría ciertamente una curación, pero podría incrementar la calidad de vida del enfermo y de sus parientes (por un costo mínimo, tanto en tiempo como en el plano financiero). Hay, además, ejemplos de resultados con las esclerosis en placas. Lo repito, en esos casos, la herramienta debe ser utilizada cotidianamente.

Así pues:

Siguiendo el tipo de manifestación de las memorias errantes (sueños, dolores, dificultades de socialización, desequilibrio emocional) y, al mismo tiempo, de la evolución de esas manifestaciones, se podrá emplear ya sea la IPMO (memorias violentas), la TLE (todas las memorias) o la sofrología (elección del paciente y corrección de memorias).

> **Sofrología, IPMO y TLE permiten un trabajo
> sobre la memoria,** ya sea a largo plazo
> o de manera instantánea.

3. El poder de la evocación

Las tres herramientas tienen en común que se emplean al mismo tiempo y facilitan la evocación. Por ello, preferí hablarte primero de la memoria con el fin de señalar esa particularidad.

• **La sofrología** hace un llamado a la evocación consciente, pero permite modificar esta representación, positivarla. Con esta herramienta, vamos a poder evocar el futuro, próximo o lejano, para proporcionar a nuestro cerebro información que va a hacer posible acompañar un suceso cuya carga emocional podría causarnos dificultades. Por ejemplo, en el caso de la preparación para el parto: si te vives dando a luz, permites crear una experiencia positiva de un parto en tu memoria, aunque esperes a tu primer hijo. Con seguridad, eso no va forzosamente a programar ese momento con todos los detalles, pero la angustia vinculada con lo desconocido se puede manejar de ese modo. En caso de que surja algún problema (lo que siempre es posible), tu estado emocional será más calmado y sereno. Estarás más centrada y en condiciones de tomar decisiones (es el motivo por el cual se propondrá un SAP también sobre las complicaciones posibles del parto, como por ejemplo una cesárea). En otros ejemplos (entrevista de contratación) la eficacia de la evocación positiva está ampliamente comprobada.

> **La sofrología aplica ampliamente la evocación positiva.**
> Ésta permite una evocación del futuro que soporta
> la disminución o desaparición de la carga emocional
> de una prueba próxima.

• **La IPMO** emplea la evocación más centrada sobre el detalle de una imagen o de un sentimiento. Tal evocación es el punto de partida del trabajo. El control de la evolución de esa evocación permite seguir el progreso del tratamiento de los objetivos así localizados.

> **La IPMO** se apoya en evocaciones que van a permitir
> medir su eficacia.

• **La TLE** parte, igualmente, de la evocación de una emoción, de un sentimiento. Es, de igual forma, la producción espontánea de otros sentimientos lo que permitirá que el trabajo terapéutico avance. Las evocaciones precisas y detalladas pueden estar presentes *a priori* o emerger durante la sesión. Una de las características de la herramienta es la *dificultad* de la evocación del objetivo una vez obtenido el resultado de liberación. Por el contrario, las evocaciones positivas que no eran posibles al inicio de la cura se facilitarán por la utilización de la TLE.

> **La TLE permite facilitar las evocaciones positivas,**
> volviendo más vaga la evocación del suceso perturbador.

Es interesante disponer de las tres herramientas para un mismo trabajo con el uso de la evocación: a la vez para ofrecer a los pacientes la herramienta mejor adaptada, pero, también, para pasar de una a otra. Por ejemplo:

— Una persona llega con una dificultad existencial difusa. Podremos trabajar con la TLE para liberar el plano emocional. Con la sofrología, será posible instalar rápidamente evocaciones positivas (resultantes de la memoria de la persona o de su deseo positivo). Aquí, se le reforzará la confianza en ella misma y se le permitirá avanzar con mayor serenidad en el trabajo. Si en este espacio de confianza surge un recuerdo desagradable, se podrá utilizar instantáneamente la TLE o la IPMO para una ayuda inmediata. Si la persona teme revivir experiencias dolorosas, la TLE posibilitará eliminar ese temor (y quizá extraer lo que lo nutre, en consecuencia, un nivel superior de liberación). Un regreso a la sofrología permitirá, asimismo, "proteger" el futuro.

— Un paciente se presenta a la sesión en un estado emocional aparentemente estable, con una petición de ayuda para luchar contra un insomnio crónico. Una iniciación a la sofrología permitirá llegar con facilidad a trabajar en forma directa sobre la calidad de su descanso nocturno (sofroprotección del sueño). Si lo despiertan pesadillas recurrentes, un enfoque con la IPMO le permitirá liberarse de éstas con rapidez. Si el estrés que se presentaba por la noche se muestra ahora bajo la forma de manifestaciones emocionales (arrebatos, inestabilidad de humor, oleadas de tristeza, etcétera) durante el día o en el momento de acostarse, la TLE se empleará para expulsar esas manifestaciones y llegar hasta su origen. La IPMO podrá tomar el relevo en este último caso, siguiendo la sensibilidad del paciente y sus reacciones corporales.

— Alguien que llega para liberarse de recuerdos difíciles (indicación ideal para la IPMO) podrá desear aprender las técnicas de relajación (sofrología) y de manejo de las emociones (TLE) para administrar el regreso a veces sorprendente de la energía. Después de una sesión de IPMO, es frecuente sentirse un poco fatigado (de ahí la utilización de técnicas de reenergización a corto plazo), pero en los días siguientes, la liberación emocional puede llevar una gran oleada de energía inhabitual. Los pacientes hacen entonces las cosas con mayor rapidez, con más facilidad, tienen menor necesidad del sueño y la necesidad de administrar esta energía puede hacerse sentir.

— Una persona que llega para "aprender a hallar la calma" va a encontrarse ante las raíces de sus tensiones interiores y en la necesidad de aprender a liberarse de éstas al mismo tiempo. Es indispensable recordar que, cuando se relaja el cuerpo, por rebote, se relaja el espíritu, favoreciendo la armonía entre el cuerpo y el espíritu. Cuando dos tensiones fueron reprimidas, negadas demasiado tiempo, van a aprovechar la oportunidad de manifestarse en ese espacio de la conciencia (corporal o psíquico) que se abre poco a poco gracias a la práctica de la sofrología. Por supuesto, podemos apegarnos a esta práctica, ¡pero puede transcurrir un tiempo prolongado antes de que la calma se integre por completo a nuestras células! Renovar la experiencia, aunque sea cotidianamente, no basta para liberarnos de las tensiones y de los viejos recuerdos (éste es el motivo por el cual debo buscar y hallar las herramientas más rápidas).

4. *La facilitación del sueño y, por consiguiente, de la integración de las experiencias*

Una de las peticiones más comunes hechas a un sofrólogo es, según creo, resolver los problemas de insomnio. Dormir mal (y no "no dormir" como se expresa con frecuencia) invalida mucho, por muchas razones:

— la más evidente: la falta de energía durante el día, la dificultad para desempeñar las tareas habituales,

— la acumulación de la fatiga que lleva al agotamiento físico y psíquico,

— la aparición de problemas: explosiones emocionales, inestabilidad del humor o enfermedades diversas. De igual modo, lesiones involuntarias,

— entrada en un círculo vicioso que rompe la confianza en uno mismo, a partir de la pérdida de confianza en sus propias capacidades para dormir.

Es evidente que, si la situación perdura, es el equilibrio de la persona el que está en riesgo de desmoronarse. Sin embargo, muchos esperan demasiado tiempo para consultar. Existen consultas especializadas en los problemas del sueño, donde se observará "técnicamente" la manifestación patológica y, finalmente, se recetarán medicamentos. Una paciente a la que le pregunté por qué había esperado tanto tiempo antes de visitar a su médico (quien me la envió para controlar su estrés), respondió: "¡No sé si temía más no dormir o tomar somníferos!" ¡No podría expresarse mejor!

No obstante, existen medios para evitar la medicación, que, en realidad, sólo se prescribe como último recurso. La sofrología brinda recursos nobles para tratar el insomnio. El ejercicio de "sofroprotección del sueño" es uno de ellos el cual es muy eficaz. Algunos se mantienen ahí, pero me parece interesante ahondar un poco en este tema del sueño.[1]

Los siguientes son algunos puntos:

El sueño nos remite a nuestros temores más profundos: ser atacado y morir.

— No podemos ver llegar al enemigo, la única protección de nuestro cuerpo es nuestro hábitat y su relativa seguridad, así como la presencia de otras personas cercanas. La posición al dormir "encogida" responde a esta angustia al proteger (con las rodillas) la zona de nuestro cuerpo no resguardada por el esqueleto (no hay huesos sobre el vientre, ¿lo has notado?). La vida en grupo (familia principalmente) refuerza así la seguridad y no es sorprendente ver personas que sufren de insomnio exclusivamente cuando están solas. Hay verdaderas angustias que se presentan entonces.

— ¡La relación con la muerte es un poco diferente! Además del riesgo de agresión, durante el sueño nos hallamos a merced de nuestro sistema nervioso autónomo. ¡Piloto automático durante la noche!

---

1. Señalo el sitio www.reseau-morphee.org que proporciona información sobre un primer enfoque. Se puede lamentar una visión tan exclusivamente médica, pero abundan los buenos consejos sobre la higiene del sueño.

Simbólicamente, la noche representa una especie de muerte: una pérdida completa de conciencia. ¿Quién nos asegura que volveremos? ¡Dormir es morir un poco!

Para las personas que funcionan en el modo "dominio/control", puede ser imposible relajarse y lo mental va a aferrarse a lo concreto del día pasado (o futuro): pensamientos, razonamientos, proyectos, obsesiones, todo va a ser válido para evitar soltar las riendas, hasta un agotamiento total propio para el guerrero de ese combate en vano contra la vida. Porque es la vida la que está en juego y no la muerte durante el sueño: reparación, integración, reconstrucción. Nuestro organismo no descansa mientras dormimos.

El sueño atañe a una higiene de vida: nos preparamos para dormir, así como lo hacemos para iniciar el día. Es preferible tener conciencia y poner las probabilidades de nuestro lado:

— **Evitar las tentaciones desagradables al final del día**, pues desequilibran el sistema nervioso y nutren lo mental. Respecto de este tema, noto que mirar la televisión (o algunas lecturas) es parte de estas tentaciones que proporcionan muchas imágenes perturbadoras a nuestro cerebro. ¡Más trabajo para él! Si ya está sobrecargado, la noche estará perturbada. Por lo tanto, rechaza los conflictos, las discusiones agitadas consiente una pequeña marcha serena, un tiempo para escuchar música dulce, el intercambio de cumplidos y de comentarios positivos (de los que tienen necesidad tanto los niños como los adultos). Deja para mañana los problemas por solucionar, ¡salvo el caso de guerra nuclear inminente!, y aun así.

— **Comer con calma y ligero por la noche,** vigilando para que después de la cena transcurra al menos una hora antes de acostarse. Una mala digestión perturba el sueño. Cuando sabemos que en el plano energético la digestión concierne tanto a los alimentos como a las experiencias, ¡no es sorpresa despertarse con regularidad hacia las 2, 3 o 5 de la mañana! Un pequeño punto sobre el asunto de la digestión podrá solucionar el problema. ¡A veces es tan simple como eso!

— **Dedicar tiempo a preparar el día siguiente,** para mantener el espíritu libre y sereno al dormirse.

— **Evitar leer o mirar la televisión *recostado*,** un remedio sencillo, pero cuya eficacia sorprende. Se trata simplemente de enviar un mensaje claro al cuerpo: "¡recostado, se duerme!" Eso facilita iniciar el programa "sueño" en nuestro disco duro: el mero hecho de recostarse sin moverse conecta con la función sueño.

— **Verificar que se esté suficientemente hidratado:** en ocasiones, el temor de tener que levantarse por la noche provoca un bajo consumo de agua o, durante el sueño, perdemos mucha agua (evaporación natural, consumo por el cerebro, etcétera). Es suficiente beber una hora antes de acostarse o vigilar durante todo el día una buena hidratación. Si al cuerpo le falta agua, se corre el riesgo de que nos despierte (con la boca seca) para recordarnos respecto de sus necesidades. He notado que, con la edad, esa necesidad de hidratación se hace sentir más y, por lo tanto, tengo una botella en mi buró.

— **Llevar a cabo algunas respiraciones amplias y calmadas,** como para "colocar" el día al lado de la cama y una imagen positiva, una pequeña palabra gentil para uno mismo.

— **Respetar nuestros ciclos de sueño:** uno se duerme con facilidad en ciertos momentos y difícilmente en otros. En general, nuestros ciclos son de una hora y media a dos horas. Cuando te sientas "cansado y con sueño", acuéstate de inmediato; de lo contrario, corres el riesgo de "perder el tren de noche", como les decía a mis hijos; ¡el siguiente puede llegar dos horas más tarde! No quiero hablar aquí acerca de los ciclos nocturnos, pues se han escrito numerosos libros sobre ese tema.

— **Moverse** durante el día ¡y el cuerpo estará más calmado por la noche! Un poco de deporte, una simple caminata cotidiana, una sesión semanal en la piscina o algunos movimientos gimnásticos. ¡Muévete, presta atención a tu cuerpo, dale la oportunidad de deshacerse de sus tensiones con el movimiento!

Ahora, si todo eso no es suficiente y el insomnio continúa, ¿qué hacer? **¡Actuar!**

— **Trata de enumerar las fuentes de estrés** (problemas profesionales o conyugales, fatiga acumulada, ciclo del sueño perturbado por la acumulación de la falta de reposo, duelo reciente u otra contrariedad…). Formúlate la pregunta para saber qué puedes hacer (algunos días de reposo, un cambio de horizonte, una mejora de tu higiene de vida, la resolución de un conflicto, una toma de decisión pospuesta mucho tiempo). ¡Hazlo!

— **Definiste el problema, pero no sabes cómo manejarlo: ¡pide ayuda!**

— **No te detengas ante la primera constatación:** no hay solución. Comprendo que eso ocurra a menudo respecto del estrés profesional. "¡No se puede, a pesar de todo, cambiar de trabajo!" Primero y *a priori*: ¿por qué no? Segundo: tenemos la posibilidad de cambiar *en nuestro interior* los elementos que van a modificar la situación, pero falta tener conciencia. Si te resulta muy difícil solo, ¡pide ayuda!

¿Has buscado ayuda? Por lo regular, la primera reacción es ir con el médico general: "Doctor, ¡ya no puedo más!". En la mayoría de los casos, él comenzará por decirte todo lo que procede en materia de higiene de vida. Si él te conoce bien (es su papel, ése que tú tienes interés en darle), sabrá hallar pronto los puntos de anclaje de tu problema. A no ser que le encante recetar, evitará prescribirte de golpe somníferos y elegirá una cura para ponerte en forma: vitaminas, minerales y ejercicio.

Sin embargo, si él nota que el problema es más grave, arraigado más profundamente en tu relación con la vida, te aconsejará que te ayuden, en otro lugar (véase el inicio del capítulo). Puede ser mediante la sofrología que, repito, es reconocida por sus resultados en el tratamiento de los problemas del sueño, o por otro terapeuta (señalo que hay numerosos psicólogos que utilizan ahora herramientas psicocorporales).

La facilitación del sueño es un resultado relativamente sencillo de obtener con la sofrología. No obstante, yo no me detendría aquí. En este capítulo explico el uso en conjunto de tres herramientas. Resulta que las tres tienen la capacidad de facilitar el regreso del sueño reparador:

— **La sofrología** facilita la relajación del cuerpo y permite un trabajo de fondo sobre el equilibrio de la persona. Poco a poco, representa una higiene de vida sana, un regreso que se instala a la atención necesaria a uno mismo. Su práctica permite rápidamente crear una "programación" de un sueño de calidad y cantidad respetuosas de las necesidades de nuestro cuerpo. Va a trabajar con rapidez en forma directa sobre el resultado y es una herramienta valiosa en el control del sueño.

— **La IPMO** va a permitir trabajar sobre las manifestaciones que perturban el sueño. Por ejemplo, las pesadillas, las angustias nocturnas. Al liberar esas memorias errantes, se aligera el trabajo de integración operado por el cerebro durante el sueño. Eso le permite hallar un ritmo aceptable donde los tiempos de reposo profundo vuelven a ser posibles. Se facilita la recuperación de la energía y los ciclos de la noche recuperan su equilibrio.

— **La TLE** va, una vez más, a hacer fuego de toda madera: se trabajará sobre "la imposibilidad de dormirse" o "la incapacidad de volver a dormirse después de despertar en plena noche" o "el exceso de fatiga que impide un sueño reparador", pero también sobre:

- las angustias nocturnas, precisándolas todo lo que se pueda,
- el temor de morir durante el sueño (más frecuente de lo que imaginamos, aún es necesario evocarlo),
- la ausencia de una persona fallecida,
- el temor de no despertar al día siguiente,

— la dificultad de digerir la comida de la noche,
— la angustia provocada por el noticiario de las 20 horas,
— el resentimiento contra el colega en el trabajo que nos hostiga,
— la ira contra el cónyuge que llega todos los días tarde,
— el temor de dormir solo en la casa,
— la calidad del sueño y su cantidad (técnica de elección muy eficaz aquí).

Bien, no puedo enumerar todo, pero es suficiente pasar revista a todo, como se presente.

La TLE será útil para tratar tanto las causas como los efectos y eso en los mejores plazos. Es, en verdad, una herramienta polivalente y que aprecio en particular.

Asimismo, es fundamental señalar el efecto "gota de agua que hace desbordar el vaso": tal persona tendrá de pronto síntomas graves de perturbación del sueño, cuando no hay "motivo grave" aparente. A pesar de ello, es suficiente una ligera contrariedad, una vez al final del día, para que haya afectación. No vemos en qué eso nos puede impedir dormir noche tras noche pero los sueños son, a menudo, preciosos indicadores acerca de los motivos reales de la perturbación.

Así, es muy posible sufrir por la falta de un padre fallecido, sin darse cuenta durante años: ¡Oh!, seguro tienes ese dolor en la cadera o en el brazo, que regresa a menudo "pero eso es normal, ¡tuve una lesión hace dos años!". ¿Cuándo, por cierto? y luego, de pronto, todo se desordena.

— El gato de la vecina muere; no amabas a ese gato que desenterraba tus plantaciones pero, ¿por qué no dejaste de pensar en eso, hasta el punto de no poder dormir?"
— "Perdí mis llaves hace un mes las encontré hace unas horas; no obstante, luego siento terror por una pequeñez y duermo mal", etcétera.

El sistema dice "ALTO", es demasiado pesado, ese pequeño grano de arena va a permitir sacar a la luz viejas heridas y sanarlas, por poco que aceptes ocuparte de ti mismo.

La falta de sueño es un síntoma, no una enfermedad (salvo en caso raro y, aun así, enfermedad y síntoma son dos expresiones de un mal en el ser). Escuchemos lo que dice. Si es una simple perturbación debida a algo menor respecto a nuestra higiene de vida, el problema se soluciona pronto y la sofrología es perfecta. Si es un grito del ser, tendremos buenos resultados añadiendo IPMO o TLE.

En todos los casos, las tres herramientas, con sólo practicarlas, favorecen el sueño, porque nos sumergen naturalmente en un estado de relajación profunda. Al esperar la resolución total del problema, siempre se gana eso.

Los problemas del sueño (adormecimiento difícil, insomnios, etcétera) **son síntomas.**
Lo que indican puede ser tratado con las tres herramientas
• **La sofrología permite programar** un sueño reparador
y un adormecimiento fácil.
• **La IPMO tratará las manifestaciones** de la perturbación.
• **La TLE eliminará las emociones negativas** responsables
del problema, tratará las manifestaciones desagradables y permitirá,
de igual manera, reprogramar el sueño.

---

5. El desarrollo de una nueva mirada

La expresión "nueva mirada" es propia de la sofrología caycediana, pero el concepto se extiende a todas las prácticas de desarrollo personal. A mi parecer, seguro.

¿De qué se trata?

Si consideramos la definición caycediana, es el "dejar caer los *a priori*"; dicho de otra forma, el regreso a cierta inocencia, a la ausencia de juicio.

Pongamos un ejemplo:

— Visitas un país cuyo idioma y costumbres desconoces. La tendencia "natural" de nuestro cerebro va ser **aferrarse a lo conocido**. Sin darte cuenta, buscarás hallar sensaciones similares, puntos de encuentro de esas dos civilizaciones, la nuestra y aquella otra. En ausencia de "referencias", podrá nacer cierta incomodidad. Para evitarla, casi siempre preferimos leer una guía sobre el país, ver un documental antes de partir, viajar en grupo, etcétera. Todo aquello que va a hacer posible mirar ese mundo nuevo desde un punto de vista tranquilizante.

— Ahora, imagina que eres un "mochilero" (o recuérdalo, si ése fue el caso), sin recursos para una guía, pero con la sed de explorar el mundo. Llegas a ese país y **tienes confianza en tus sentidos**: vas a descubrir los sabores, los olores diferentes, entrar en contacto con los habitantes arriesgándote a no ser comprendido, vas a pasear tu mirada y a tratar de posicionarte en función de esa experiencia. Con seguridad, recibiste cierta educación, conoces algunas reglas de comunicación. Dispuesto a tener esa experiencia, vas a aferrarte a los *a priori*, menores que en el punto precedente, pero aún presentes.

— En fin, después de un choque, **pierdes la memoria:** en tu propio país, ¡eres un extranjero! la vista de un simple tenedor te deja perplejo, ¿qué es eso, para qué puede servir? En un primer momento, vas a tocar ese tenedor, le darás vueltas en las manos, lo sentirás, lo lamerás quizá. ¡Tus sentidos van a tratar de aprender eso desconocido para determinar si hay o no peligro!

¡Así será para TODAS las situaciones de la vida!

— Al encontrar a un vecino, lo verías como si fuera la primera vez, sin el recuerdo de la ocasión en que rompió la lámina de la cortadora de césped.

— Tu mujer sería, ante tus ojos, una mujer llena de misterio, no aquella con quien te has peleado cien veces por el tubo de pasta dental (¿aplastado o enrollado?).

— Tu esposo, un hombre encantador que te ofrece esas bellas flores y no aquel que festeja tu aniversario con un mes de retraso (¡si me amara, lo pensaría!).

— Tu jefe de servicio estará presente ante tus ojos sin el recuerdo humillante de la conversación de 2001 (¡la vergüenza!).

— …Y, tu secretaria, sin recordar ese fin de velada un poco "candente" (¡si mi mujer supiera!).

¡Tomo ejemplos caricaturescos, pero entiende a dónde quiero llegar! La nueva mirada es aquella que aprendemos a fijar poco a poco sobre nosotros mismos y el mundo, sin juicio, sin temor, sin la contaminación de una "historia" cuando un objeto o una persona es mirada.

Sólo trata de imaginar una vida en la que dejaras de ser mirado a la luz de etiquetas acumuladas en el transcurso de los años, para aparecer cada vez liberado de esos filtros. El ser humano es la única especie que tiene la costumbre absurda de hacer pagar x veces por un error. Peor aún, si nadie piensa en hacernos pagar muchas veces, nosotros nos cobramos. Eso se llama el peso de la culpabilidad.

¡El antídoto es el perdón! Más adelante explicaré ese punto, pero es indispensable llegar a soltar el resentimiento contra los demás o contra nosotros mismos si deseamos realmente disfrutar esa famosa dicha, que está a nuestro alcance, pero que a menudo buscamos en vano.

Las tres herramientas que presenté nos permitirán avanzar en ese trabajo de liberación de nuestra mirada. Para hallar empatía, compasión, pero también respeto de nosotros y de los demás, amor de la vida, lo que curamos en nosotros es casi siempre la herida provocada por la duración de una mirada, la nuestra, y la de los demás. No es necesario decir que, si nuestra mirada se posa con discernimiento sobre nosotros mismos, ya no vemos las faltas, sino las ocasiones de crecer. Si la posamos en los demás, ya no vemos verdugos, sino personas que sufren, que nosotros autorizamos para que nos maltraten. Sin embargo, veremos, además, en nosotros y en los demás, seres perfectos, con una historia y aun con algunas dificultades.

Con la **sofrología**, vamos esencialmente a calmar y a entrenar la mirada para que se pose sin *a priori*, sin juicio. Lo haremos primero sobre los objetos sin connotaciones afectivas, por el simple descubrimiento del objeto. Puedes experimentar la relajación profunda (estado sofroliminal) y descubrir con los ojos cerrados un objeto "desconocido". Haz este descubrimiento con todos tus sentidos, deja que los fenómenos lleguen a la conciencia. Primero, llega la tentación de adivinar lo que tenemos entre las manos, de comprender para qué puede servir eso, hasta el momento en que se lanzan los *a priori* y se acepta "hacer fenómeno" con el objeto; ahí comienza una experiencia única y personal. ¡Extremadamente tranquilizante, puesto que supone arrojar nuestro temor a lo desconocido!

En una segunda etapa, podrás revivir la experiencia con un objeto que hayas identificado con anterioridad. Se tratará, entonces, de autorizarse a dejar fluir lo que "sabemos" del objeto hasta reproducir la experiencia de descubrimiento.

En el desarrollo de la RDC, en el cuarto grado, se propone la *marcha frónica* de la nueva mirada. Esta vez, siempre en estado sofroliminal, los ojos se abren durante una marcha donde se busca hacer fenómeno sin *a priori* con el mundo que nos rodea.

Inverso a lo que puede imaginarse, no se trata de permanecer en una neutralidad constante, sino, por el contrario, de dejarse tocar por el encuentro fenomenológico. Las emociones serán distintas, tanto como las sensaciones, se hace un nuevo calibrado y es útil no fijarlo como un nuevo referenciamiento. Piensa más en mantener una especie de agilidad, de movimiento perpetuo como lo es el movimiento de la vida. Déjate sorprender sin temor.

Nuestro cerebro construye todas sus reacciones en función de nuestras reacciones precedentes a situaciones dadas. Con el desarrollo de la nueva mirada, te proporcionamos otros datos, liberados de la cadena (¿*cadenas?*) de experiencias precedentes. En lugar de construir sobre lo viejo, construimos a partir de lo nuevo.

Comprende bien que la repetición de estos ejercicios provocará una especie de mimetismo igualmente en periodo de vigilia. Nuestra conciencia, libre de prejuicios, se va a manifestar cada vez más en todos los campos de nuestra vida. ¡Nuestra capacidad de indulgencia se incrementará proporcionalmente con la disminución de nuestro reflejo de juicio!

— **La IPMO** va a actuar de manera diferente: al "limpiar" las memorias errantes, esta herramienta va a permitir retirar *de facto* los filtros deformantes que esas memorias traumáticas habían instalado. La vida empieza a ser apreciada por lo que es y no más por lo que se percibe a través de nuestros sufrimientos. Así, una persona atacada en un estacionamiento subterráneo podrá redescubrir uno de esos estacionamientos con una nueva mirada: sólo un sitio donde guarda su auto y no un lugar de una posible agresión. Se podría pensar que se trata de volver a una percepción más antigua de seguridad, pero eso no es verdad. No se vuelve hacia atrás y la mirada debe ser realmente reconstruida, porque *aunque se vivió el traumatismo,* la mirada va a aprender a posarse sin temor.

La TLE va a permitir, tanto como la IPMO, reconstruir la mirada luego de un traumatismo, pero, de igual modo, podrá liberar nuestra mirada de todos los *a priori* de los que hemos tomado conciencia (en el curso de sesiones o en otro lugar). Va a tener, como en sofrología, una dinámica del ser, una *elección* de hacer evolucionar tu mirada dejando caer el juicio. El trabajo del desarrollo personal es tomar conciencia de lo que limita la vida en nosotros. Con la TLE, podemos desarrollar esta conciencia e intervenir siendo responsables. La ventaja sobre la sofrología va a ser, una vez más, la rapidez y la precisión.

¿Cuál va a ser, entonces, el interés de una utilización conjunta de las tres herramientas para desarrollar la nueva mirada?

La sofrología trabajará en un plano más general donde la emergencia de los fenómenos de la conciencia va a condicionar la evolución de la mirada. Aquí, podemos incluir lo que Caycedo llama "la intencionalidad", una dirección interior, un objetivo global. En efecto, se puede determinar con mucha precisión, pero la gestión de la sofrología se ve, según creo, completamente libre para acoger lo que viene. Es una herramienta de acercamiento profundo a largo plazo. **La TLE**, por el contrario, va a permitir limpiar el terreno de todo lo que es consciente (o que se manifiesta en la conciencia… durante las sesiones de sofrología), reparar lo que traba el desarrollo de la nueva mirada. **La IPMO** tendrá su papel al actuar en la dimensión "reparación de los traumas", al igual que la TLE. La ventaja, en este caso, es poder proponer una herramienta distinta, que responde a la sensibilidad del paciente en un momento de la sesión. Reemplazar una cuando la otra funciona menos bien.

La sofrología será un entrenamiento personal de la nueva mirada que acompañará una gestión más terapéutica. Será como una pausa, un oasis donde te hallas y evolucionas con dulzura. Si surge una inquietud que impide aprovechar la sesión, las otras herramientas tomarán el relevo para facilitar el regreso a una relajación profunda.

— **La sofrología es una preparación a la nueva mirada.**
Su práctica regular favorece la instalación.
— **La IPMO restaura la capacidad de evaluar sin *a priori*** después de un trauma.
— **La TLE permite liberar nuestra mirada** rápidamente y con precisión.

Las tres herramientas facilitan la integración de la "nueva mirada".

6. *La reconquista de si mismo: reconstrucción de la imagen personal y reorganización vital*

El desarrollo de una nueva mirada permite, como vimos, tener la experiencia de dejar caer los *a priori*. Nos abre hacia una dimensión más grande, liberada del temor. Dicha experiencia se puede describir como la puesta al paso del ego, de su voluntad de controlar y dominar todo. Mientras tenemos la ilusión de que es necesario "dominar" nuestra vida para ser felices, ignoramos que nuestro "yo" sólo representa una ínfima parte de nuestro ser. Parte emergida del *iceberg*, tendemos naturalmente a identificarnos con ella, desdeñando nuestra dimensión invisible, inconsciente.

¿La vida sólo será esta porción despierta de nosotros mismos? En el plano puramente intelectual, pocas personas se arriesgarían hoy a afirmarlo. La popularización de las nociones del inconsciente, de acto fallido, de traumatismos infantiles y otros términos "psi" nos recuerda, a lo largo del día, que existe otra dimensión de nosotros.

O, para los más escépticos, de que *podría* existir. Algunos luchan aún, creyéndose "racionales", pero negando pura y llanamente la experiencia de emergencia del inconsciente a la conciencia. No hay nada racional en el rechazo de admitir que no podemos controlar todo. Habría cierta locura al querer ignorar los desbordamientos de nuestro inconsciente reprimido. Nuestros sueños, a veces dolorosos, nos recuerdan la existencia de un mundo oculto en nosotros, indescriptible, imposible de dominar, irreductible a las leyes de la razón.

Intentemos esquematizar lo que sucede en nosotros...

Dos universos se sobreponen: el consciente y el inconsciente: su límite es como una frontera vigilada por un aduanero. Alguna información va a poder cruzar, otra no. El aduanero, llamado también *súper ego*, aplica las reglas tratando de protegernos. Lo que no podemos acoger sin riesgo para nuestro equilibrio, no pasará la frontera. Un ejemplo: un niño fue sexualmente abusado por un pariente cercano, con amenazas quizás en caso que hable. El cerebro no puede manejar esa información, pero puede "expulsarla" hasta una zona no consciente. La memoria no podrá ser integrada, permanece "errante" y será fuente de problemas más o menos aparentes: somatizaciones, pesadillas, comportamientos inadaptados, reproducción de la agresión, etcétera.

Sin embargo, el aduanero no puede vigilar al 100% o quizá deje pasar un tráfico de contrabando (no olvidemos que su objetivo es mantener cierto equilibrio). La información contenida en el inconsciente va a pasar, entonces, la frontera disfrazada o por atajos para rodear la aduana: sueños "incomprensibles" para la persona que duerme, situaciones de la vida cotidiana que ponen en escena el problema vivido de manera aligerada, enfermedades repetitivas cuando algunos esquemas se presentan… etcétera. Se recuerda, por ejemplo, que cuando se emprende una terapia, los sueños son más numerosos o se les recuerda. La atención será atraída hacia comportamientos repetitivos. Poco a poco, el vuelo podrá ser elevado (hablamos de terapias de descubrimiento).

¿Qué es lo que está en funcionamiento entonces? La tentativa de resolución de los conflictos que nos impiden acoger simplemente y disfrutar la vida. Todos esos cambios en nuestra vida (fracasos, pesadillas, insomnio, lesiones, etcétera) son los *síntomas* de esa tentativa.

Con frecuencia, el proceso hacia uno mismo comienza con ese sentimiento cada vez más preciso y pesado de "ya no saber quién se es" o "no saber qué hacer de nuestra vida": la huida de la dicha cuando se busca familiarizarla causa un gran dolor. Entonces, un día tomamos la decisión de tratar de disminuir, de eliminar, ese dolor. Las herramientas de desarrollo personal están ahí para eso, porque, una vez que hemos empujado al máximo la lógica de control, por ejemplo, nos sentimos agotados, apartados de "nosotros mismos".

Es notable ver que nuestro ser sabe hacer fuego de toda madera para llevarnos hacia nosotros mismos. A algunos se les dificultará cada vez más dormir. Piénsalo así: ¡el aduanero debe estar en servicio 24h/24h! Otros, por el contrario, ven que su aduanero deja pasar cada vez más contraban-distas: sueños repetitivos, multiplicación de situaciones difíciles de manejar, problemas de salud cada vez más importantes. ¡Es evidente que el aduane-ro es sólo un empleado y no puede atender todo! Hace lo mejor que puede año tras año, pero nosotros hemos rechazado de tal manera el mundo en la frontera, que en ocasiones es un verdadero motín lo que se desencadena (cáncer, depresión, actos de violencia) y, a veces, ¡abandona resueltamente el puesto (demencia)!

Para llevar la imagen más lejos, te comentaré que el aduanero tal vez ya no tiene deseos de trabajar, ¡porque ya no reconoce el territorio confiado a su cuidado! Imagina un país donde deporten a los habitantes bajo pretextos fútiles. Fulano no trabaja muy rápido (*"no hay lugar para los soñadores"*), tal otro es un artista (*"no se vive de su arte"*) o aun llora de emoción (*"un hombre, no llora"*) o habla demasiado fuerte (*"una mujer debe permanecer discreta para ser respetable"*), ama el sexo (*"peor que los animales"*), habla a los árboles, cree en eso, no está a la altura, jamás será tan brillante como su hermano o bonita como su hermana, etcétera.

Al cabo de un rato, preocupado por la perfección de su país, el gobier-no habrá terminado por exiliar a todo el mundo, ¡quizá hasta al mismo gobierno (acceso de locura)! Un país vacío es un país muerto, a lo mejor el aduanero no tiene nada que hacer, sólo dejar entrar a todo el que se pre-sente en la frontera.

Lo que trato de decirte es que, al querer controlar todo en nues-tras vidas hasta llegar al riesgo cero, rechazamos incluso las fronteras a los cerebros más brillantes de nuestro territorio. Nos debilitamos y nos volvemos incapaces de defendernos ante el exterior porque, de hecho, nuestro verdadero territorio, el que merece ser defendi-do, es nuestro ser en su totalidad. ¡No sólo nuestro pequeño yo atemoriza-do! Ese pequeño jefe cree dirigir una nación grande, pero es sólo un reye-zuelo. Nuestro ser está hecho de la yuxtaposición del territorio vasto del inconsciente (inconsciente personal, familiar, colectivo) nutrido de nuestra historia como individuo, miembro de una familia, de una nación, de una civilización, de una especie, de un plano de la vida y del territorio conocido de nuestro mundo consciente. Es este conjunto lo que está en interacción con el mundo exterior, "los otros".

La reconquista de uno mismo va a ser la rehabilitación de esta totalidad. Piensa en Australia. ¿Podría reducirse a algunas ciudades en sus costas? ¡No! ¡El *bush* inmenso y su vida salvaje, a veces inquietante, son, también, el alma, la identidad, la coherencia!

¿Cómo pueden ayudarnos nuestras tres herramientas a reconquistar nuestro ser global?

De tres maneras:

— Incrementando nuestra conciencia de esta "realidad territorial", con el fin de fijar los límites al poder del reyezuelo "yo".
— Facilitando un contrabando organizado que no perturbe el territorio del yo, con el fin de reinyectar en el circuito las capacidades ignoradas, pero terriblemente faltantes.
— Estructurando la circulación de la información entre los dos territorios para organizar intercambios productivos; con toda seguridad, ¡pronto el contrabando ya no será necesario!

Una especie de espacio de Schengen, optimizado.

El trabajo hecho en **sofrología** "al inicio del sueño, exactamente al inicio del sueño", permite situarse en la frontera entre el mundo consciente y el inconsciente y hacerla más abierta. Los fenómenos que emergen en la conciencia son información que puede pasar con el acuerdo del aduanero (¡casi dormido por la sesión!). Pese a ello, permanece vigilante para no autorizar el paso de productos explosivos. Las sensaciones, las imágenes, los olores, los sonidos van a poder manifestarse. Un poco como en los sueños, se elabora un lenguaje entre los dos territorios. Como en los sueños, al inicio de una terapia, al principio la traducción es muy difícil, pero con el tiempo y la práctica, los dos territorios van a incrementar sus intercambios y se comprenderán cada vez mejor. El recelo se aquieta y se establecen en su lugar las zonas de libre intercambio.

Idealmente, no se espera tener un territorio consciente siniestrado para abrir las fronteras. Así, la práctica de la sofrología permite tener buenas relaciones vecinales con el inconsciente y limitar el poder del yo. En este límite, van a poder abrirse felizmente las disposiciones naturales del ser.

¡Ah, sí!, no te lo he precisado: en el territorio fascinante del "yo", todo va mal. El comercio está mal, el mantenimiento de los edificios mal hecho, ¡hay que reconstruir todo un país! En los intercambios hallados se va a poder tener materiales de construcción, productos de consumo corriente, cuidados. ¡Los emigrados que llegan del inconsciente se remangan las mangas y se ponen a trabajar! ¡Pero eso requiere tiempo!

A veces, se puede organizar claramente, con urgencia, el repatriamiento de algunos exiliados. Con **la IPMO,** va a ser posible colocarse en el sitio de la frontera donde el aduanero ya no puede ser eficaz. Pesadillas, angustias, fobias, eso abunda. Los movimientos oculares van a facilitar la reinserción a un nivel del consciente de los sucesos traumáticos reprimidos. Esas nuevas fuerzas vivas de la nación van a ayudar en la reconstrucción.

La TLE, o las técnicas primas, van a permitir negociar los intercambios en la aduana de la frontera. Cada vez que un movimiento inhabitual y molesto se manifieste (emoción negativa), la corrección de la inversión psicológica (IP) recuerda las nuevas reglas (la circulación puede hacerse por todas partes y ya no sólo en las rutas militarizadas del yo miedoso) y el *tapping* abre la barrera. Otras emociones, recuerdos ocultos, se presentan entonces en la frontera, pero todo ese flujo está perfectamente administrado. Intuición y creatividad reintegran tu territorio de acción consciente, la energía liberada se pone al servicio también de la reconstrucción, de la vida que poco a poco va a circular libremente.

Si la sofrología se aplica para pacificar globalmente los intercambios y la TLE, por ejemplo, para arreglar el menor incidente fronterizo, el ser global va a hallar un equilibrio. Un gobierno democrático va a tener lugar, dejando que se expresen las diversas facetas de nuestra personalidad. Nuevos riesgos van a poder tomarse, porque estarán medidos más objetivamente, no en relación con experiencias anteriores dolorosas, sino en función del conjunto de nuestros aprendizajes liberados del temor de perder el control. Se adquiere una nueva libertad. Cada una de nuestras capacidades tiene el derecho de expresarse, ellas se completan, multiplican las oportunidades de manifestar la vida en todos los campos.

La sofrología facilita el reconocimiento de los territorios inconscientes.

La IPMO y la TLE pacifican los intercambios entre nuestros territorios interiores.

Con toda seguridad, las tres herramientas permiten tener la experiencia de la libertad de ser.

Hemos trazado el camino del hombre atemorizado, pero ávido de fuerza y de poder, hacia el hombre tranquilo que acepta no poder conocer todo, dominar todo. De un pequeño reino gobernado por un tirano, conquistamos el acceso a un territorio vasto presidido por un poder inmenso, el de la vida. Entonces, podemos abandonar la ilusión de ser grandes e ir dócilmente a prestar alivio a ese poder que entrevemos cuando pasamos la frontera en el otro sentido: la VIDA. Cuando aceptamos la experiencia sofrónica, la contemplación, la meditación, se nos ofrece una dimensión más vasta aún, que algunos llamarían "espiritual".

La reconstrucción del ser es una liberación del ego para reapropiarse *todas* las dimensiones de nuestro ser. El ego no debe ser "matado", como a veces se dice; debe hallar su lugar y desempeñar su papel, sin perderse en la ilusión de tener cualquier poder.

> **La reconquista de uno mismo permite desarrollar
> la conciencia de nuestro ser global. Al aceptar dejar
> el exceso de control, dejamos el temor: borramos
> nuestros límites supuestos y podemos expresar
> todas nuestras capacidades.**

Sin embargo, somos libres, para apegarnos a la ilusión del ego y al sufrimiento o para explorar nuestro territorio a nuestro ritmo, teniendo la experiencia de la alegría.

Sofrología, IPMO y TLE son los medios para hacer esa evolución. Existen otros numerosos, porque hay muchos viajes, pero poco importa el medio de transporte, siempre que te convenga y que esté adaptado a tu ritmo. ¡A la llegada, eres tú mismo quien se espera! La imagen que tienes de ti mismo será transformada, tu energía será renovada, recordarás a ese pequeño ser atemorizado, pero que se creía grande, verás el porvenir lleno de ternura. Habrás crecido, pero eso ya no tendrá importancia.

La reconstrucción de tu imagen personal, reorganización vital, sí, ¡pero ahora es el presente lo importante!

Capítulo 7, a modo de conclusión

Entonces, ¿qué has hecho con tu talento?

uando comencé la redacción de este libro, para "prepararme", escribí el capítulo "¿Qué has hecho con tu talento?" y pensé incluirlo como conclusión. Al releerlo, una vez que mi trabajo llegaba a su fin, comprendí que su lugar estaba bien al inicio... y que, para concluir esta obra, sólo podía volver a mi punto de partida. Una pregunta formulada, quizá la que me planteé sin cesar desde los días de la infancia cuando un cura trataba de dar un sentido a esta extraña parábola sin darse cuenta de que la única cosa que había llegado a mi entendimiento era *cómo había entendido al inicio* esta pregunta. La respuesta para mí es fácil: me convertí en sofróloga pasando por caminos un poco indirectos y descubrí que mis talentos eran múltiples y que osar expresarlos me llenaba de una alegría maravillosa. Descubrí herramientas aún raras en Francia, pero que tienen una eficacia pasmosa para reparar "la maquinaria" de nuestra vida, asegurar el cuidado, calmar al conductor, tranquilizar a los pasajeros y mejorar la comodidad del camino.

Si llegaste a este punto de la lectura, tal vez te formulaste la misma pregunta ingenua: ¿y yo, qué he hecho con mi talento? Espero que hayas aprovechado para aclarar todo lo positivo que ya has expresado en tu vida. Sabes en qué puntos los programas o las emociones tóxicas contaminan el disco duro que es nuestro cerebro. Te garantizo que es realmente posible liberarse, sanar. Si no te atreves, las herramientas te permitirán atreverte, autorizarte a cambiar el paradigma de tu existencia.

¿Cómo hacer callar el "parásito" y desarrollar nuestra nueva mirada?

— **La sofrología:** practica regularmente *sofrología de base* para la relajación (tenemos una tendencia neta a más indulgencia cuando estamos relajados) y la toma de conciencia del cuerpo (mientras mejor lo conozcas, mejor te conocerás); *sofrodesplazamiento del negativo* (SDN) para eliminar las tensiones (las tonterías que siempre repite tu parásito, entre otras); *sofroactivación* para arraigar y mostrar lo positivo en ti (con el fin de que eso se convierta en un hábito de callar al parásito); *sofroaceptación progresiva* para que te hagas a la idea de tu próximo éxito; *sofrofuturización positiva* para vivir tus realizaciones con dicha como si estuvieras ahí (luego, durante la sesión, ¡estás ahí!); *sofroactivación vital* para optimizar tu potencial vital dinamizando los órganos clave de tu cuerpo (un cerebro al máximo, ¿eso lo explica?), *sofromnesia de tres edades* porque en toda tu vida ya vivida debe haber al menos bien (por cierto, si caes sobre lo "no bueno", aprovecha para corregir el escenario, ya que ver siempre la misma mala película no te conviene para nada). ¡Éstos sólo son ejemplos, porque la caja de herramientas "sofro" aún no está vacía!

— **La IPMO:** por pura pereza, no aconsejaría la IPMO aquí por la sencilla razón de que una gran parte del trabajo puede hacerse solo y ésta no es la herramienta más fácil para autoaplicarla. Es lo mismo, pero poco atractivo, solo, si deseas mi opinión (lo mismo con el subterfugio del espejo). Ahora, si la limpieza de tu sistema de creencias te pone cara a cara con un gran traumatismo, un recuerdo imposible de digerir, quizá es el momento de considerar un trabajo con un terapeuta formado en la utilización de una herramienta que incluya los movimientos oculares (notarás que me muestro bastante vaga y que no predico únicamente "para mi parroquia". EMDR, Stil Bil, IMO son parientes eficaces; elige a tu terapeuta con reserva).

— **La TLE:** ¡vas a obsequiarte, porque es verdaderamente la herramienta real para tratar las creencias, las falsas creencias, las emociones negativas! Vas a poder tratar a todo ese pequeño mundo de parásitos al mismo tiempo. No olvides los dos puntos esenciales: precisión y perseverancia. Piensa en tratar cada aspecto de la problemática nutrida por tal o cual creencia. Por otra parte, será quizá buscando solucionar un problema particular, relajar una tensión o eliminar un dolor físico, por lo que vas a "caer" en una creencia perversa. ¡Sobre la marcha del tratamiento TLE que te apliques, podrás, de igual modo, depurar ese programa parásito, aspecto tras aspecto, recuerdo tras recuerdo! A veces, el trabajo puede ser largo (anota tu progreso) y, si no tienes mucho tiempo a la vez (de todas maneras, al cabo de un tiempo sentirás una fatiga natural, debido a la importancia del trabajo de remodelaje neuronal), ¡continúa más tarde, otro día, ahí donde te encuentres!

No resisto la tentación de proponerte aquí un último ejemplo de tratamiento con la TLE. Tú puedes aplicártelo, pero, sobre todo, atrévete a crear tu propio protocolo, con tus propias palabras, adaptado a tu historia personal. No vale la pena el esfuerzo de ser educado, toma las palabras como lleguen; si piensas en tal persona que te dejó creer que no valías nada como "esa chica Colette", "ese marrano Raymond" o peor integra a esas personas bajo esta denominación espontánea y desacomplejada. El tratamiento sólo será, te recuerdo, más eficaz.

He aquí un bello ejemplo de creencia largamente transmitida y totalmente peligrosa para el éxito de tus proyectos. Es una de las creencias que mucha gente tiene sin darse cuenta y que constituye una enorme fuente de bloqueo en el avance hacia el éxito de nuestros proyectos:

"¡Es falso pensar que eres mejor que los otros!"

O, a elegir, una de las variantes siguientes:

"Te crees mejor de lo que eres".

"¡No tienes ningún motivo para pensar que eres mejor que los otros!"

"¿Qué es lo que te hace creer que tú eres mejor que los demás?", etcétera.

Todas esas palabras cuestionan nuestro propio valor, nos llevan a dudar de lo que en verdad valemos. De una manera general, nos culpabilizan de tener capacidades particulares en un campo o en otro. Fueron pronunciadas un día, ya sea por nuestros padres, ya sea por los profesores, ¡en todo caso por personas de autoridad de las que imaginábamos que de su boca sólo salía la verdad! ¡Finalmente, sólo es un programa de sabotaje suplementario que permitimos que se instalara en nuestro disco duro!

Con mucha frecuencia, las personas que han pronunciado palabras sembradoras de dudas y de malestar, esas palabras que destrozaron nuestra confianza en nosotros mismos y en nuestras capacidades, estaban animadas por buenas intenciones. Esperaban con su discurso anclar en nuestro espíritu virtudes tales como la humildad, la simplicidad, la indulgencia hacia el prójimo. Es, sin duda, un asunto de educación, de generación; sí, ellas no supieron hallar las palabras positivas, las que habrían podido hacer de su lección el anclaje de una virtud sin instaurar un límite negativo en nuestro espíritu. Por ejemplo, es muy difícil pronunciar palabras tales como:

— *En verdad tienes posibilidades en ciertos campos y es el caso de cada uno.*
— *¡Eso es genial! Tú sabes hacer eso, los otros saben hacer otras cosas, ¡hay talentos para todo el mundo!*
— *¡Tú eres en verdad exitoso* (en ese campo), eso es súper!
— *Cada uno de nosotros tiene un talento particular, a veces está oculto; es bueno que tú reconozcas el tuyo, pero no olvides que cada uno tiene el suyo.*

Además, es claro que hay cierto número de personas que tienen en evidencia un talento más desarrollado que el promedio. Al menos, creen bastante en su talento y eso es, quizá, la base misma de su capacidad para expresarlo. Así:

— *Mozart era mejor músico que la mayoría de la gente.*
— *María Callas cantó mejor que muchos.*
— *Miguel Ángel pintaba mejor que la mayoría del mundo.*
— *Marguerite Yourcenar escribía mejor que la mayoría de las personas.*
— *Neil Armstrong caminó mejor en la luna que tú y yo.*

De hecho, ¡cada uno de nosotros "hace mejor" alguna cosa que la mayoría de la gente! Ése puede ser un don innato. Puede ser, también, que algunos ahonden más en lo que hacen, con pasión, con casi nada, sin tener una misión.

En alguna parte, "viven" su talento, hacen cuerpo con: ¡ellos *son* su talento! Es tal vez eso lo que los ayuda a hallar la voluntad o el valor para salir de su zona de comodidad, mientras que otros aún dudan. Expresan la vida que está en ellos concentrando su energía en la expresión de su potencial.

Así, Anne-Marie prepara *quiches* maravillosos, Philippe organiza paseos apasionantes, Catherine tiene el don de poner a cada uno en su camino de vida…[1]

Entonces, si tienes esa tonta creencia de que no deberías pensar que lo *haces* mejor que los demás, es tiempo de corregirla, porque es una verdad, al menos en un campo, al menos con una de tus capacidades; en un momento dado, ¡tú lo haces mejor que los otros! Si se trata sólo de ser el mejor panadero de tu colonia o la mejor contadora de tu empresa, ¡atrévete a reconocerlo!

Si tienes ese tipo de creencia anclada en ti, las siguientes son algunas "frases de instalación" en TLE[2] que puedes intentar, pero no dudes en partir al descubrimiento de una formulación que te sea adecuada, que se apegue a tu historia.

— *Aunque alguien me dijo hace tiempo que no creyera que era mejor que cualquiera, me amo y me acepto completamente.*

— *Aunque (nombre de la persona) me dijo que es falso creer que yo valía más que cualquiera, es su problema, no el mío.*

— *Aunque (nombre de la persona) me dijo que no pensara que yo valía más que cualquiera, elijo expresar mis talentos, mis capacidades al máximo.*

— *Aunque (nombre de la persona) me dijo que era tonto al pensar que sabía hacer mejor las cosas que los demás, elijo expresar mi genio personal.*

— *Aunque (nombre de la persona) me dijo que jamás creyera que yo era mejor que los otros, elijo reconocer que tengo dones maravillosos y capacidades reales.*

---

1. Nombres iguales: son los tres primeros ejemplos que me llegaron a la mente, ¡existen en verdad! ¡No cité los otros cincuenta que seguían! ¡Qué ellos o ellas me disculpen!

2. Para el protocolo de aplicación de esta herramienta, consulta el capítulo "TLE".

— *Aunque (nombre de la persona) me dijo que no pensara que yo era mejor que los demás, reconozco ser mejor en ciertos campos.*

— *Aunque (nombre de la persona) me prohibió pensar que yo era mejor que los otros, acepto reconocer mis propias capacidades.*

— *Aunque (nombre de la persona) me dijo que era ridículo que yo imaginara que era mejor que los demás, me autorizo a ser el (la) mejor en mi campo.*

— *Aunque (nombre de la persona) me dijo que no pensara que yo era mejor que los demás, me perdono por haber renunciado a expresar lo mejor de mí mismo.*

— *Aunque (nombre de la persona) me dijo que olvidara que era mejor que los otros, me perdono por haber hecho callar a mi voz interior.*

Si dedicas tiempo a borrar uno a uno todos los límites fijados desde la infancia a la expresión de tus habilidades, recuperarás tu propio territorio, ahí donde expresas plenamente tus capacidades personales.

Tu talento no hace forzosamente de ti un héroe, una vedette, una estrella cualquiera reconocida por la televisión y los medios. Por el contrario, ¡vivir tu talento te permitirá experimentar la dicha inefable de ser tú mismo completamente!

Y de responder al fin: "¿*Mi talento? ¡Lo vivo!*"

> *"El sufrimiento no es obligatorio. Ya es tiempo de dejar ir ese 'dolorismo' tan profundamente apegado a nuestra cultura. Es tiempo de atreverse a aprobar nuestra vida según nuestros verdaderos valores, autorizándonos a la alegría, la salud, la serenidad y la prosperidad en todos los planos. Dejemos nuestras dudas, nuestras culpas, nuestras vergüenzas, nuestros temores, nuestras iras, nuestras tristezas y ¡aprendamos de nuevo a alegrarnos por estar vivos, como lo hacen los niños!"*

Introducción del presente libro

Reconciliarse... consigo mismo: ¡sanar es, ante todo, curarse de uno mismo!

Me dirijo primero a los terapeutas que me han leído.

Aquellos o aquellas que buscaban aquí una especie de modo de empleo de la utilización conjunta de las tres herramientas quizá se sientan decepcionados. En efecto, la riqueza de las experiencias personales, la complejidad de la psique hacen que cada ser sea único y cambiante. En cada sesión, el terapeuta debe adaptarse al paciente tal como se presenta en el momento. La compañera indispensable del terapeuta, la intuición, va a desempeñar un gran papel. Es en función del sentimiento del paciente, de sus reacciones, pero también del sentimiento profundo del terapeuta, que se hace la elección de la herramienta.

Pensé en detallar la interpenetración de las técnicas en el curso de una misma sesión, pero simplemente me resulta imposible proporcionar un esquema directivo o una especie de protocolo, a pesar de que repasé varias veces mis expedientes, punto de línea principal, de modo de funcionamiento, utilizando estas tres herramientas. Eso no me sorprende: soy muy reacia al uso de un modo operatorio estrictamente reproducible, eso no está en mi naturaleza. Ya lo dije: ¡la materia que trabajamos es sensible, cambiante, única, preciosa y rara! Cada persona va a aportar su singularidad y la de su historia. ¿Cómo darles, entonces, indicaciones sobre el manejo conjunto de las tres herramientas (es, al menos, el título de este libro) que acabo de presentarles?

Lo importante es, primero, dominar bien las técnicas (dominio que sólo se obtiene empleándolas y de ahí el interés en un trabajo continuo sobre uno mismo cuando uno se pone al servicio del prójimo); luego, dar el conocimiento puramente técnico para practicar la relación de ayuda como un arte. La palabra arte encaja perfectamente aquí, como en la pintura o en la escultura: con un "don", del "talento", se podrá producir una obra. Sin embargo, para que en cada creación se ponga en obra ese talento, será indispensable dominar la técnica pictórica o escultórica al máximo y el gesto técnico será automático y se pondrá al servicio de la creación, del "gesto justo".

Lo que favorece la manifestación súbita de esta "precisión" contiene muchos factores (no exhaustivos y no clasificados):

— **La escucha:** todos los elementos de lo que podremos aplicar en la relación de ayuda nos los proporciona el paciente. Es suficiente escuchar (no obstante, esta escucha puede ser dinámica).

— **La humildad:** jamás creer que uno lo sabe simplemente porque nuestro intelecto "reconoció" (síntomas, una historia, una manifestación emocional) alguna cosa. Al poner en duda todas tus certezas y animar al paciente para que pase por esa misma prueba de duda en todas sus proposiciones, sólo se conserva lo que fue validado por la experiencia propia.

— **Presentar hipótesis,** pero jamás asestar de "verdad". Es verdad que la intuición se desarrolla junto con la práctica, hasta tomar a veces proporciones sorprendentes. Por lo tanto, es esencial luchar contra el deseo de "hacer avanzar las cosas"; si el movimiento inicial no proviene del paciente, eso puede representar violencia. Por el contrario, proponer hipótesis, claramente presentadas como tales, con gran precaución, puede permitir ampliar el punto de vista del paciente: es el "tuyo, ahora que me haces pensarlo".

— **Favorecer la expresión de hipótesis por el paciente:** la TLE se presta fácilmente a este juego. Por ejemplo, una persona tiene la convicción de que tal tensión está vinculada con un suceso de tal periodo de su vida, pero no puede recordarlo. Con la TLE se puede sugerir que imagine la escena, que recuerde lo que sucedió, cómo se desarrolló la escena (y se pasa revista: dónde, cuándo, cómo, por qué, con quién, a qué hora, a qué edad, etcétera), como un juego. Así, emerge el recuerdo verdadero (nota que puede no tener nada que ver con el elemento imaginado, pues éste sólo sirvió como catalizador de la memoria. ¡Extraño, pero útil!)

— **Disponibilidad del terapeuta:** es claro que si se pretende escuchar a la otra persona cuando uno está colmado con sus propias preocupaciones, eso es dañino para la sesión. Es posible que inicies el día fatigado(a) o con una preocupación en la cabeza, ¡eso también me sucede a mí!

En esos casos, te aconsejo dedicar diez minutos para un trabajo de reajuste; es tu profesión, hazlo por ti mismo. Personalmente, aprecio enormemente para ello un ejercicio de yoga de sonidos (Kototama) con una gestual que rearmoniza las energía y devuelve un verdadero centrado, una sofrología rápida con activación de lo positivo (aquí la disponibilidad) o una ronda de TLE ("aunque tengo esta dificultad para sentirme disponible, elijo estar perfectamente atento y eficaz en el curso de mi próxima sesión") resulta muy bien, aplicación personalizada de la técnica de calidad de la doctora Patricia Carrington. Siguiendo tu especialidad, tienes con certeza una herramienta que te gusta practicar y que favorece un estado de apertura al otro. Idealmente, en sesión, uno se encuentra en un estado a la vez de gran vigilancia y de calma interior, cercano a la meditación. Creo que esto es lo que favorece un verdadero contacto de inconsciente a inconsciente. La disponibilidad al otro permite un trabajo "de concierto" con el paciente. Es reconfortante para él el sentimiento de ser profundamente comprendido y aceptado con su problemática reforzando la relación de confianza indispensable para "dejar" los viejos esquemas (o simplemente reconocerlos sin dolor, pues es necesario decir que algunos no son muy gloriosos, ¡hablo de los míos, queda entendido!).

— **Respetar la velocidad del paciente:** ¡una relación terapéutica es como un enganche: no es cuestión de un solo caracol! Si se es el paciente, no se comprenderá por qué el terapeuta no le sigue y se irá a consultar a otra parte (sana decisión). Si se es el terapeuta, se arriesga a violentar al paciente que tiene necesidad de tiempo. Por otra parte, no tomes a pecho a aquellos que te dicen que están listos para avanzar con mucha rapidez, están apresurados para liberarse de su dolor, pero pueden tener necesidad de tiempo para precisarlo y liberarse. No pienses que porque un caso "pesado" se presenta, tendrá meses de terapia, pues las piedras más grandes no son las más duras. ¡He visto a personas revivir un abuso sexual y liberarse de esto en dos sesiones y a otros que tardan mucho tiempo para perdonar un altercado con un colega! En el primer caso, el dolor fue claramente identificado y las emociones residuales también y sin dificultades; la persona estaba lista para "dejar eso". En el segundo caso, el motivo de la consulta era una especie de señuelo que ocultaba un problema más complejo y una dificultad real de tomar conciencia. ¡En una sesión, se puede cambiar de caso de figura! Así pues, vigilancia, escucha y respeto a la velocidad del paciente; cada uno sólo avanza al ritmo que le es posible. Algunos consultarán más terapeutas antes de tratar los verdaderos problemas, otros a uno solo y sólo algunas sesiones.

Antes de decirles adiós, a todos

Nuestro viaje llega a su fin. Mi objetivo era, como lo dije al inicio de este libro, compartir una esperanza de vida. Terminar con las terapias que sólo nos ayudan a vivir con nuestros daños y afirmar, alto y fuerte, que la sanación es posible.

La elección de abordar el tema de la sanación del ser mediante la utilización de estas tres herramientas a las que les tengo cariño, se impuso para avanzar a lo concreto. Punto de enésima obra llena de buenas intenciones, de buenos pensamientos, de buenas recetas; he leído muchas, apasionantes, pero que me dejaban con hambre. ¿Cómo hacer realmente esa evolución hacia mí misma? ¿Cómo liberarme del sufrimiento?

Estas herramientas se hallaron en mi ruta, no son las únicas, lo repito. Aprecié su fiabilidad y, sobre todo, su complementariedad. Cuando por teléfono, Gary Craig me dijo: "Un día, tú verás, sólo utilizarás la TLE ¡eso sirve para todo!", mi ser se rebelaba, mi intuición me decía que no, no hay herramientas "únicas". El ser humano es complejo, evoluciona y tiene necesidad de herramientas que puedan acompañarlo.

La sofrología —o las otras técnicas similares— tiene una riqueza inmensa al servicio de la reconquista de uno mismo. No siempre es la mejor herramienta de urgencia, pero me parece indispensable. ¿Qué ha hecho la sofrología? Un tiempo de silencio de la música ensordecedora de la vida moderna, un tiempo de respiración lenta y profunda para reoxigenar nuestro cuerpo y nuestro espíritu. Un tiempo para uno mismo, para el yo y su desarrollo. Un tiempo en que el *yo* se pone en reposo. Un tiempo para explorar la inmensidad de nuestro territorio interior, sólo dejándola descubrirse ante nosotros.

Eso es irremplazable.

Meditación, contemplación, relajación, *zazen* y otras formas de esta "pausa" interior son una necesidad para el ser. Si tenemos necesidad de técnicas, es porque hemos olvidado lo que es la presencia de nosotros mismos en el instante presente. Si, cuando moldeas una pasta, ERES el amasado, tanto en tus manos como en la pasta, eso es una meditación. Si cuando caminas, ERES la marcha, en tus pasos, tus pies y en el camino, eso es una meditación. Si, cuando respiras, ERES la aspiración, la espiración, el pulmón que se despliega y se contrae y el aire que respiras, eso es una meditación.

La IPMO sería, más bien, el servicio de los bomberos en una versión sutil que no desfonda las puertas y no inunda la casa.

La TLE, un poco bombero igualmente, es, a la vez, el servicio de urgencias, la enfermera a domicilio y el centro de reeducación. Sin embargo, además de todos sus cuidados específicos, tiene un papel de facilitador sobre todos los planos incluso para poner a la orden del día la práctica de la sofrología (¡la TLE es muy eficaz contra la desidia!).

Sin embargo, por sí mismas, estas herramientas no son nada. Absolutamente nada si no hay intención en su uso. La intención es el motor y tú eres quien lo pone en marcha. Antes de poder avanzar, es la intención de caminar lo que se requiere. Felizmente, esta intención no es consciente; tu ser puede muy bien desencadenar un proceso de puesta en movimiento a espaldas de tu consciente. Un ataque cardiaco, una pérdida de empleo, un divorcio no esperado, y estás al pie del muro. Me parece mejor tener conciencia de nuestra necesidad de evolucionar antes de llegar a esos extremos.

Hablamos entonces de "danza de la vida"; abiertos al movimiento de la vida, acogemos las oportunidades de cambios con más suavidad; un encuentro amoroso, una proposición profesional, un proyecto de mudanza. Atentos a ese movimiento, cerca de la estación que se renueva (véase de nuevo el capítulo TLE / "Un poco de energética"), sabemos anticipar el invierno que viene, guardando una parte de la cosecha de otoño; pero, en el corazón del invierno sombrío, ¡sabemos percibir las premisas de la primavera que forzosamente llegará!

El secreto de la dicha quizá está contenido en esta cordura del movimiento de la vida no molesto. El temor frena o bloquea, la voluntad de controlar frena el movimiento, la angustia paraliza, los viejos recuerdos retienen atrás; no carecemos de medios para detener ese movimiento. En nuestro mundo de ilusión, nos imaginamos poder "llegar" a cualquier parte (no digamos de una persona instalada socialmente que "llegó") y permanecer, inmóvil. Eso es contrario a la ley de la vida que desea que todo esté siempre en movimiento; aunque físicamente inmóviles, tenemos una infinidad de micromovimientos en nuestro cuerpo, una suma inmensa de intercambios, químicos, eléctricos, etcétera. Nada es inmóvil, salvo la muerte.

Nuestra cultura nos impulsa a "llegar" a cualquier parte. Eso es contrario a nuestra naturaleza; debemos conservar cierto movimiento o, al menos, una disponibilidad al movimiento para no cristalizar y paralizar nuestra vida. De esta incoherencia nace el sufrimiento. El sufrimiento es enfermedad y se manifestará como tal física o psíquicamente. A pesar de ello, ¡hemos visto que es posible sanar!

Puesto que se trata de concluir aquí, lo voy a hacer así: *es de uno mismo que se trata de sanar.*

Una vez quitada la máscara, una vez reconocida la dificultad para soltar el control, ya no podemos tener por mucho tiempo al "otro" como responsable de nuestras desgracias. Con seguridad, algunos "otros" se azuzan, intentando herirnos, haciendo prueba de violencia hacia nosotros (¡como sufren ellos mismos!). No podemos quizá impedir este ensañamiento, pero tenemos la libertad de no sufrirlo más. ¡Al reconocer nuestras emociones, al aceptarlas y luego dejar que se alejen de nosotros, sanamos! Al volvernos responsables de nosotros mismos, hallamos la llave de la dicha.

Tal vez, la dicha es que "todo salga bien", que "tengamos todo", pero, más sencillamente, que acojamos nuestra vida tal como se presenta, como una oportunidad para evolucionar y no como una fatalidad hipócrita.

La etapa última de esta cura es el perdón

Precisaré exactamente: el perdón a uno mismo.

Durante la redacción de este libro, había escrito primero una gran parte dedicada al perdón. Había "trabajado" mi tema, especialmente participando de un desafío de cincuenta y dos días sobre ese tema.[1] Después, releí mi capítulo sobre la utilización conjunta de las tres herramientas. Tras haber enviado la totalidad del escrito al editor, descubrí que todo ese capítulo había desaparecido (acto fallido de informática, ¡eso existe!). Una "ronda" rápida de TLE me hizo tener conciencia de la utilidad de ese "accidente": ¡no era *así como* debía tratar mi tema!

Y aquí está, en las últimas páginas de mi proyecto reescrito. Creo que voy a ser breve y concisa sobre el perdón. El propósito de esta obra es el empleo de tres herramientas de desarrollo personal. Dejo a un lado todas las explicaciones concernientes a la palabra "perdón" a veces muy connotada (religiones, etcétera). Dejo de lado todas las aplicaciones de un proceso de perdón. Voy directo al objetivo: la última muralla entre la dicha y nosotros, no son los otros ni sus "faltas": ¡es el resentimiento que conservamos hacia NOSOTROS MISMOS!

De hecho, siempre nos culpamos a nosotros mismos, tengamos o no conciencia de eso. Cuando recibo a un paciente, siempre sucede así: ira, tristeza,

---

1. "With Forgiveness", http://www.withforgivenessmovie.com/home.cfm

resentimiento etcétera, se expresan primero contra tal o cual persona y luego, después de un *tapping*, "eso" sale:

— "¿Cómo pude dejar que me hicieran eso?"
— "¡Soy xxxx *(censurado)* por haber actuado así!"
— "¡Me enfado conmigo mismo por haber sufrido tanto tiempo!"
— "Es mi culpa, he debido…", etcétera.

Culpabilidad, resentimiento, ira, lamentaciones hallan su verdadero objetivo: nuestra propia persona. Poco importan las razones del proceso, no es el lugar para disertar (y te es suficiente releer los pasajes concernientes a los "programas tóxicos"). El hecho está ahí: el último culpable de nuestra desdicha somos nosotros. O, en todo caso, es la última creencia falsa a la cual estamos vinculados.

En ocasiones, ese descubrimiento nos toma totalmente por sorpresa y se injerta en el sistema bien engrasado del rechazo de la responsabilidad sobre "el otro". Veo así pacientes que repiten concienzudamente: "esta ira contra X, esta ira contra X, esta ira contra X, esta ira CONTRA MÍ MISMO". La persona abre entonces mucho los ojos y confirma: "De hecho, es a mí a quien quiero más". Entonces, repite: *"Aunque yo tenga toda esta culpabilidad hacia mí mismo, me amo y me acepto totalmente"* y *"Aunque AÚN siento culpabilidad hacia mí mismo…",* lo mismo para todas las emociones negativas que queden. Una técnica de elección[1] se impone para terminar levemente con el problema: *"¡Aunque tengo todo ese resentimiento hacia mí mismo, elijo perdonarme totalmente!". "Aunque aún soy incapaz de perdonarme…".* Al dejar ir esta emoción fuerte, la puerta de la reconciliación está abierta; recuperamos nuestra energía, nuestro impulso vital, la alegría de disfrutar nuestra vida.

¿El perdón a los demás? Puedes estar seguro de que, si logras perdonarte a ti mismo, es precisamente una formalidad para verificar que no queda resentimiento contra los demás. ¿Aún un poco de TLE?

---
1. Véase capítulo "TLE", los desarrollos de la TLE.

Será necesario escribir en otro libro acerca del tema del perdón.

No obstante, recuerda esto: ¡perdón = libertad recuperada = alegría y paz! Cuando sientes esta alegría, esta paz, estás, al fin, reconciliado con tu ser global.

Otra ventaja de esta experiencia: en verdad no es posible engañar al futuro. En cada dificultad, sabremos mirar de frente nuestra responsabilidad, asumirla o, en todo caso, intentarlo.

Una vez que se conoce el estado de cura interior, buscamos en verdad mantenerlo. De ese modo, la práctica regular adquiere todo su sentido y la gestión eventual de petición de ayuda se hace con naturalidad, con toda humildad.

Una vez obtenido ese resultado, ¿se termina con las pruebas y los sufrimientos?

¡No! No si se cree conseguido. El ego puede en todo momento volver con sus tentativas totalitarias, usurpar el poder profundo de nuestro ser y hacernos olvidar el vasto territorio rico de posibilidades que representa. Así, volveremos a nuestras viejas manías: frustraciones, angustias, temores, límites, tentaciones "relativas".

¡Sí! ¡Si recordamos que la vida es movimiento y que nuestra responsabilidad es acoger ese movimiento y dejar que se despliegue, se perpetúe! Entonces, las "pruebas" aparecerán como lo que son: maravillosas oportunidades para continuar creciendo, conociendo nuestros territorios. Aún surgirán emociones, pero sabremos manejarlas.

A partir de ahora, dispones de eficaces herramientas para conservar ese movimiento y luchar contra la tentación de controlar y bloquear todo: sofrología, IPMO, TLE.

¡Buen viaje!

Tercera parte

Práctica

El objetivo de este libro era presentar tres herramientas que permiten una liberación de las emociones tóxicas. Cada una es sumamente rica. En una primera etapa, integré todos los aspectos prácticos en el cuerpo global del texto. Resultó que eso hizo la lectura indigesta; por ello, para comodidad del lector, elaboré una parte "técnica" con el fin de reagrupar toda la información y los elementos concretos necesarios para una buena práctica.

Aquí, el lector hallará:

Para la sofrología:

— los aspectos terminológicos específicos,
— precisiones sobre los aspectos prácticos (posturas, respiración),
— las aplicaciones/técnicas específicas,
— las preparaciones básicas y lúdicas,
— consejos para personalizar sus sesiones.

Para la IPMO:

— la organización concreta de una sesión,
— las aplicaciones posibles.

Para la TLE:

— las condiciones de un resultado rápido y eficaz,
— las aplicaciones: ¡ilimitadas!

Por ser poco conocida esta herramienta, conservamos los protocolos de sesión en la primera parte del libro.[1] Aparecieron como si en verdad formaran parte del descubrimiento de la TLE.

Las técnicas específicas y/o resultantes del mismo movimiento de terapia psicoenergética ("técnicas primas") serán objeto de una próxima obra.

¡Buena práctica!

---

1. Véase en el capítulo "TLE": "Receta de base" y "Versión corta".

Capítulo 8

Sofrología práctica

Las posturas

La sofrología puede ser practicada en diversas posturas. Por motivos de comodidad, de técnica, de necesidad, elegiremos una o varias posturas por sesión.

La postura estirada

— **Estirado,** con la espalda bien plana, la columna vertebral bien alineada, eventualmente un cojín chico especial para la nuca o bajo las rodillas. Para las mujeres embarazadas, un cojín bajo las rodillas para evitar un arqueo de la espalda y bajo los brazos para reforzar la comodidad. Los brazos estarán de preferencia en posición de apertura, con las palmas hacia el cielo, a lo largo del cuerpo, sin tensión.

Nota: jamás utilizo prácticamente esta postura en el consultorio, porque favorece mucho un adormecimiento rápido y a veces profundo. Además, se considera que la sofrología se practica "no importa dónde, no importa cuándo" y debemos poder recurrir a ésta instantáneamente en las situaciones de estrés: raras son las ocasiones de estrés en posición alargada, salvo para los enfermos encamados, las mujeres dando a luz (aunque la postura alargada no es la más aconsejada para "pujar") y, finalmente, las personas que padecen problemas sexuales. A no ser que desees utilizar la sofrología para lograr el sueño[1] o estar inmovilizado en la cama por una enfermedad, evita la postura alargada. Con seguridad, una vez que te conviertas en un sofronizado experimentado que sepa permanecer al borde del sueño sin zozobrar en éste, cederás, sin duda, a la tentación de algunas sesiones alargadas. Ten en cuenta el verdadero objetivo fijado para tu sesión.

Las posturas sentado

Postura sentado llamada "de relajación"[2] o del "segundo grado": sentado, con la espalda reposando naturalmente contra el respaldo del asiento, las manos sobre los muslos, con los hombros y los codos bien distendidos. Prefiere una silla simple, bien derecha. Verificarás la posición de tu columna vertebral, cada vértebra bien alineada con la siguiente. La cabeza está derecha, la mirada en el horizonte (aún con los ojos cerrados). La nuca sólo tendrá la tensión necesaria para la postura, así como el conjunto del cuerpo. Las piernas están en alineamiento con la articulación de las caderas, dobladas en ángulo recto, los pies bien planos.

Postura llamada "ISOCAY",[3] recomendada por el doctor Caycedo en ciertos ejercicios. Más tónica, exige despegar ligeramente la espalda del asiento, las manos hallan naturalmente su posición a nivel de las rodillas. Esta postura es conocida en otras técnicas (meditación, por ejemplo) como "postura del faraón" o "del cochero". Obliga a mantener cierta tensión muscular, necesaria para el equilibrio, y es considerada como dinámica.

Postura llamada del "tercer grado", usada más raramente, en ciertos niveles de la RDC. Es la misma posición relajada que la llamada "del segundo grado", pero con las manos sobre el bajo vientre, no cruzadas (se coloca la mano izquierda a nivel de un punto a aproximadamente dos

---

1. No se aconseja en caso de problemas de insomnio. Es preferible utilizar un protocolo específico, alejado de la hora de acostarse.
2. En términos caycedianos: "postura del segundo grado".
3. "Postura del cuarto grado".

centímetros bajo el ombligo,[1] luego la derecha encima). Permite una toma de conciencia a partir de las manos y una percepción diferente.

Una de las características de la sofrología, según Caycedo, es la alternancia de posturas estáticas y dinámicas en ciertos ejercicios (la relajación dinámica es una de las aplicaciones más evidentes). Por sorprendente que parezca, el cambio de vigilancia necesario entre las dos permite realmente profundizar en la relajación y alcanzar más rápidamente el estado sofroliminal.

La postura de pie

— **De pie:** columna vertebral bien derecha (verifica el alineamiento de tus vértebras de la nuca al sacro), la pelvis ligeramente volteada hacia adelante, las piernas separadas en la prolongación de las caderas, las rodillas flexibles (a penas dobladas), los pies paralelos. Ahí también se debe vigilar la tensión muscular indispensable para mantener la postura, nada de más. Se utiliza bastante en la relajación dinámica. ¡Muy útil para facilitar la relajación en las personas que se adormecen sentadas!

Procede por etapas al principio y relájate cada vez más hasta que halles este equilibrio muscular particular. Explico a menudo (pero es la verdad) que es la postura de la reina de Inglaterra en su balcón: ella puede mantenerla mucho tiempo. En el caso de una RDC completa (por ejemplo, todo el primer grado), ¡la sesión puede hacerse integralmente de pie, durante una hora o más!

Puedes olvidar las afirmaciones falsas que certifican que no se puede permanecer de pie, con los ojos cerrados, en estado de relajación profunda. ¡No tenemos nada que envidiar a los caballos que se duermen en esta misma postura! Nuestro cuerpo y nuestro cerebro son más astutos que eso y nuestro sistema propioceptivo está en condiciones de corregir el menor inicio de desequilibrio. En caso de duda, experimenta. Es preferible dudar de todo (particularmente de todo lo que digo; es lo que repito sin cesar en el consultorio), experimentar por uno mismo y sólo validar lo que probaste

---

1. *Hara* del yoga o punto *Danzien* en energética china.

con éxito. Una gestión científica no es incompatible con las prácticas de desarrollo personal. Trata de mantener eso en la mente a lo largo de este libro.

Otras posturas

— **Postura semi alargada,** en el caso de mujeres embarazadas, que su vientre les molesta de pie (pesadez acentuando las dificultades circulatorias de los miembros inferiores) o sentadas (respiración abdominal resulta difícil), se pueden utilizar cojines especiales o asientos adaptados. Una amiga comadrona y sofróloga equipó así su consultorio con "baños de sol" en forma de ola que, equipados con cojines blandos, acogían de manera totalmente cómoda a la futura mamá.

— **Otras:** los yoguis experimentados tienen ideas sobre la cuestión, ¡yo no!

Tres posturas se utilizan habitualmente
en la sofrología caycediana:
Sentada "de relajación" —Isocay —. De pie.
La postura alargada es posible, pero poco recomendada:
no permite una preparación eficaz para un empleo de la sofrología
en todas las circunstancias.

Los cinco sistemas

En muchos métodos de relajación profunda se procede en un orden particular para relajar las diferentes partes del cuerpo. Así, en mis inicios en relajación, aprendí a empezar mis sesiones con la toma de conciencia del vientre y luego a detallar cada parte de mi cuerpo, comenzando por el dedo gordo del pie derecho. Hacemos así las piernas (detallando los dedos de los pies, el empeine, la planta del pie, el talón, el tobillo, la pantorrilla, la rodilla, el muslo: encima, abajo, toda la pierna, etcétera) luego los brazos (primero el derecho: el pulgar, el índice, el resto de los dedos, la palma, el dorso de la mano, el puño, el antebrazo, el codo, el brazo, el conjunto del brazo, etcétera), luego el cuerpo (omito los detalles) y, en fin, el cuello y la cabeza. En la *Académie de Sophrologie* de París, comencé por descubrir que el viaje empezaba por la cabeza; con cierta lógica, puesto que en nuestras civilizaciones la cabeza trabaja mucho y tiene verdaderamente mucho que ganar al empezar por su relajación, luego lo mental permite que el cuerpo se relaje con más facilidad. Muy rápidamente, aprendimos a relajar el conjunto del cuerpo siempre en este orden (salvo en ciertos grados de la relajación dinámica), "separando" el cuerpo en partes muy claras, procediendo con una lógica muscular.

Cada una de esas partes, hay cinco, es nombrada "sistema":

— El primer sistema comprende toda la cabeza.

— El segundo, garganta, cuello, nuca, hombros, exterior de los brazos y de las manos.

— El tercero, toda la caja torácica (incluida la espalda), así como el interior de los brazos y de las manos.

— El cuarto sistema abarca la cavidad abdominal, con todos los órganos y las vísceras que ahí se ubican, así como la zona lumbar.

— El quinto sistema incluye todo el resto del cuerpo: bajo vientre, pelvis y las piernas, hasta la punta de los pies.

Si pones ligeramente en tensión cada uno de estos sistemas, percibirás la lógica "muscular".

Esta "división" permite instalar, cuando es necesario, una relajación mucho más rápida en el cuerpo, porque, en lugar de la relajación parte por parte, podemos instalar la relajación globalmente por sistema. Una relajación global se obtiene, entonces, muy aprisa, como lo mencioné; sin embargo, siempre aconsejo a mis pacientes regresar con regularidad a sesiones de base detalladas. Como en muchas disciplinas, el regreso a una práctica básica profunda es una señal de sabiduría y eso no contradice, en ningún caso, mi incitación para que te apropies de la herramienta ¡y desencadenes tu creatividad en tu práctica!

La sofrología caycediana utiliza **cinco "sistemas"** para poder relajar el cuerpo más fácilmente y para representar las partes coherentes. Regresar con regularidad a una sofronización de base muy detallada es prueba de sabiduría.

Puedes imaginar ya las variaciones de sesiones que autorizan estos cinco sistemas. Según tus necesidades, podrás elegir trabajar sólo con uno u otro sistema. Un poco más adelante trataremos esto.

¡Un recordatorio sobre el estrés y sobre la respiración!

De manera inconsciente, la respiración es automática; no tenemos necesidad de pensar en ella, nuestro cuerpo respira por nosotros.

Nuestro cerebro administra la función respiratoria sin pedirnos opinión, así como organiza y optimiza el funcionamiento de nuestro sistema digestivo o circulatorio. Si no hacemos nada, todo es automático. Así, en caso de una emoción repentina, el temor, por ejemplo, la respiración es más corta y más rápida; la aportación de oxígeno será más importante, principalmente en las zonas donde la exigencia del organismo va a ser más fuerte. Por ejemplo, en los músculos de las piernas para huir de los brazos para defenderse. La respiración será a un nivel clavicular para permitir la hiperventilación indispensable para esta oxigenación. Al mismo tiempo, podemos percibir que ese nivel respiratorio nos mantiene en esta emoción; la señal de alarma funciona mientras el peligro no ha pasado.

Es el principio del famoso estrés del que todo el mundo se queja, pero que es mal comprendido. El estrés es un estado de alerta, una respuesta de nuestro cerebro y de nuestro cuerpo a una situación excepcional. Es un fenómeno absolutamente normal, que demuestra nuestra adaptabilidad en un momento de crisis. Lo que no es normal es el estado de estrés permanente que mantiene nuestro organismo en un régimen de punto sin retorno suficiente para un equilibrio metabólico de crucero. Es un poco como si sólo subieras una cuesta muy empinada con tu auto: el motor, los accesorios, el sistema de enfriamiento, etcétera, ¡sin duda no podrían soportar quinientos kilómetros! En primera, con el pie en el suelo (¡porque tienes mucha prisa!) durante horas; se sentiría pronto el calor. No obstante, eso es lo que un buen número de personas hacen sufrir a su organismo.

Aparte de los momentos de súplicas excepcionales, nuestra respiración no tiene ningún motivo para hallarse en zona clavicular. A pesar de ello, ¡si nuestras emociones nos invaden, va a subir muy alto! y sólo descenderá con la disminución de la presión emocional. En modo "normal moderno", la respiración se instala a menudo a nivel torácico (tensiones y estrés ligeros, necesidad inconsciente de "presumir" o mal hábito respiratorio debido generalmente a estrés acumulado). En modo "normal clásico", la respiración se instala cómodamente a nivel abdominal; puede desarrollarse así largamente, los órganos digestivos aprovechan generosamente, una oxigenación amplia y regular se lleva a cabo: ¡todo va bien! Observa a los bebés y al dormilón común, plácidos por la satisfacción de su reposo merecido.

Por desgracia, la simple observación, no de nuestro vecino sino de nosotros mismos, nos lleva a notar que la respiración abdominal en estado de vigilia no puede ser tan automática. ¿De quién es la culpa?

— De los malos hábitos posturales (difícil respirar por el vientre si se está encorvado o en mala postura en la silla), es la primera constatación. Esos hábitos se adquieren cada vez más pronto: las posturas no se corrigen en la escuela y nuestros pequeños crecen sin saber mantenerse correctamente. Por desgracia, eso perjudica también sus facultades de aprendizaje (el cerebro tiene necesidad de estar bien irrigado y oxigenado para ser competente).

— De la invasión de las emociones a nuestro cuerpo, casi siempre negativas. Algunas personas viven encerradas en su ira. Otras trabajan en una atmósfera que roza el terror con una gran presión de "tolerancia cero error". Otras están perpetuamente contaminadas por una culpabilidad, con frecuencia a penas consciente ("discúlpeme por pedirle perdón por existir"). Los ejemplos no faltan. El exceso de estimulaciones positivas provoca el mismo efecto (véase el capítulo IPMO/funcionamiento del cerebro reptil). Una alegría extrema puede ocasionar una crisis cardiaca, ganar la lotería puede, de igual forma, causar un estado durable de sobreexcitación.

— Muy a menudo subestimado, el agotamiento (no sólo psíquico) entraña un estado de estrés permanente peligroso: levantadas temprano, trayectos largos, casi siempre de pie, acostarse tarde, comer ante la televisión, falta de ejercicio físico o, por el contrario, exceso.[1] De malas noches a mala digestión, el agotamiento se convierte en el blanco ideal de dos factores de desorden de la respiración: postura inadecuada e hiperreactividad emocional.

Sin embargo, existe una solución: está programada en nosotros, la respiración *voluntaria*. No es la misma parte del cerebro la que administra esta función, tenemos control en ello. Podemos poner en pausa el piloto automático y respirar a nuestra conveniencia. ¿Una emoción comienza a desbordarse? Puedo elegir planear fuera de la turbulencia, llevando conscientemente mi respiración a un nivel abdominal. Para acompañar a un esfuerzo, puedo variar el ritmo o la amplitud para anticipar una falta de oxígeno por llegar (es lo que hacen los buceadores en apnea que, además, practican con frecuencia un yoga respiratorio).

No creas que así te evitas cuidadosamente la respiración clavicular. En la práctica de la Gestalt (técnica de desarrollo personal que trabaja sobre la memoria de las emociones), se incita al participante a respirar deliberadamente en clavicular para hacer llegar las emociones que podrían estar

---

1. En efecto, la práctica de deportes "tónicos" después de un día de trabajo puede dar la impresión de librarse de las tensiones acumuladas. Esto es, por mucho, una súplica suplementaria de las funciones del organismo. Paralelamente al entusiasmo por los cursos de gimnasias muy tónicas (¡a veces con cuarenta personas a la vez!) y al éxito relativamente menor de los cursos de relajación (incluso dinámica), noto el número finalmente muy importante de lesiones (esguinces, desgarres musculares, lumbagos y otras distensiones de los nervios).

reprimidas en el inconsciente y así poder liberarlas. Cada capacidad de nuestro organismo tiene su utilidad.

En sofrología, la respiración reina es, como en meditación, aquella que se instala a un nivel abdominal. La percepción a un nivel torácico se hará en la toma de conciencia del llenado de los pulmones por el aire, con el fin de la respiración, por ejemplo. O en la toma de conciencia de los pulmones a aquellos que eligen aportar una relajación profunda.

La respiración puede ser automática o controlada
y puede instalarse a un nivel **clavicular,**
torácico o abdominal. A un nivel clavicular,
nutrimos nuestros desbordamientos emocionales;
a un nivel abdominal, los calmamos.
La respiración abdominal es la vía real de la relajación.

La respiración sincrónica

No es posible hablar de la respiración en un capítulo sobre la sofrología caycediana sin mencionar la *respiración sincrónica*, el vals a tres tiempos del doctor Caycedo. Se trata de sincronizar aspirar/retención de aire/ espirar con una intención particular. Por ejemplo:

— Aspirar: reúno lo positivo.
— Retención: concentro eso positivo.
— Espirar: dejo que se desarrolle eso positivo en todo el cuerpo, con una sensación de dicha profunda.

Con seguridad, Caycedo no es el inventor de la respiración a tres tiempos, pero supo aplicarla en numerosos protocolos para amplificar los efectos. Por lo regular, ese trabajo sobre las secuencias de la respiración es el hecho de un trabajo exclusivamente respiratorio, pero en la sofrología caycediana tiene una integración profunda de esos tiempos que optimiza los resultados de la sesión. Encontrarás la respiración sincrónica en numerosos *de terpnos logos* (véase más adelante).

> La respiración sincrónica amplifica los efectos
> de una sesión de sofrología. Consta de tres tiempos:
> aspirar/retención de aire/espirar. Cada tiempo
> está acoplado a una intención particular.

Primera puesta en práctica de la relajación por la respiración

Te propongo una primera experiencia que te permitirá tener conciencia de tu respiración y de su efecto sobre la relajación del cuerpo y del espíritu. Permíteme hacer algunas advertencias sobre la respiración.

Después de haber leído estas líneas, ponlas en práctica:

Toma tiempo para cerrar los ojos, tomar una postura sentado cómoda (véase descripción de las posturas de relajación y de sofronización más arriba) y prestar atención al asiento sobre el que estás sentado, a la manera en que se hace el contacto entre tu cuerpo y ese asiento. Permanece así uno o dos minutos, simplemente a la escucha de tus sensaciones. En seguida, podrás abrir los ojos.

¿Cómo te sientes? ¿Pensaste a continuación en lo que vas a leer? ¿Pensaste en lo que acabas de leer? ¿Pensaste en otra cosa? ¿Lograste, aunque furtivamente, estar en el sentimiento, prestar atención suficiente a tus sensaciones?

Si ése no es el caso, te invito a empezar de nuevo, hasta que, durante al menos unos segundos, sólo pienses en tu asiento y en el contacto que éste tiene con tu cuerpo. Te aconsejo reintentarlo haciendo durar esa atención, afinándola todo lo posible.

Como lo escribí antes, la respiración es la herramienta rey para entrar en la relajación. Te propongo un segundo ejercicio que comienza a poner en práctica la respiración:

Tras haber leído estas líneas, las pondrás en práctica:

Toma una postura sentado de relajación, con los ojos cerrados y presta un momento atención al contacto que se hace entre tu cuerpo y el asiento (sin olvidar el contacto de los pies con el suelo). En seguida, presta atención lentamente a tu respiración: "escucha" dónde eso respira en ti y cómo eso respira en ti. Puede ser que nuestra respiración sea abdominal o torácica o puede ser clavicular, si estás en ese momento abrumado por tus emociones. Después de unos minutos, abre de nuevo los ojos.

¿Cómo te sientes? ¿Sentiste las mismas cosas? ¿Tuviste sensaciones diferentes? ¿Lograste localizar dónde se sentía más tu respiración? ¿Pudiste percibir cómo esa simple atención a la respiración abre las puertas de la relajación?

Si ése no es el caso, quizá efectuaste el ejercicio de manera muy rápida, sin prestar realmente atención a tu respiración. Te invito a empezar de nuevo.

Luego de haber leído estas líneas, las pondrás en práctica:

Vuelve a hacer el ejercicio anterior, pero, esta vez, permite que tu respiración se instale a un nivel abdominal de la manera más natural posible. Me gustaría que hicieras aquí la experiencia de un acompañamiento de la modificación de tu respiración. No se trata de controlarla, de forzarla a instalarse en el vientre, sino más bien, de dejar que se deposite en ese sitio sin un relajamiento incrementado. Hazlo durante unos minutos.

Muchas personas dicen que no son capaces de respirar por el vientre. ¡Eso es falso! Todo el mundo tiene esa capacidad por la sencilla razón de que, por ejemplo, durante nuestro sueño, la respiración se pone naturalmente a un nivel abdominal. Asimismo, durante numerosos momentos, llegamos a relajarnos a nuestras propias espaldas. Este ejercicio permite hallar con tranquilidad una respiración ventral.

Si en verdad tienes muchas dificultades para dejar que tu respiración se deposite en ese sitio, intenta el ejercicio siguiente:

Después de haber leído estas líneas, las pondrás en práctica:

Recuéstate sobre la espalda, bien plano y comienza a depositar la atención en tu respiración.

Coloca las manos sobre el vientre, espira todo el aire que puedas soplando así todo el tiempo posible para vaciar los pulmones. En el momento de aspirar, intenta hacer que el aire entre empujando las manos contra el vientre. Eso lo obliga a inflarlo y a no llenar los pulmones (al menos a tener la sensación de inflado de la caja torácica), hasta que el vientre esté "lleno" de aire. En seguida, empieza de nuevo a vaciar el aire, comenzando por desinflar la caja torácica, luego el vientre apretándolo bien con las manos. En la aspiración siguiente, aplicarás la misma técnica, buscando empujar lo más posible las manos, siempre colocadas sobre el vientre, con el aire que dejas entrar. Luego, inflado del tórax y así sucesivamente.

¡Si en verdad no lo logras, pide ayuda!

Un compañero de rodillas a tu lado derecho podrá colocar la mano derecha sobre tu vientre y la otra sobre tu esternón; cuando aspires, él llevará tu peso sobre tu mano izquierda, impidiendo así que la caja torácica vuelva a subir, obligando a la cavidad abdominal a desplegarse; luego, relajarás completamente su presión. Al espirar, llevando tu peso a la izquierda y luego a la derecha, te obligarás a vaciar primero los pulmones y luego el vientre; en seguida, la presión mantenida sobre el tórax te obligará a volver a respirar comenzando por inflar el vientre. Normalmente, después de varias aplicaciones de esta técnica, deberás haber integrado el mecanismo lo suficiente para poder reproducirlo solo.

**La respiración abdominal corresponde
a un estado de relajación natural.**
Practica la respiración abdominal, ¡entrénate
hasta que lo logres! ¡Si es posible sin control!
Ésta es una de las claves de tu relajación.

Las aplicaciones de la sofrología

¿Para qué sirve entonces la sofrología? Para relajar el cuerpo, para relajar el espíritu, para abrir un espacio de posibilidades en la conciencia, para desarrollar estados de conciencia originales y útiles para la evolución de nuestro ser, desde luego.

En un primer momento, me gustaría abordar la utilidad "técnica" de las diferentes herramientas de la sofrología. Son muy numerosas. Retoman los clásicos de la relajación o desarrollan variaciones acerca de temas generales (profundización de la relajación, eliminación de las tensiones, percepción del cuerpo, etcétera), pero pueden, asimismo, proponer aspectos específicos.

Las técnicas "clásicas" de relajación

- La *sofronización de base* (SB), afectuosamente llamada por los asiduos "sofro de base", y su variante específicamente caycediana, la *sofrología de base vivencial* (SBV), permite prestar atención gradualmente a todas las partes del cuerpo. Como toda sesión, empezará por una atención dada a los puntos de contacto del cuerpo con el sueño y/o el asiento. Luego, partiendo de la cabeza, llevará la conciencia progresivamente a habitar la totalidad del cuerpo. Después de un inicio de entrenamiento, se podrá relajar globalmente algunas partes del cuerpo y se dirá entonces que se hace una "sofronización de base por sistema" (véase más adelante "Los cinco sistemas" en "Cómo personalizar tu sesión"). La sofronización de base es el apoyo fundamental de la relajación del cuerpo y luego del espíritu.

- La sofro respiración sincrónica (véase más arriba): su interés es amplificar los efectos de un ejercicio. La alternancia tensión/relajamiento en el corazón mismo de la respiración permite amplificar el sentimiento, la toma de conciencia, el anclaje. Halla su utilidad, por ejemplo, al inicio de una sesión: si no se tiene el tiempo para hacer una sofrología de base detallada, permite alcanzar con rapidez un estado de relajación profunda.

- El *training autógeno de Schultz*: largamente integrado en el método caycediano, este entrenamiento, elaborado en 1908, exige dejarse impregnar de la fórmula "estoy calmado, estoy perfectamente calmado, estoy totalmente calmado" para preparar la sesión; luego, siguen distintas etapas (toma de conciencia de la pesadez: "mi brazo está pesado, mi brazo está cada vez más pesado", del calor, del ritmo cardiaco, de la respiración calmada). Estas etapas representan el primer ciclo que debe dominarse perfectamente para abordar el segundo: toma de conciencia por concentración, percepciones visuales luego abstractas (conceptuales, véase los "valores" de Caycedo); después, finalmente, proyecciones futuras (véase ejercicios de futurización de la sofrología caycediana). En la relajación dinámica, hallaremos diversas etapas del método Schultz. La utilidad es una toma de conciencia del cuerpo cada vez más profunda.

- Las *técnicas "de Jacobson"*: nombradas por su inventor, Edmund Jacobson, intentan obtener la relajación corporal y la reducción de la actividad mental. El tema toma conciencia de segmentos del cuerpo por alternancia de contracción/relajación muscular. La tensión muscular permanece suave. La RDC integra ejercicios característicamente "jacobsonianos". Es, además, una herramienta que favorece la concentración. El apoyo (segmentos del cuerpo) es concreto, perceptible, fácil de emplear como objeto de concentración. Las personas a las que se les ha dificultado abordar la meditación sin objeto, de tipo *zen*, por ejemplo, apreciarán tener este apoyo.

- La *sofro proyección futura (SPF)*: figura normalmente en el catálogo de las "específicas"; sin embargo, tiene su lugar aquí. En efecto, propone vivir "como si se estuviera ahí" la realización de un proyecto futuro. Conozco esta técnica de base antes de practicar la sofrología caycediana, es un gran clásico del pensamiento positivo aplicado a la relajación. Posee una eficacia enorme para anclar los proyectos, pero no hay que abusar, bajo pena de caer en el exceso de control.

¡La vida está aquí y ahora: aprender a acogerla alegremente es más importante que hacer firmar un contrato al señor de Maesmaker![1]

- La protección sofro-liminal del sueño (PSL): mismo comentario, una técnica de futurización positiva, a muy corto plazo, extremadamente eficaz para solucionar los problemas de insomnio, levantarse a buena hora aunque se haya olvidado el despertador y dormir apaciblemente sin *dream catcher*.[2] Asimismo, son posibles otras aplicaciones; por ejemplo: si no se me dificulta obtener un reemplazo de sensación en un paciente (en caso de dolor, se reemplaza éste por una sensación de frescura), si para mí es otra historia. Durante un tiempo, sufrí de una tendinitis en el hombro. Los que conocen este problema saben que los dolores nocturnos son frecuentes, ¿qué hacer entonces? Una buena sofro programación de un sueño sereno y reparador, de una noche tranquila, con un sueño alegre de su servidora, ¡recuerdo perfectamente no haber sentido el menor dolor durante la noche! ¡Hecho esto, la curación se facilita!

Las técnicas caycedianas de análisis profundo o de variación sobre los temas generales

- El *sofro desplazamiento de lo negativo (SDN):* de Jacobson indirecto e integrando la intencionalidad[3] con Caycedo (es un poco como la intención, pero potencializada por la vivencia sofrológica). En el desplazamiento sofrológico, la contracción muscular hecha en respiración sincrónica se acompaña de la conciencia de poner en orden lo "negativo" (que sólo tiene el nombre, es lo que consideramos

---

1. Los seguidores de Gaston Lagaffe habrán comprendido la alusión.
2. Los *"dream catchers"*, ligeramente "atrapa sueños", son pequeñas instalaciones artísticas, fabricadas por ciertos indios de América del Norte. Tienen la reputación de capturar los malos sueños y de proteger la noche.
3. Caycedo es de cultura hispánica, pero está casado con una francesa. ¡Sospecho que esta doble cultura es el origen de su creatividad terminológica en francés!

como tal en el instante T, pero esta percepción podrá evolucionar: las tensiones, pensamientos perturbadores, emociones voluminosas). Luego su expulsión en el momento de la espiración y de la relajación muscular. Eso corresponde, como a menudo con Caycedo, a una manifestación instintiva eficaz revisitada; cuando estamos hartos, sucede que cerramos los puños y los abrimos brutalmente soplando muy fuerte. Es el mismo principio, pero que va a determinar específicamente tal o cual sistema. El objetivo de esta técnica es, evidentemente, eliminar las tensiones físicas y psíquicas.

- La *sofro activación vital (SAV)* es también una técnica ancestral ¡con otro aspecto! El tradicional ejercicio de circulación de la respiración está animado por la intencionalidad para activar específicamente nuestros órganos. Mantenimiento, estimulación de la fuerza vital, optimización de las capacidades de nuestros órganos, son los objetivos buscados con este ejercicio.

- La *sofro activación de lo positivo* permite, principalmente gracias a la respiración sincrónica, volver a tener contacto con lo positivo en nosotros y desarrollarlo. Puede considerársele como una práctica simplificada de numerosos ejercicios espirituales (la adoración será, entonces, una expresión depurada, vuelta no hacia el individuo, sino hacia un sujeto superior) que tienen como objetivo la concentración/meditación, la alegría, el amor, la paz, etcétera. Aquí, se instala globalmente todo lo positivo.

Las técnicas específicas

Para cada categoría, encontrarás la mención de un ejemplo preciso de técnica caycediana específica; su lista completa, muy larga, no se precisará aquí.

- **La preterización:** todo lo que concierne al pasado y lo que permite integrarlo a nuestro campo de conciencia, con posibilidades de reparación a un nivel de la psique. Tenemos, así, los medios para hacer evolucionar nuestra mirada sobre lo que ya pasó, con el fin de crecer, de dejar atrás las experiencias "bloqueantes", ya sean recientes o antiguas.

Ejemplo: *la sofromnesia sensoperceptiva (SMnSP):* en relajación sofroliminal, se dejará emerger a la conciencia uno de los primeros recuerdos positivos de nuestra vida, que lo reviviremos como si estuviéramos ahí, amplificándolo en la conciencia con todos los sentidos. Cada sensación positiva se deberá reforzar, potencializar. Este ejercicio permite el redescubrimiento de diferentes aspectos positivos de uno mismo.

- **La presentación:** concierne al yo aquí y ahora. Desarrollar la conciencia del presente, aprender a vivirlo con esa "nueva mirada", permite profundizar en nuestro arraigamiento y facilitar nuestra concentración. La presencia de uno mismo se desarrolla así, pilar de nuestra capacidad para apreciar la vida, aquí y ahora.

  Ejemplo: *la sofrosustitución sensorial (SSS):* muy útil como técnica analgésica. En estado de relajación, se instala una sensación de frescura (por ejemplo) en un lugar del cuerpo (generalmente la mano) que será en seguida depositada en un lugar doloroso. Es una técnica llamada también "de reemplazamiento", para una conciencia de uno mismo positivada.

- **La futurización:** todo lo que alude al futuro y va a permitir prepararlo, incluir proyectos. El temor que podemos tener por el encuentro de pruebas futuras, la dificultad de nutrir todo proyecto de vida (individual, colectivo, profesional) van a poder así ser dejados atrás en beneficio de una proyección positiva y feliz. Más que como un medio "de asegurar" nuestro futuro, prefiero utilizar las técnicas de futurización para desarrollar una actitud de acogida del desarrollo de nuestra vida y el reemplazo de los programas tóxicos.

  Ejemplo: *la sofroaceptación positiva (SAP):* probablemente una de las técnicas más usadas en sofrología caycediana. Permite proyectarse a un tiempo muy posterior al suceso que puede presentar un problema (examen, entrevista de contratación, parto), en un momento en que las consecuencias del resultado no son muy "sensibles".

En esta zona de tiempo virtual, es posible vivir la prueba como el recuerdo de alguna cosa que ya pasó. Su interés radica en poder indicar un trabajo sin confrontarse directamente con la dificultad (lo que puede ser inhibidor), pero concentrándose en un resultado positivo y durable.

- **La totalización:** globaliza todo el trabajo que se pudo hacer con las otras técnicas aquí citadas y permite instalar durablemente una coherencia de nuestro ser sobre todos los planos. Si es practicada con pausas en el curso de sesiones, la totalización permite incluir los fenómenos, las nuevas percepciones, en la conciencia. Si se expresa a través de una técnica específica, permite al individuo incluir progresivamente una realidad existencial global positiva en su conciencia. Ancla la nueva mirada sobre el mundo y sobre uno mismo y desarrolla la conciencia en un plano universal, ilimitado.
  Ejemplo: *la sofropresencia de los valores (SPV):* activación a un nivel de cada uno de los sistemas, luego de la totalidad del cuerpo de uno o más valores personales que se dejan emerger a la conciencia, pudiendo corresponder al individuo, al grupo, al universo.

La sofrología organiza sus "técnicas específicas"
en cuatro grandes categorías:
— **La preterización:** experiencia del pasado y de nuestras
capacidades para integrarlo.
— **La presentación:** experiencia del aquí y el ahora.
— **La futurización:** experiencia de la proyección en el futuro.
— **La totalización:** experiencia de la nueva mirada
global e infinita.

Ahora que tienes todos los elementos para aprovechar una buena sesión, los siguientes son algunos *"terpnos logos"*. Puedes leer y luego efectuar libremente tu sesión o simplemente registrarlos (atención al ritmo, ir tranquilamente, respetar los tiempos de silencio) para tu uso personal.

Algunos ejercicios prácticos de sofrología

Elementos principales de una sesión de sofronización de base (SB)

Esto no es un terpnos *propiamente dicho, sino una trama global de relajación de tipo SB.* (De una manera general, acepto lo que viene.)

— Me instalo cómodamente cuidando de no estar inquieto.

— Dejo que mis ojos se cierren sin esfuerzo.

— Tomo conciencia de los puntos de contacto de mi cuerpo con el suelo, el asiento, prestando atención cada vez más detallada, pero sin tensión.

— Adquiero conciencia de mi respiración que se calma (aspiro la calma, dejo partir mis tensiones con la espiración).

— Me preparo para hacer viajar mi conciencia a todas las partes de mi cuerpo, instalando calma, la relajación espiración tras espiración.

— Comienzo por la cabeza, luego desciendo: cuello-hombros - exterior de los brazos y de las manos // caja torácica —pulmones - corazón e interior de los brazos y de las manos // abdomen y región lumbar con todos los órganos y vísceras // pelvis - piernas hasta los dedos de los pies. En fin, el conjunto del cuerpo.

— En seguida, puedo evocar una imagen positiva o tranquilizadora: un recuerdo agradable que revivo con todos mis sentidos (puedo, también, repetir afirmaciones positivas con algunas espiraciones).

— Activo mis tres capacidades: confianza en mí mismo, armonía, esperanza (proyecto a corto plazo, de dos días a dos semanas), viviéndolas plenamente.

— Vuelvo suavemente a mi estado de conciencia despierto, visualizando ese despertar, respirando dos o tres veces con fuerza; después, me estiro, volviendo a tener contacto con mi cuerpo, gradualmente, tomando el tiempo que me es necesario. ¡Abro los ojos sólo cuando me **siento perfectamente presente!**

Sofro respiración sincrónica

Te instalas cómodamente en una postura sentada de relajación: el cuerpo relajado todo lo posible, la columna vertebral derecha, las piernas a 90 grados (paralelas, a nivel de las caderas), las manos extendidas sobre los muslos, los hombros completamente relajados, la cabeza derecha…

Puedes comenzar por tomar conciencia de las partes del cuerpo que están en contacto con el asiento o con el suelo y dejar que se desarrolle esta conciencia del contacto.

Sesión tras sesión, tu sentimiento va a afinarse y esta toma de conciencia será más profunda.

Ahora, vas a fijar tu atención en tu respiración: escucha dónde ésta respira en ti y cómo respira en ti. Toma todo el tiempo necesario para percibir bien tu respiración, deja que se calme, se pose, sin intentar controlarla. Quizá percibas a qué punto esta simple atención prestada a tu respiración abre una puerta a la relajación y comienza a instalar un estado de relajación que va a continuar aumentando a lo largo de esta sesión, espiración tras espiración.

Vamos a instalar la relajación en todo el cuerpo gracias a la respiración "sofrosincrónica" y explico antes cómo hacerlo:

— Vamos a respirar en tres tiempos distintos: la aspiración, un tiempo de retención de la respiración, la espiración.
— Al aspirar, dejarás que llegue a tu conciencia una palabra que, para ti, evoque la relajación.
— Al tiempo de retención de la respiración, concentrarás el poder simbólico de esa palabra, de tu capacidad para relajar.
— En fin, al espirar, soltarás el aire, dejando que toda esa capacidad de relajación se esparza en el sistema sobre el cual trabajará.

Presta atención a tu primer sistema. Toma conciencia de su forma. Toma conciencia de su medida. Deja tranquilamente que se desarrolle el sentimiento, la presencia del primer sistema en tu conciencia.

Te preparas para hacer la primera respiración sofrosincrónica sobre el primer sistema.

Cuando lo desees: sopla, para soltar el aire que queda en tus pulmones.

¡Aspira! Deja que llegue una palabra que evoque la relajación para ti, toma lo que llegue, no busques. Concéntrate en el tiempo de retención de tu respiración. Relaja todo, dejando que se desarrolle la fuerza de relajación de esa palabra en todo el primer sistema.

Luego, haz sólo otras dos respiraciones sincromáticas, tranquilamente, a tu ritmo.

Pausa de integración

Ahora, fija la atención en tu segundo sistema. Toma conciencia de su forma. Toma conciencia de su medida. Deja tranquilamente que se desarrolle el sentimiento, la presencia del segundo sistema en tu conciencia. Te preparas para hacer la primera respiración sofrosincrónica sobre ese sistema.

Cuando lo desees ¡sopla!

¡Aspira! Deja que llegue una palabra que evoque la relajación para ti, toma lo que llegue, no busques. Concéntrate en el tiempo de retención de tu respiración. Relaja todo, dejando que se desarrolle la fuerza de relajación de esa palabra en todo el sistema.

A continuación, haz otras dos respiraciones sincrónicas, tranquilamente, a tu ritmo.

Pausa de integración

Ahora, fija tu atención en el tercer sistema. Toma conciencia de su forma. Toma conciencia de su medida. Deja tranquilamente que se desarrolle el sentimiento, la presencia del tercer sistema en tu conciencia. Te preparas para hacer la primera respiración sofrosincrónica sobre ese tercer sistema.

Cuando lo desees: sopla.

¡Aspira! Deja llegar una palabra que evoque la relajación para ti, toma lo que llega, no busques. Concéntrate en el tiempo de retención de tu respiración. Relaja todo, dejando que se desarrolle la fuerza de relajación de esa palabra en todo el sistema.

Luego, haz sólo otras dos respiraciones sincrónicas, tranquilamente, a tu ritmo.

Pausa de integración

Ahora, fija tu atención en tu cuarto sistema. Toma conciencia de su forma. Toma conciencia de su medida. Deja tranquilamente que se desarrolle el sentimiento, la presencia del cuarto sistema en tu conciencia. Te preparas para hacer la primera respiración sofrosincrónica sobre ese sistema.

Cuando lo desees: sopla para soltar el aire que queda en tus pulmones.

¡Aspira! Deja que llegue una palabra que evoque la relajación para ti, toma lo que llega, no busques. Concéntrate en el tiempo de retención de tu respiración. Relaja todo, dejando que se desarrolle la fuerza de relajación de esa palabra en todo el sistema.

Después, haz otras dos respiraciones sincrónicas, tranquilamente, a tu ritmo.

Pausa de integración

Fija ahora su atención en tu quinto sistema. Toma conciencia de su forma. Toma conciencia de su medida. Deja tranquilamente que se desarrolle el sentimiento, la presencia del quinto sistema en tu conciencia. Te preparas para hacer la primera respiración sofrosincrónica sobre ese quinto sistema.

Cuando lo desees.

¡Aspira! Deja que llegue una palabra que evoque la relajación para ti, toma lo que llega, no busques. Concéntrate en el tiempo de retención de tu respiración. Relaja todo, dejando que se desarrolle la fuerza de relajación de esa palabra en todo el sistema.

Luego, haz sólo otras dos respiraciones sincrónicas, tranquilamente, a tu ritmo.

Pausa de integración

Ahora, ten conciencia del conjunto del cuerpo, de toda la corporalidad, esa imagen del cuerpo como un todo en la conciencia.

Cuando lo desees: sopla.

¡Aspira! Deja que llegue una palabra que evoque la relajación para ti, toma lo que llega, no busques. Concéntrate en el tiempo de retención de tu respiración. Relaja todo, dejando que se desarrolle la fuerza de relajación de esa palabra en todo el cuerpo.

A continuación, haz sólo otras dos respiraciones sincrónicas, tranquilamente, a tu ritmo.

En seguida, podrás hacer una pausa: relájate, dedica tiempo a revivir muy tranquilamente el conjunto de este ejercicio en una pose de totalización. Permanece a la escucha de tus sensaciones, deja que se instale en la conciencia la memoria de nuevas sensaciones, la memoria de esta nueva experiencia. Si lo deseas, puedes dejar llegar las aplicaciones posibles de este ejercicio para ti, desarrollar la conciencia de lo que esta herramienta puede aportarte.

Sofrodesplazamiento
de lo negativo

Practica primero una sofro de base en postura sentada de relajación. Después de un tiempo de pausa de integración, fija tu atención en el primer sistema. Dedica tiempo a concentrarte en el centro de tu frente, puerta de entrada del sistema. Prepárate para hacer un desplazamiento de lo negativo sobre el primer sistema, tomando la postura Isocay, con la espalda ligeramente despegada del respaldo, con las manos extendidas sobre la parte anterior de los muslos. Verifica la columna vertebral y sólo mantén la tensión muscular suficiente para la postura.

Explico primero cómo hacerlo: al aspirar, llevarás la punta de los dedos a nivel de la mitad de la frente, entre las cejas, reteniendo el aire; te concentrarás en todo lo que aún puede impedir una relajación total, contrayendo los músculos, frunciendo las cejas. Luego, espira, expulsa el aire, las tensiones; las manos hallarán naturalmente su posición sobre los muslos. Cuando lo desees, ¡sopla! Deja escapar el aire que queda en los pulmones antes de la primera aspiración ¡aspira! Contracción de las cejas durante el tiempo de retención, cejas fruncidas. Bien, ¡sopla y relaja todo! Muy bien, ahora puedes recomenzar dos veces, solo, a tu ritmo.

Pausa de integración en postura sentada de relajación, completamente relajado.

Bien, fija ahora tu atención a nivel de la garganta, puerta de entrada del segundo sistema. Te preparas para hacer un SDN sobre ese sistema tomando la postura Isocay. Te explico primero cómo hacerlo: al aspirar, llevarás la punta de los dedos a nivel de la garganta, reteniendo el aire, te concentrarás en todo lo que aún pueda impedir la relajación sobre ese sistema, contrayendo los músculos de la garganta. Para eso, mueve la barbilla hacia adelante tirando sobre el cuello. Concentra las tensiones, todo lo que te queda a través de la garganta, lo que te impide expresarte, lo que no llegas a decir o lo que preferirías callar. Luego, al espirar, expulsa el aire, las tensiones; las manos hallarán su posición sobre los muslos.

Pausa de integración en postura sentada de relajación, completamente relajada.

Ahora, fija tu atención a nivel del centro del tórax, puerta de entrada del tercer sistema. Te preparas para hacer un SDN sobre ese sistema, tomando la postura Isocay. Te explico primero cómo hacerlo: al aspirar, llevarás la punta de los dedos o los dos puños cerrados al centro del tórax, apoyándote firmemente. Al retener el aire, te concentrarás en todo lo que aún puede impedir la relajación sobre ese sistema, contrayendo los músculos del tercer sistema. Para hacer eso, estira ligeramente las puntas de los codos hacia atrás manteniendo los hombros muy bajos hasta sentir los músculos del interior de los brazos y del tórax movilizados. Reúne las tensiones, todo lo que te ahoga, lo que te impide respirar libremente las tensiones. Luego, al espirar, expulsa el aire, las tensiones; las manos hallarán su posición sobre los muslos.

Pausa de integración en postura sentada de relajación, completamente relajada.

Ahora, puedes concentrarte en el cuarto sistema, a nivel de la zona umbilical. Te preparas para hacer un SDN sobre ese sistema, tomando la postura Isocay. Te explico primero cómo hacerlo: al aspirar, llevarás la mano derecha y luego la izquierda extendidas sobre el vientre, a nivel del estómago. Reúne las tensiones, todo lo que te queda sobre el estómago, lo que ¡no puedes digerir!". Después, al espirar, expulsa el aire y las tensiones, las manos hallarán de nuevo su posición habitual.

Pausa de integración en postura sentada de relajación, completamente relajada.

Ahora, vas a llevar tu conciencia a nivel del quinto sistema, puerta de entrada: un punto situado a nivel del bajo vientre, aproximadamente a dos centímetros bajo el ombligo. Te preparas para hacer un SDN sobre ese quinto sistema, tomando la postura Isocay. Te explico primero cómo hacerlo: al aspirar, llevarás la mano derecha y luego la izquierda extendidas sobre el punto de integración del quinto sistema, dos centímetros abajo del ombligo. Puesta en tensión del quinto sistema apoyándote sobre los talones sin despegarlos, siente la tensión que se instala gradualmente a lo largo de las piernas hasta el bajo vientre, las nalgas, el perineo. Reúne las tensiones, todo lo que te cuesta trabajo soltar, evacuar. Luego de espirar, expulsa el aire y las tensiones.

Postura sentada de relajación para una pausa de integración.

Postura sentada de relajación para una pausa de integración.

En fin, puedes llevar tu conciencia dentro del conjunto de tu cuerpo, para una percepción global, completa, de tu corporalidad. En postura Isocay, podrás hacer un SDN sobre el conjunto del cuerpo. Te recuerdo cómo hacerlo: al aspirar, llevarás las manos cruzadas a atrás de la base del cráneo, poniendo todo el cuerpo en tensión, puedes apoyarte suavemente sobre los pies y poner el cuerpo ligeramente hacia atrás, para sentir bien la tensión a todo lo largo del cuerpo. Reúne todo lo que podría aún subsistir como tensión, reteniendo el aire. Elimina todo eso al espirar relajando todo el cuerpo.

Postura sentada de relajación, pausa de totalización: deja emerger los fenómenos, halla de nuevo las sensaciones sentidas durante el ejercicio, anota profundamente en tu conciencia la experiencia de esta relajación profunda.

Desofronización según el protocolo habitual (activación de las capacidades, espiraciones apoyadas y puesta en movimiento suave del cuerpo antes de abrir los ojos).

Ejercicios simbólicos

Estos ejercicios no provienen de la sofrología caycediana, pero permiten ver cómo la creatividad puesta al servicio de la sofrología da vida a terpnos originales.

● **Junto a mi árbol, viviré feliz.**
Un ejercicio corto, muy simpático, para tomar conciencia de las necesidades de nuestra vida. El árbol es un símbolo transcultural de la vida en su desarrollo (véase también el ejercicio largo "El Árbol" o "Las estaciones de la Vida").

Sofrología de base o sofro respiración sincrónica, eventualmente sofrodesplazamiento de lo negativo, pausa de totalización y después, te paseas en un paisaje calmado y agradable, muy abierto, un campo que conoces quizá, quizá no, eso no tiene ninguna importancia toma conciencia del verdor a tu alrededor, la hierba verde, las plantas, el espacio está muy abierto ante ti, hay una pradera o un gran campo, reconoces ese lugar, pero ¿tal vez lo descubres? poco importa, el aire es agradable, te sientes perfectamente relajado y sereno, todo lo posible hoy, avanza tranquilamente en ese vasto espacio, a lo lejos ves alguna cosa, sin duda un árbol sembrado en medio de esta pradera, quizá está solo, quizá no. Te acercas tranquilamente, a medida que te acercas, lo reconoces. Reconoces ese árbol; su esencia te es familiar, es quizá un árbol que conoces, o que conociste hace mucho tiempo, estás tal vez feliz de hallarlo y aceleras el paso o quizá no, tal vez deseas acercarte suavemente.

Pronto, estás muy cerca de ese árbol para poder tocarlo, mirarlo; tal vez tiene frutos o flores, hojas verdes o no, quizá no; eso no tiene ninguna importancia.

Si lo deseas, puedes acercarte más, agarrarlo, estrecharlo con tus brazos, haz lo que sientas. Siente su corteza contra tu mejilla, su temperatura te sorprende quizá, quizá no, su olor tal vez te resulta familiar, te hace recordar cosas o, por el contrario, es como un descubrimiento. Dedica tiempo a ese contacto con todos los sentidos, la madera o las hojas debajo de tu mano, los colores y la luz a través del follaje. Te dejo vivir este encuentro con tu árbol, ese intercambio.

(¡Dedica en verdad tiempo para vivir la experiencia!)

Estás feliz por este encuentro. Permaneces a la escucha y te propongo preguntar, al aspirar, a tu árbol de qué tiene necesidad. La respuesta te será dada al espirar, simplemente la recibes, como una evidencia. Si eso es posible, te da lo que necesitas, si no, registra preciosamente su respuesta para averiguar quizá más tarde. Da las gracias a tu árbol, tal vez te promete volver a verlo, continúa tu paseo con un sentimiento nuevo, quizá de alegría o de paz, algo positivo, una nueva riqueza.

Esta evocación se aleja luego con dulzura y se vive aquí y ahora, consciente de tu postura de sofronización. Dedica tiempo a hacer una pausa de totalización, repasando rápidamente los detalles de esta sesión, como para imprimirlos profundamente en tu conciencia.

Activarás tus tres capacidades, reforzadas por este ejercicio. Luego, harás tu desofronización como lo acostumbras.

- **El claro de los cambios**
Uno de esos pequeños ejercicios donde una simbología lúdica nos ayuda a avanzar por el camino de nuestra vida…

La sofrología de base o sofro respiración sincrónica, eventualmente sofro desplazamiento de lo negativo, pausa de totalización, luego:

Te paseas por el campo, el aire es dulce, la temperatura muy agradable. Es un campo que conoces o no, poco importa, avanzas por una pradera, el camino apenas si está marcado, pero sabes que vas en buena dirección, a la izquierda hay un camino que lleva a un pequeño bosque y sigues ese camino, quizá familiar. Rápidamente, está a la orilla del bosque, no es muy denso, la luz penetra suavemente por el follaje, quizá sientes un poco de fresco, quizá no…

Pronto llegas a un claro, un poco extraño, el espacio despejado entre los árboles es perfectamente redondo, en el centro hay una gran piedra lisa, la atmósfera está silenciosa, como recogida, escuchas el canto de los pájaros, el ruido de los insectos, toda una vida invisible pero alegre. No te sientes solo y estás ligeramente impresionado. Recuerdas, ¡estás en el "claro de los cambios"!

Te instalas cómodamente sobre la piedra lisa y dejas que lleguen a tu espíritu esos cambios que te gustaría ver llegar a tu vida, las dificultades que podrían impedirlos, cierras los ojos y preguntas en qué puede ayudarte ese lugar, pero, al mismo tiempo, cada vez estás más sensible por la atmósfera del lugar, por ese extraño silencio lleno de vida, por ese recogimiento en ti y a tu alrededor.

Abres los ojos, nada ha cambiado verdaderamente, pero notas que hay tres piedras muy grandes repartidas alrededor del claro.

Haces un recorrido. Son quizá muy grandes, quizá no, pero sientes que podrías levantarlas, quizá con un esfuerzo.

Decides levantarlas una a una. Bajo cada una se encuentra alguna cosa, quizá totalmente inesperada. No es grave, aceptas ese descubrimiento, es algo que representa una ayuda, una ayuda al cambio.

Es, tal vez, sorprendente, quizá no.

Dedica tiempo a vivir lo que tienes que vivir al levantar esas tres piedras.

Dedica tiempo a ese descubrimiento, o tal vez redescubrimiento.

Terminó tu descubrimiento, hallaste esas tres llaves, esas tres ayudas.

Eliges colocar las piedras en su lugar o no, las cosas suceden como deben suceder. Luego, con un sentimiento de alegría, de gratitud o, simplemente, de seguridad tranquila, dejas el claro que cruzaste, el camino continúa y más lejos, hallas tu camino de paseo, continúas tu ruta, quizá te preguntas si sólo soñaste. Te sientes muy bien, tranquilo, feliz, como lleno de una nueva energía.

Puedes luego hacer una visita a tu árbol (véase "Junto a mi árbol, viviría feliz")

Deja que esta evocación se aleje de ti; a continuación, con dulzura, vive aquí y ahora, consciente de tu postura de sofronización. Dedica tiempo a hacer una pausa de totalización, repasando rápidamente los detalles de esta sesión, como para imprimirlos profundamente en tu conciencia. *Activa tus tres capacidades reforzadas por este ejercicio. Después, desofronización como acostumbres.*

Viaje en el "disco duro"

Si un trabajo simbólico puede hacerse fácilmente con imágenes (o más bien evocaciones por los cinco sentidos) utilizando arquetipos ancestrales, mi práctica en el consultorio ha demostrado bastante que nuestro imaginario estaba igualmente muy anclado en lo concreto de nuestra vida moderna, el lugar tomado principalmente por la informática y el paralelo evidente entre el funcionamiento de nuestro cerebro y el de las computadoras permite con este ejercicio un anclaje profundo de nuevos valores, de nuevos posicionamientos en relación con nuestra vida afectiva, social, profesional a condición de estar familiarizado con el funcionamiento de la computadora.

Para instalar profundamente, en un modo lúdico y moderno, los "programas" de vida que deseamos aplicar:

Imagina que estás ante tu computadora, es un universo que conoces bien. La pones en marcha, la pantalla se ilumina…

En el programa "inicio" vas al "panel de configuración" y seleccionas "agregar"/quitar programas" y eliges, en la lista que se te presenta, el tipo de programa que deseas modificar. (Por ejemplo: "relación con el hombre, las mujeres, los padres, el trabajo, con los superiores, con los subordinados").

Mira la lista de los programas antiguos, instalados desde hace mucho tiempo, que funcionan actualmente, y dedica tiempo a visualizar en la pantalla ejemplos de aplicación de esos programas. Te dejo tiempo para eso.

Ahora, puedes elegir entre esos programas los que desees conservar y los que estás dispuesto a modificar. Valida tu elección y, para cada programa que vas a suprimir, dedica tiempo para instalar un programa de reemplazo, que responda mejor a tus expectativas. Sigue el procedimiento. Inserta el disco del programa que deseas instalar.

Aparece un mensaje en la pantalla: "¿Desea suprimir todos los programas antiguos seleccionados y reemplazarlos por éste?, si la respuesta es sí, valida. "¿Comenzar la instalación?". Si la respuesta es sí, valida.

La frase de tu programa aparece en la pantalla, la lees mentalmente en tres tonos, como sabes hacerlo (véase "programación") y dejas venir tres ilustraciones positivas del acierto positivo de ese programa. Puedes verlas en la pantalla donde las vives con tus cinco sentidos, tomas lo que llega, naturalmente. Sientes una gran alegría. ¡La alegría es un motor potente de éxito!

Una imagen silueta de tu cuerpo aparece en la pantalla y, a medida que se instala el programa, vas a poder verificar su anclaje en cada sistema: verde, el programa se instala correctamente rojo, el programa no se instala correctamente y vas a hacer clic en "corrección de instalación"; las correcciones se hacen automáticamente. Cuando el programa está instalado por completo, cierras la ventana y aparece un mensaje: "¿Desea que ahora este programa funcione automáticamente?" Da clic en sí para validar. Procede luego a apagar tu computadora, experimentando una gran calma, el sentimiento de haber hecho lo que es bueno para ti, haber transformado bastante alguna cosa ¡y te alegras sabiendo que esa alegría va a durar!

¿*Cómo personalizar sus propias sesiones de sofrología?*

Primero, puedes grabar tus propias sesiones de base, para habituarte a la creación de *terpnos logos*. Queda entendido que, si tienes ya la costumbre de hablar interiormente, puedes pasar directamente la "cinta imaginaria" de una sesión. Cualquiera que sea el procedimiento utilizado, es importante practicar con regularidad las sesiones. Si empezaste a trabajar con un terapeuta, invierte en la práctica cotidiana, siguiendo sus recomendaciones.

Una vez que las sesiones de base grabadas o integradas silenciosamente y después de algunas primeras sesiones en que la confianza en ti falte quizá un poco, obtendrás con mucha rapidez resultados excelentes: aumento de la confianza, estado de bienestar, relajamiento de tensiones, mejor sueño, mejor resistencia al estrés, etcétera. Entonces, ¡seguramente desearás variar los placeres! ¿Cómo hacerlo?

Variar los ejercicios gracias a los cinco sistemas

Con anterioridad, vimos cómo la relajación se instalaba por sistema y mencioné que era posible sólo trabajar sobre uno u otro o sobre algunos de estos sistemas.

Por ejemplo:

Tuviste un día de trabajo extremadamente pesado, con ruido o con una reunión en la que participó mucha gente; en resumen, tienes "la cabeza comprimida", las sienes apretadas como dentro de un casco demasiado pequeño, te molesta tener los ojos abiertos.

O aun, es miércoles por la noche, hoy tu hijo más pequeño recibió a quince amigos por su cumpleaños y tú estabas solo para atender al grupo. Con seguridad, la posibilidad de tener veinte minutos para relajarte completamente no se presentará hasta muy tarde por la noche. En cambio, te es posible aislarte cinco minutos. Siéntate cómodamente, cierra los ojos, relaja todo el cuerpo sólo con la tensión necesaria para la postura. Suspira varias veces para relajar toda esa tensión y, después de un momento de atención a tu respiración, puedes concentrarte únicamente en tu primer sistema, globalmente, y depositar ahí la relajación espiración tras espiración durante unos minutos, quizá en respiración sincrónica. Algunas espiraciones marcadas, algunos estiramientos o bostezos y puedes abrir de nuevo los ojos.

No efectuaste una gran sesión, pero saldrás de esa pequeña pausa relajado, más reposado y más listo para afrontar las horas que restan antes de poder disfrutar de una noche de descanso reparador.

Otro ejemplo:

Tu empleo te obliga a estar de pie durante mucho tiempo y, aunque sabes tener una "postura de pie de relajación", sientes tus piernas adoloridas, pesadas. Si tienes la costumbre de practicar la relajación, aun manteniendo abiertos los ojos, vas a poder instalar la relajación y facilitar así la circulación en tus piernas, concentrándote en tu quinto sistema globalmente y depositando ahí la relajación espiración tras espiración, durante todo el tiempo en que puedas mantener esa pausa (experimenta; con entrenamiento, podrás continuar relajando tus piernas, mientras escuchas, por ejemplo, a un cliente. ¡Es un experimento práctico!). Este pequeño ejercicio es aún más eficaz si "respiras en tus piernas" alternadamente, de arriba a abajo y luego de abajo hacia arriba.

Un ejemplo más que podrá responder a las necesidades de prácticamente todo el mundo: si comiste demasiado, muy rápido, demasiado "pesado". Te aseguro que una sesión de sofrología exclusivamente orientada al cuarto sistema (zona abdominal y lugar de todos los órganos de la digestión) va a facilitar mucho esto. Queda entendido que no se trata de cambiar con demasiada frecuencia esta zona en ti diciendo que la sofrología te lo permite. Sin embargo, eso puede servir en un periodo de fiestas de fin de año, por ejemplo o más simplemente durante un problema gástrico. ¡Extremadamente eficaz cuando acabas de vivir un momento "difícil de digerir"!

Cada tensión en una parte del cuerpo puede, así, ser sanada trabajando sobre el sistema respectivo.

Saber practicar la sofrología sobre los "cinco sistemas" permite
poder relajar cada sistema de manera independiente.
**Es igualmente posible efectuar una sesión
sólo sobre un sistema, si es necesario.**

Variaciones sobre los ejercicios "de base"

Puedes partir de la sofrología de base y de una sesión a la otra hacer evolucionar el *terpnos logos*, eligiendo trabajar sobre un nivel corporal o en otro:

— Sobre *el esqueleto* únicamente (reforzamiento de la estructura física y psíquica).

— Sobre *el conjunto del sistema muscular* (instalación de la relajación en el centro del músculo, recuperación de la flexibilidad física y psíquica).

— Sobre *el sistema sanguíneo* (mejora de la circulación, de los intercambios gaseosos, pero también de la repartición de las energías).

— Sobre *el sistema respiratorio* solo.

— Sobre *el sistema nervioso* (cerebro, médula, nervios, terminaciones nerviosas).

— Sobre *la envoltura corporal, la piel* (desarrollo de los límites personales, reforzamiento de un sentimiento de seguridad).

— Sobre *el nivel celular* (toma de conciencia fina de lo biológico, de la memoria del cuerpo, preparación al trabajo de sofro plastia).

En las obras mostradas como referencia, hallarás, de igual manera, prácticas de la sofrología sobre los cinco sentidos (RDC2) y sobre la actividad de los órganos (sofro activación vital: cerebro, órganos emisarios, etcétera).

El cuerpo es un apoyo maravilloso de sofronización.
Atrévete a descubrir su riqueza en profundidad:
¡nivel por nivel!

Variaciones sobre la sofro respiración sincrónica (SRS)

¿Pusiste en práctica la SRS? Este ejercicio muy eficaz puede variarse de manera muy lúdica:

— Sofro respiración sincrónica con *flor* (deja que te llegue la evocación de una flor, que puede variar según los sistemas, vive la presencia tranquilizante con todos tus sentidos). ¡Mi preferido!

— SRS con un *color* o un *arco en el cielo* (energizante, se recomienda hacerlo principalmente en la mañana).

— SRS con *música*.

— SRS con un *olor* o un *perfume*.

— SRS con una *luz* (blanca, dorada o de color).

— SRS con *presencia del aliento* (variación de un clásico: la "circulación del aliento").

La sofro respiración sincrónica ofrece, por sí sola, numerosas variantes.

Éstos son diferentes medios para diversificar tus sesiones de sofrología. No obstante, aún resta todo un campo donde vas a poder poner en acción tu imaginación. Voy a hablar de los ejercicios llamados "simbólicos".

Simbología y sofrología

Salimos del marco de la sofrología caycediana y nos acercamos al yoga nidra, del sueño despierto, de todas las técnicas que nos hacen "viajar" en lo imaginario. De hecho, la escuela del doctor Caycedo propone algunos "viajes" aparentemente resultantes de otras tradiciones. Son pocos, ya los conocía bajo una forma muy similar, antes de "aprenderlos" en la Academia. La formación que tuve, los años anteriores, me dio el hábito de dejar que se construya espontáneamente el itinerario de esos "viajes" y numerosas experiencias o lecturas (psicología, psicoanálisis, análisis de los sueños, técnicas de sueño despierto, movimiento espontáneo, etcétera) me hicieron familiarizarme con los símbolos y otros arquetipos. ¡Aconsejo como prioridad la acogida de tu propia producción interior! Sin embargo, existen numerosos libros y CD que proponen viajes guiados, a menudo con un fondo sonoro apropiado, ruidos de la naturaleza, música dulce.

La sofrología es de orden fenomenológico, algunos fenómenos que surgen de la conciencia son, a veces, también "viajes interiores".

La idea de usar "viajes" se impuso naturalmente en mi práctica profesional cuando escuchaba a los pacientes expresarse de manera en particular evocadora. Recuerdo a una paciente que decía "arrastrar las cacerolas" y para quien, minutos después, ¡generé un ejercicio en el que ella arrastraba efectivamente las cacerolas! Cacerolas que, con seguridad, el ejercicio daba la posibilidad de identificar, el símbolo era muy fuerte para que pudiéramos apoyarnos en sesión. No dudes de utilizar tus propias imágenes mentales y hacerlas vivir durante una de tus sesiones de sofrología. Comprobarás hasta qué punto éstas se enriquecerán.

Atrévete a crear tus propias sesiones de sofrología
empleando tu imaginación.
Atrévete a dar vida a tus imágenes mentales,
a los símbolos, sin limitarlos. ¡Aprenderás mucho!

El propósito de este libro no es desarrollar la utilización de tal o cual símbolo. George Romey, por ejemplo, escribió cuatro volúmenes grandes de un diccionario de la simbología, en el sueño despierto y no inventarió todo. Las posibilidades son infinitas.

Me limitaré a dar algunas pistas.

Primero, *conservar una gestión fenomenológica*. No se trata de querer hacer la gran interpretación: un símbolo que se presenta espontáneamente en la conciencia es un mensaje encriptado. Hay buenos motivos para que no lo percibamos "claro": la toma de conciencia debe ser progresiva hasta una "legibilidad" evidente. En ocasiones, también tendremos "fenómenos simbólicos" que nos "hablarán" sobre el campo en medio de la sesión y mejor que una explicación. A veces, haremos una sucesión de manifestaciones simbólicas que "tendrán sentido" en un momento insospechado, fuera de la sesión o no lo tendrán. Ese sentido es íntimo, personal, no transferible a otra persona que no seamos nosotros mismos.

En lo que concierne al uso deliberado de símbolos con un objetivo preciso (desatadura, tentativa de comprensión de un comportamiento, profundización de la conciencia de uno mismo, etc.), ten presente en el espíritu que, al elegir ese camino, orientas la sesión. Analiza si no estás inconscientemente buscando un medio para evitar una toma de conciencia, quizá más importante para tu evolución. Sin embargo, puedes tener confianza en tu inconsciente para hallar los medios para ponerte en el buen camino. En todos los casos, la conciencia sólo se revela cuando estamos dispuestos a "ver" o a "oír" o a "comprender". Eso requiere de una confianza en uno mismo, un sentimiento de seguridad interior que aportan con el tiempo las sesiones comunes, regulares.

Otra aplicación concerniente a los símbolos es el enriquecimiento de la creación artística. Un pintor, un escultor, un fotógrafo podrán desarrollar su creatividad gracias a la sofrología. Esto es en particular cierto cuando hay una investigación en una dirección precisa: a la dimensión intelectual de la búsqueda va a integrarse una dimensión simbólica interiorizada. De ahí un enriquecimiento de esta mirada que tiene el artista sobre su tema.

Así como la meditación sobre un objeto libera un espacio interior, en la meditación sobre un símbolo ocurre lo mismo.

Queda entendido que las personas en evolución espiritual podrán, asimismo, poner en práctica este trabajo de meditación sobre un símbolo, explícito o no.

Para todos aquellos a quienes interesa el simbolismo, menciono numerosos autores, con una preferencia personal por Jung y Romey. Carl Jung destacó mucho y comentó la emergencia de los arquetipos, desarrollando los conceptos de sombra, *anima, animus*. George Romey hizo un estudio empírico de los símbolos arquetípicos en los sueños, en especial en el sueño despierto libre. ¡La distancia entre sofrología y sueño despierto se borra cuando se deja desarrollar la sofro creatividad simbólica!

Véanse más arriba los "ejercicios simbólicos".

Capítulo 9

Práctica de la IPMO

Organización práctica de una sesión

S e trata de una sesión cara a cara... y, cuando llega el momento de los movimientos oculares propiamente dichos, ¡de un cara a cara muy cercano! La regla de oro: no acercarse al paciente mientras no se haya instalado una excelente relación. Eso puede tomar tiempo con algunas personas y no intentes acortarlo. Ganarás tiempo después. Una vez que se instaló una confianza real, principalmente en la fase de escucha del sufrimiento a tratar, podemos proponer la herramienta. Sucede que el paciente no tiene ninguna idea de la manera en que puede hacerse el trabajo y, al descubrimiento de la IPMO, puede estar un poco a la defensiva. En ese caso, no insistas, propón enfoques intermediarios que podrán tranquilizar al paciente. Lo repito, no hay ningún motivo para querer avanzar demasiado rápido. A veces, algunos tienen necesidad de un tiempo de escucha muy importante y debemos respetarla. No obstante, debemos estar en guardia para que esa palabra no sea el lugar de una reactivación estéril del sufrimiento, de su amplificación. ¡El arte del terapeuta es muy solicitado! La herramienta puede proponerse de nuevo o, en su lugar, pequeños ejercicios que llevarán a una mejoría de la comodidad psíquica cuando ya no hay tiempo para una sesión de movimientos oculares.

Recuerdo a un señor que, a pesar de su evidente deseo de avanzar por el camino de la curación, recordaba sus "miserias" (textual) y deseaba probar los movimientos oculares, pero sólo cuando me hubiera "explicado todo" (¡lo que amenazaba con incluir un número impresionante de sesiones!) Resaltando su derecho a expresar su sentimiento, le propuse "pausas" cuando se perdía emocionalmente en su relato. Hicimos, entonces, un pequeño ejercicio respiratorio (calmar las emociones), otro de Brain Gym (concentración y reajuste del discurso) o una micro relajación (imagen positiva) y algunos estiramientos, cuando se volvía a encerrar psíquicamente en sus propias palabras y en su dolor. Por supuesto, tenía como misión volver a hacer esos ejercicios (todos muy breves) en casa, todos los días. En la segunda sesión, parecía más centrado y confiado y pudimos abordar la IPMO. Le expliqué el método que íbamos a utilizar y recordó algunos detalles que había "olvidado darme" (¡proporcionado todo la primera vez!). Claramente, a pesar de su buena voluntad, aún tenía reticencias internas para abordar el trabajo de transformación de su sufrimiento en fuerza de vida. Cuando le expliqué que eso era legítimo, me pidió otros "pequeños ejercicios", porque eso le tranquilizaba, los hacía fácilmente y los hallaba eficaces. Reconoció que se fatigaba al repetir sin cesar todos los detalles de su sufrimiento, pero que no sabía cómo detenerse. Habíamos practicado la sofrología, pero odiaba tener que hacer sesiones solo, regularmente en su casa. Entonces, preparamos un protocolo de reemplazo. A partir de que sintió la necesidad de empezar de nuevo su discurso (lo que sucedía a cada paso, con gran perjuicio de su entorno, que terminó por cansarse), debía aplicar de inmediato uno de los ejercicios (y anotarlo en un carnet). En la tercera cita, dijo que "se distrajo" un número impresionante de veces, hasta el punto de haber renunciado a anotarlos. En cambio, pidió comenzar la sesión directamente con esos "famosos movimientos con los ojos", para una sesión memorable de una hora y media. Las otras citas transcurrieron en una atmósfera completamente diferente: concentración, conciencia incrementada, búsqueda de solución, remodelaje cognitivo importante. Se puso a practicar con regularidad sus sesiones de sofrología. Es también por eso que considero a la IPMO sólo como una herramienta y no como un método terapéutico que se basta a sí mismo.

Volvamos al desarrollo de una sesión. Una vez establecida la relación, el objetivo del trabajo precisado, la herramienta presentada y el objetivo identificado, es tiempo de acercarse. El paciente está ya instalado en una postura sentada cómoda (¡tú pensaste en equipar tu consultorio!). Pensaste en establecer un código de interrupción de sesión, en caso de necesidad (es importante que el paciente pueda detener la sesión en caso de incomodidad, por ejemplo). Debes, entonces, hallar una postura cómoda. No aconsejo trabajar desde el otro lado de un escritorio, bajo pena de tener que desplomarte en tus notas. Con este propósito, la toma de notas en IPMO es extremadamente importante. Mientras los pacientes hacen una pausa de movimientos, van a comunicarte muchos detalles y deberás anotar todo. ¡La IPMO es muy física para el terapeuta! Lo ideal es una pequeña mesa con ruedas que podrás ajustar exactamente a una postura equilibrada, el codo de la mano que sostiene la pluma (o la vara con bola)[1] bien apoyado. Una mesa redonda permite instalarse ante el paciente. Te apoyarás ahí al sesgo, con el cuerpo de la mesa del lado de tu mano dominante. La silla con una tabla incorporada (como en las universidades estadounidenses) puede también ser práctica. En todos los casos, cuida tu postura porque una sesión puede llegar a durar hasta una hora y media y, entre la toma de notas, los movimientos de tu brazo y, sobre todo, la atención fija en tu paciente, podrías sufrir un mal posicionamiento. ¡El bloc sobre la rodilla y la pierna cruzada, puedes olvidarlos; esto deja a los analistas inmóviles! La IPMO ES DINÁMICA.

COMENTARIO:

Al tener en cuenta el poder de la herramienta, no daré aquí indicaciones precisas sobre los tipos de movimientos aplicados. En caso de necesidad, consulta a un terapeuta. Si eres profesional, te envío a las formaciones en EMDR o a otras sobre el tema y a la obra de Danie Beaulieu. Ella presenta un enfoque muy práctico y documentado de su propia herramienta.

Describo todas las etapas precisas de un tratamiento por IPMO en la tabla siguiente (páginas 242-243). Con el fin de facilitar la lectura, a continuación detallo cierto número de aspectos.

---

1. Algunos terapeutas utilizan simplemente su mano, cerrando los dedos, salvo el dedo medio y el índice. Insisto en señalar la incomodidad rápida de este método: prolonga tu mano con una pluma con tapa de color vivo o con una de esas varitas utilizadas por los especialistas en ortóptica o los oftalmólogos con los niños para fijar tu mirada en un punto de color. ¡Evitarás la fatiga y los dolores musculares y atraerás así la atención y la disponibilidad del paciente!

Algunas definiciones...

- El relato del paciente, la descripción de sus síntomas, van hacer que aparezca una problemática particular que el terapeuta se esforzará por precisar. Para eso, va a recordar ya sea un recuerdo particularmente traumatizante, ya sea una imagen que lo acose, ya sea una emoción perturbadora que se presentó en el curso del relato. Es, con seguridad, uno de esos puntos lo que va a dirigir el trabajo de la sesión. Lo llamaremos "**objetivo**"; un objetivo puede ser principal o secundario. A medida que el trabajo avanza, otros objetivos van a aparecer con mucha frecuencia. No es raro que uno o muchos objetivos secundarios oculten un objetivo principal del que el paciente no tenía conciencia.

De manera general, es preferible no alejarse demasiado del objetivo determinado al inicio de la sesión y de concluir ésta con su eliminación. Sin embargo, es también indispensable hacer prueba de flexibilidad y no querer respetar la regla rígida que consistiría en eliminar los objetivos descubiertos en el curso del trabajo para tratarlos durante una próxima cita.

Personalmente, prefiero seguir mi intuición, libre para dedicar tiempo a un paréntesis para tratar un objetivo secundario, cuando eso parece señalar la evidencia. Me sería totalmente imposible decir las razones exactas que dictan mi elección. Creo que en el curso de una sesión de terapia tiene lugar una especie de vínculo, directamente de inconsciente a inconsciente. Ése puede ser el caso durante una sesión de relajación, de psicoterapia, de psicoanálisis o de kinesiterapia: la atención al otro, la disponibilidad, la escucha, el no juicio abren las puertas sutiles, lo que facilita la comunicación entre los seres. Cualquier madre de familia comprenderá qué quiero decir: cuando el niño es pequeño, su madre comprende sus necesidades mucho antes de que el lenguaje formule los intercambios. Los niños de orígenes variados juegan juntos, completamente absortos, concentrados, se comprenden aunque no hablen el mismo idioma, la elaboración del lenguaje se hará a consecuencia, naturalmente. Es innegable que una verdadera comprensión, una comunicación real puede intervenir más allá de las palabras.

Esta percepción facilita el trabajo de los terapeutas y va a determinar toda la diferencia entre saber aplicar y un arte.

El arte se apoya en competencias reales, en conocimientos muy integrados, pero sabe liberarse para crear.

- **"Recuperación del objetivo"** y **"verificación de objetivo":** como dije, en el curso del trabajo con el paciente, hay a veces momentos de digresión. Para conservar una coherencia con la gestión terapéutica, el objetivo que se definió al inicio de sesión será recuperado regularmente durante ésta. Asimismo, antes de terminar la sesión, es aconsejable recuperar el objetivo inicial, así como todos los abordados en el curso del proceso y verificarlos. La verificación del objetivo consiste en asegurarse de que los progresos efectuados estén bien anclados. Esta etapa corresponde, por lo general, a la expresión de un cambio cognitivo positivo.

Entre nosotros, la verificación del objetivo toma en general poco tiempo, si la localización de programas tóxicos, su "eliminación" y la instalación de un programa positivo se pudieron hacer. Notarás que, en la tabla que describe el proceso de la IPMO, señalo que, en ocasiones, son necesarias muchas sesiones para localizar los programas tóxicos. No obstante, siempre es posible trabajar de manera parcelaria, sobre un aspecto en particular, y buscar una mejoría aunque mínima. Es evidente que algunos problemas no se solucionarán en una sola sesión, aunque los resultados con frecuencia tienen una rapidez pasmosa. Lo importante es que el paciente salga *siempre* (lo recalco) con un elemento positivo que le permitirá asistir a la sesión siguiente. Depende del terapeuta hacer prueba de creatividad para elegir en su caja una herramienta que va a permitir a los pacientes sentir un *progreso* en su estado. Los psicólogos señalarán que el dolor puede ser un motor para trabajar sobre uno mismo, que es inevitable. De hecho, algunas personas que viven ese dolor desde hace mucho tiempo han probado tantos medios para liberarse, que no osan imaginar ya no sentirlo. El darles esperanza es importante, sobre todo trabajando sobre el *sentimiento,* por la instalación en su cuerpo de sensaciones positivas de relajación (la sofrología es, entonces, muy útil). El hacerlos tener la experiencia íntima de un cambio aunque muy ligero en su modo de pensar, es un primer paso. Es verdad que es el sufrimiento el que lleva a visitar al terapeuta, pero para qué hacer ese movimiento, si la curación va a llegar como la recompensa al final de un camino muy largo. ¡Voto por la reinstalación inmediata de cierto nivel positivo!

- La **"desatadura"** del anclaje de un programa tóxico es una etapa crucial. Se trata de soltar un punto de anclaje tóxico para prepararse a instalar lo positivo en su lugar. No vayas a creer que esto es fácil. Aun en lo más profundo de nuestra enfermedad, hayamos un equilibrio que nos permite permanecer aún con vida. Eso puede ser una vida de miseria, de dolores, de sufrimiento psíquico, pero, por increíble que eso parezca, ¡es un equilibrio! Imagina un naufragio, el barco que te transportaba quedó destruido, pudiste colgarte de una tabla. En un momento dado, llega un barco, se acerca a tu encuentro o quizá distingues la tierra a distancia. Después del choque que sufriste, la fatiga acumulada durante todo ese tiempo colgado de esa tabla, el menor chapoteo parece señal de una tempestad por llegar. Tu universo se concentra alrededor de ese salvavidas. No obstante, para ser salvado, ¡será necesario soltar tu tabla y dar algunas brazadas hacia una mano tendida o hacia la tierra cercana! Tu cerebro considera ahora que la seguridad es permanecer colgado de ese pedazo de madera que te salvó la vida y te aseguro que eso te va a exigir un enorme trabajo de búsqueda en todas tus memorias para verificar si en verdad una mano tendida ¡es mejor que tu salvavidas de la buena suerte! El trabajo de desatadura va a permitir soltarte con toda seguridad.

- **La instalación de un programa positivo de reemplazo** corresponde a una fase de reconstrucción. ¡La naturaleza tiene horror al vacío, por lo que es preferible verificar que un programa perverso no suceda a otro! Aconsejo formalizar ese programa e instalar profundamente (ya sea con movimientos oculares particulares o en sofrología, por ejemplo, eventualmente durante una sesión específica) con una afirmación positiva formulada en la primera persona del singular: "Soy una persona entera", "Tengo totalmente derecho al respeto", "Me autorizo la dicha", etcétera. Con mucha frecuencia, en el curso de una sesión, aparece una modificación cognitiva espontánea, con un cortejo de emociones reprimidas que van a permitir una toma de conciencia diferente del traumatismo ("Yo sólo era un niño", "Obedecí órdenes, no tenía elección", "No había comprendido cosas como ésa", "Ah, pero no es mi culpa", etcétera). Después, las reformulaciones positivas son espontáneas. "Eso sucedió, pero no estoy muerto, tengo derecho de vivir", "soy distinto, puedo comportarme normalmente", "es del pasado, no lo olvidaré jamás, pero ahora me siento libre de vivir mi vida", "¡ya no tengo temor de todo!", etcétera. No obstante, en ocasiones es indispensable pulir un buen programa de reemplazo, con el fin de estar seguro de que el programa perverso ya no tenga lugar en nuestro cerebro. Así, podemos apoyarnos en las emociones negativas reencontradas y proponer al paciente elegir una emoción positiva de reemplazo (la TLE es muy práctica para eso). En caso de dificultad de instalación, la sofrología permitirá vivir interiormente los resultados del cambio buscado.

Encuentra todas esas etapas concentradas a veces en una sola sesión (lee de nuevo el ejemplo de la paciente agredida por un automovilista). Lo repito: la "sesión tipo", con un protocolo milimetrado, no existe. Hay puntos de relieve que es preferible saber administrar para no perder una apertura. Hay momentos clave de toma de conciencia, de reparación. La capacidad de captarlos tiene que ver con tu práctica, no especialmente con una "técnica de IPMO". Es, en todo caso, mi punto de vista.

Las etapas principales de una sesión de IPMO son:
— Instalación cómoda del paciente y del terapeuta
— Contacto terapeuta/paciente y establecimiento de una relación positiva
— Definición de un objetivo principal
— Tratamiento del objetivo
— Validación y anclaje de lo positivo

Tabla de recapitulación de las etapas de una sesión de IPMO

Etapas	Contenido	Duración
1	**Anamnesia** Identificación del (o los) objetivos (*a veces son necesarias muchas sesiones antes de que el verdadero problema sea evocado*)	Variable según los casos. En general, 10 a 15 minutos por una problemática de la que el paciente tiene claramente conciencia
2	**Lograr la confianza del paciente y elaboración del protocolo:** Si es necesario (si no se ha hecho ya en el curso de sesiones de sofrología), entrenamiento en las técnicas de administración del estrés. Explicación del método, validación por el paciente, precisión de los objetivos.	Entrenamiento en el control del estrés: varias sesiones hasta la obtención de un clima favorable para una sesión de IPMO Preparación del protocolo, 10 minutos
3	**Elección de un objetivo y primera serie de movimientos oculares,** evocando el objetivo (en vivencia sofrónica), como en sofrología, el paciente deja que emerjan los fenómenos en su conciencia: imágenes, sensaciones, sentimientos, emociones	30 seg. a 1 min. Esta etapa puede ser repetida varias veces si es necesario, las pausas cuidando los ojos del paciente o dejando libre campo a la emergencia de los fenómenos
4	**Búsqueda del o de los programas perversos** (tóxicos) en juego en el trauma (o que hacen hasta ahí imposible su integración física)	Variable, depende del desarrollo de la etapa 3. En ocasiones, se trata de presentar una hipótesis a validar por la vivencia del paciente; si no, pasar a la fase 4 bis
4 bis	Búsqueda profunda del programa perverso por técnicas diversas	Variable, a veces en distintas sesiones, diferentes objetivos permiten precisar el "programa principal"
5	**Búsqueda de un "programa positivo de reemplazo",** bajo la forma de una afirmación positiva en primera persona del singular	En ocasiones, algunos minutos ; si no, pasar a la fase 5 bis
5 bis	Búsqueda profunda del programa positivo de reemplazo por asociaciones, sueño despierto libre o dirigido. *Sofro y TLE pueden utilizarse aquí con eficacia*	Variable, mismo comentario que para 4 bis. Las fases 4 bis y 5 bis son, por cierto, confundidas a veces

(Continuación)

Etapas	Contenido	Duración
6	**Desatadura del anclaje del programa perverso**	5 a 10 minutos
7	**Instalación del programa positivo de reemplazo** (con movimientos oculares de integración positiva bilateral)	Algunos minutos
8	**Toma del objetivo para verificación** en IPMO	20 segundos a 1 minuto
9	**Tiempo de relajación positiva** y de reenergetización (sofro rápida, movimientos de *Brain Gym*)	5 a 10 minutos
10	**Conclusión:** el terapeuta invita al paciente a expresar cómo se siente globalmente al final de la sesión. Establecimiento de una próxima cita o terminación de la terapia (si es el final de la cura). Invitar al paciente a prestar atención y a anotar los efectos de la sesión entre las citas (comportamiento, reacciones ante el estrés, sueños), todo lo que le parezca interesante o que pueda relacionar directamente o no con la sesión. *Dar los medios para mantener el contacto "por si acaso" en el caso de tratamiento de desórdenes emocionales fuertes*	Algunos minutos

Las aplicaciones posibles de la IPMO

Como todas las técnicas de movimientos oculares, la IPMO está particularmente indicada en los casos de estrés postraumático, en los desbordamientos emocionales intensos y en todas las dificultades para manejar las emociones cotidianas.

En especial:

Cuando las emociones se desbordan o cuando las palabras son escasas

Ya sea para liberar al paciente de recuerdos dolorosos o de manifestaciones físicas y emocionales perturbadoras detrás de las cuales van a perfilarse precisamente los recuerdos ocultos, la IPMO es aplicable.

Una de las ventajas de la herramienta es que no se tiene que describir una historia con detalles que pueden resultar insoportables, sino que sólo se evocan algunos momentos clave sin nutrir el desahogo emocional. Algunos pacientes son sensibles al hecho de no tener que "contar" su historia.

Cuando un paciente llega al consultorio, se sienta y, sin poder controlar cualquier cosa, se pone a llorar, a temblar o a agitarse sin poder pronunciar palabra. Algunos movimientos oculares son, incluso, muy útiles para iniciar la sesión. Puede ser suficiente explicar, con voz tranquilizante, que esas manifestaciones invasoras pueden ser calmadas de manera muy sencilla (presentar rápidamente la IPMO si la persona aún no la conoce); luego, basta con fijar rápidamente la atención de la persona para la mirada en la punta de la vara con bola.

Cuando las otras herramientas no han dado resultados satisfactorios

A cierto número de personas se les complica entrar en el proceso de la sofrología "pura y dura", principalmente por la dificultad que encuentran para obligarse a una práctica regular. ¡No es suficiente con que el terapeuta repita una y otra vez la necesidad de esta práctica personal para que el paciente obedezca! Debe resaltarse que tal dificultad para la aplicación de los ejercicios indica, con frecuencia, reticencias internas. Es importante no *juzgar* la práctica del paciente, quien, finalmente, sólo hace lo que puede, cuando puede, si puede…

No obstante, por su parte, el paciente no dudará para quejarse de la insuficiencia de los resultados, una impresión de dar la vuelta en redondo, ver un aumento de su angustia. Llegamos aquí al difícil terreno de la paciencia. Toda gestión terapéutica se hace al ritmo que le es propio y es probable que no todos puedan admitirlo con facilidad. Notarás, también, que la persona que comienza sólo a ocuparse de ella misma, impulsada por un exceso de sufrimiento o por la mirada del prójimo, ¡querría a menudo haber solucionado el problema antes de haber podido comprender la esencia!

Es, entonces, importante para el terapeuta transmitir el mensaje siguiente: el deseo poderoso e imperioso de obtener resultados, incluso nutridos por la mejor voluntad, no será suficiente para reducir el "tiempo necesario" para la obra terapéutica.

La capacidad interior del paciente para progresar en su camino interior influirá de manera directa sobre ese "tiempo necesario". Permíteme que te dé un ejemplo:

> Si tomas, por ejemplo, una petición concerniente a las dificultades para dormir o de calidad del sueño, es muy cómodo aplicar las bases de la sofrología; luego, rápidamente, un protocolo de protección del sueño. En algunas sesiones, los resultados pueden ser excelentes.

Sin embargo, puede haber muchas razones para eso

Si el paciente tenía un simple problema de desarreglos en su ritmo de sueño, una pérdida de confianza temporal en su capacidad para dormir bien o aun un pequeño problema de dar vueltas, que las primeras sesiones de base ayudaron a arreglar, la ordenación del sueño resulta muy fácil. Si el paciente tiene perturbado el sueño por motivos más profundos, vinculados con el trabajo silencioso de su inconsciente, una historia difícil pero reprimida y el problema del sueño manifiesta sus dificultades para avanzar en su vida con esa carga, en unas sesiones, se podrá obtener un resultado tan bueno como en el caso precedente; no obstante, se corre el riesgo de que la durabilidad de los resultados no sea mucha. El problema del sueño reaparecerá u otra manifestación lo reemplazará. El papel del terapeuta será hacer que se tome conciencia del límite alcanzado y de los riesgos de "recaída", sin empujar al paciente hacia esos atrincheramientos. Algunos pacientes no pueden comprender ese discurso. Es preferible, por tanto, respetar sus reticencias de las que no tienen conciencia, pero no sorprenderse al verlos regresar más tarde con otros síntomas (o de que no vuelvan a visitarte).

Tocamos ahí la delicadeza del trabajo de los terapeutas y citaré estas líneas de Yvan Amar:

> *Si alguien me cura y retira mi mal, entiendo también que me alza al nivel de conciencia que habría alcanzado si yo mismo hubiera resuelto lo que ese mal debía enseñarme. Si no, si me deja en el mismo estado de conciencia después de haber retirado mi mal, me roba la herramienta de crecimiento que puede ser esta enfermedad.*

Esas palabras reflejan con mucha exactitud lo que espero personalmente de un terapeuta y de lo que me siento responsable de ofrecer a mis pacientes. Evidentemente, ¡es un punto de vista holístico!

Asimismo, cuando el trabajo se estanca y se trata tanto de responder a la petición de ayuda del paciente como de respetar su deseo de crecimiento, aunque inconsciente, la IPMO resulta muy útil. Si el paciente lo desea.

IPMO e interpretación de los sueños

Vimos que, en el caso de estrés postraumático, se puede tener una manifestación de las tensiones a través de sueños desagradables. Además, puede suceder, en un momento particular de una terapia, que una pesadilla permanezca fija en la memoria del paciente en forma obsesiva. Semejante mensaje que a todo precio desearía hacerse comprender, pero que fracasa, va a invadir lo cotidiano de la persona y la inquietará aún más.

Esa puede ser, sin embargo, la ocasión de un trabajo interesante con la herramienta IPMO.

En efecto, los rastros dejados por esa pesadilla son expresiones emocionales sobre las que vamos a poder trabajar: imágenes, sensaciones, emociones, pensamientos, etcétera. Serán utilizadas como objetivo al igual que aquellas que son provocadas por el recuerdo de un traumatismo. Para resumir, diré que vamos a considerar la emergencia de ese mal sueño como traumatismo *per se*.

En concreto, pienso en el caso de una persona que había tenido un sueño sumamente perturbador. Gracias a la IPMO, al retomar las imágenes y las emociones suscitadas por ese sueño, fue posible liberar toda una parte de la memoria, atormentada, de hecho, por un "gemelo fantasma".[1]

La actualización de emociones negativas como culpabilidad, ira, temor, etcétera, seguida de su tratamiento inmediato por IPMO, permitió no sólo la adquisición de conciencia acumulada del fenómeno de lo que llamaría

---

1. "Gemelo fantasma", véanse más detalles en el anexo.

"obsesión gemelaria", sino un distanciamiento de la historia, una verdadera liberación facilitando la curación de la psique.

Se puede emplear IPMO para interpretar los sueños, con la condición de vigilar sobre todo los siguientes aspectos: manifestaciones emocionales, sensaciones, producción gráfica del sueño frente a la historia del paciente. ¡Finalmente, el B-A-BA del terapeuta! Es interesante notar que no es el terapeuta quien interpreta lo que eso sea, sino, más bien, el paciente quien va a reconstruir su propia historia a la luz del sueño y de la elaboración de las memorias errantes que están relacionadas, gracias a la IPMO.

Mi experiencia es limitada en ese campo. No he intentado trabajar específicamente en esa dirección.

Otras posibilidades de utilización de la IPMO

Como lo expliqué con anterioridad, IPMO no es la herramienta privilegiada con la cual trabajo y sobre la cual hago la mayoría de las investigaciones. Es posible que otras aplicaciones originales pudieran ponerse en práctica con tal herramienta. Animaría a los colegas terapeutas a quienes apasiona esta vía a que exploraran otras aplicaciones. ¡Estaría muy agradecida si compartieran conmigo el fruto de su investigación!

Comentario:
Luego de mi lectura tardía de la obra de Danie Beaulieu (IMO), debo precisar aquí que las aplicaciones de una terapia por los movimientos oculares pueden estar al servicio al hacerse cargo de casos muy complicados, en un marco médico. No los detallo aquí: la IMO presenta un enfoque diferente y las aplicaciones están perfectamente descritas por la autora. Envío a los lectores interesados, en especial a los profesionales de la salud, al libro de la señora Beaulieu,[1] el cual es muy concreto, detallado y práctico. De igual

---

1. Publicado por ediciones Le Souffle d' Or.

manera, lo aconsejo a los terapeutas del desarrollo personal para conocer la medida real de la herramienta ¡y considerar sus propios límites!

¡Ello no retira mi interés por las prácticas aisladas de herramientas similares o para las aplicaciones originales en desarrollo personal!

Capítulo 10

Práctica de la TLE

Las condiciones de un resultado rápido y durable

La inversión psicológica y su tratamiento

A traigo la atención de las personas que ya practican la TLE sobre los siguientes comentarios. Sinceramente, creo que es importante leer y volver a leer y consultar con regularidad. En efecto, la rapidez y la eficacia de esta herramienta pueden hacer olvidar que hay también casos en que "eso no funciona". En este caso, es fundamental poder recordar todos los obstáculos posibles para la obtención de buenos resultados. Por lo tanto, vamos a revisar aquí todas las causas posibles de inversión psicológica. No digo que sean los únicos motivos de una siempre posible falta de eficacia (recuerdo que la TLE presenta una tasa de éxito de aproximadamente 80% de todos los casos confundidos, lo que es en particular elevado); reticencias del orden psicológico y frenos muy ocultos en la psique del paciente ameritarían un capítulo aparte. El objetivo de este libro es presentar una herramienta y su utilización. La corrección de la inversión psicológica va a permitir una optimización real de la TLE.

Causas generales de inversión psicológica

— **La negatividad** de pensamientos, emociones y sentimientos: cuando esta negatividad se instala profundamente, sobre todo debido a la gravedad del problema a tratar, es necesario corregirla. Eso se hace con mucha facilidad si se dedica tiempo a hacer la parte del protocolo "corrección de la inversión psicológica"; es decir, dando masaje suave en el sentido de las manecillas del reloj al "punto sensible" repitiendo tres veces seguidas la frase: "Aunque tengo (este problema de negatividad, nombrarlo), me amo y me acepto totalmente como soy". En general, esto va a ser suficiente para retirar la inversión psicológica.

Si ése no es el caso, será necesario verificar los puntos siguientes:

— Un problema de **deshidratación:** de manera general, vivimos en una sociedad donde se toman fácilmente bebidas azucaradas o café pero ¡no suficiente agua! Eso, sin importar en qué estación. Resulta que nuestro cerebro tiene necesidad para funcionar no sólo de azúcar, sino de agua, de agua pura, sin nada más. En la medida en que nuestro sistema energético tiene necesidad de agua para transmitir la información bioeléctrica, es fácil comprender que una hidratación insuficiente puede provocar ella sola serias complicaciones en la circulación de nuestras energías. Una de éstas, esa información. El remedio aquí es muy sencillo: se invita al paciente a beber tranquilamente un vaso con agua. Es increíble ver cómo eso transforma a veces en forma instantánea los resultados.

— Una **contaminación química o energética:** un exceso de toxinas en el organismo, por ejemplo debido a una alimentación poco equilibrada, o por la presencia de sustancias tóxicas como los solventes contenidos en la mayoría de los perfumes o, simplemente, el teléfono portátil, las joyas metálicas sobre o dentro del cuerpo (broches y otras placas luego de intervenciones quirúrgicas) las fuentes de perturbaciones de ese orden no faltan. Una de mis pacientes obtuvo resultados en lo que había perdido esperanza al llevar a cabo sus sesiones de TLE *antes* de perfumarse. Al suprimir la fuente del problema o al corregir la IP con el punto sensible, los resultados deben aparecer con rapidez. De manera habitual, es preferible pedir al paciente que se quite las joyas metálicas, y el reloj y retiro de teléfonos portátiles (el terapeuta también evitará mantener encendido el suyo durante la sesión).

— Un problema de **adicción:** las personas que acostumbra consumir sustancias adictivas como el café, el té, el chocolate o algunos medicamentos, pueden presentar ciertas resistencias a la herramienta. La disminución, o mejor, la supresión (cuando eso es posible, véase más adelante) de esas sustancias, en especial durante la duración del trabajo hecho con TLE, permite, por lo regular, obtener buenos resultados. Atraigo tu atención sobre el hecho de que, si se trata de una adicción a medicamentos, no es necesario suspender el tratamiento. En ese caso, es preferible ponerse en contacto con el médico tratante para hallar (luego de la hora de las tomas) el mejor momento para hacer una sesión de TLE. Si el tratamiento tiene una duración limitada, se puede simplemente esperar a que termine. En lo personal, obtengo óptimos resultados pidiendo al paciente que aumente su consumo de agua y comenzando la sesión con un protocolo de corrección de IP con "técnica de elección"[1] directamente asociado con la sustancia. Por ejemplo: "Aunque tenga una inversión psicológica debido a mi tratamiento (citar el medicamento), elijo obtener buenos resultados con la TLE". Si la intoxicación no es demasiado importante, ¡eso resulta! Después de todo, la TLE da buenos resultados con problemas de alcoholismo, drogas, etcétera.

---

1. Véase pág. 145.

Las causas habituales de IP (inversión psicológica) son:
— la negatividad
— la deshidratación
— la contaminación química o energética
— las adicciones

Causa específica de inversión psicológica

Vamos a hablar aquí de los famosos *side benefits:* **"beneficios secundarios"** con frecuencia inconscientes, pero no siempre… y que nos vinculan con nuestros problemas sin puerta de salida.

¿De qué se trata?

El caso más común es el de una pensión por invalidez que se corre el riesgo de perder si uno sana de su incapacidad (¡no digo que las pensiones por invalidez son inútiles ni sólo excusas para no avanzar!). Queda entendido que la ventaja, incluso en este caso, sólo es financiera, pero permite evitar la mirada de otros, un trabajo que nos hace infelices o desplazamientos demasiado importantes… no lo sé, ¡las razones no faltan!

Sin embargo, hay muchas otras razones para no "mejorar": la necesidad de ser cuidado, de ser tratado maternalmente… la incapacidad de ser responsable de uno mismo, de otros (pienso en un caso en que una joven mamá multiplicaba los problemas de salud provocando hospitalizaciones que le permitían no tener que ocuparse sola de su bebé; de hecho, ella misma había sido una niña maltratada y no se sentía capaz de ser una madre no peligrosa).

Está también la mirada de los otros: ¡con la enfermedad, a veces se atrae una atención, una compasión que reemplazan con ventaja la indiferencia que se experimentaba antes! Está, asimismo, la imperiosa necesidad de hallar una solución a un problema que uno se niega a enfrentar (por ejemplo, una alergia a una planta que crece en una región a la que debería mudarse para seguir a su cónyuge, salvo que no quiere dejar su empleo apasionante o que se niega a admitir que ese cónyuge no le conviene).

O, más simplemente, cierta "migraña del sábado por la noche" que permite a muchas mujeres alejarse de los deberes conyugales que ya no son placenteros... ¡mientras que abordar el tema con franqueza ha permitido a muchas parejas hacer los ajustes necesarios para continuar con una relación íntima armoniosa!

O aun la necesidad de expresar alguna cosa cuando las palabras faltan: una persona tuvo una "crisis de hígado" precisamente *antes* de las fiestas de fin de año, que pasó finalmente encamada, llevada de urgencia a su casa... era la única manera, para ella, de evitar una reunión de familia que vivía como una tortura, en donde la trataban como si aún tuviera seis años... Como no era conveniente rechazar la invitación de los padres, ¡se enfermaba! El día en que tomó conciencia, ¡decidió permanecer en su casa con su marido y los hijos y pasó una muy feliz Navidad! Sin "crisis de hígado"...

Podría dar muchos ejemplos, pero vamos a interesarnos principalmente en la resolución de esta IP. Sí puede haber resolución... En efecto, en ocasiones, los beneficios secundarios representan un modo de funcionamiento "equilibrado" para el paciente. Cierto que es un equilibrio raro, pero romperlo puede provocar desórdenes importantes y que no van en el sentido de una mejoría para el paciente. Es importante ir con calma: ¿la persona tiene conciencia de ese "beneficio"? ¿Está vinculada? ¿Hasta qué punto? ¿Qué problemática real se oculta atrás?

Aquí, el trabajo en TLE adquiere un giro particular. Va a tratarse de localizar la ventaja oculta, formulando, por ejemplo, la siguiente pregunta:

Si soluciono mi problema, ¿qué puede sucederme
que sea grave, peor, malo, etcétera?

Un ejemplo:
Si pierdo peso, estos son los horrores a los que me expongo eventualmente:

— Voy a gustarle a los hombres, corro el riesgo de hallar a alguno; pero si un día me deja, seré muy infeliz, mejor no actúo.

— Mi dolor de espalda terminará por sanar y debería regresar al trabajo, pero no soporto la mirada de los demás que me vieron tan gorda y, además, ¡estoy harta de ese trabajo!

— Mi marido me hallará de nuevo seductora y va a querer hacer el amor conmigo. Todos los días, pero después del nacimiento del pequeño, estoy demasiado fatigada, no soporto ya que me toque, deseo ocuparme de mi bebé y reposar.

— Mi marido va a querer que tengamos otro bebé, pero con tres ya es demasiado y, además, debo volver a trabajar, no tenemos suficiente dinero para una familia muy grande.

— Voy a ser otra vez atractiva y corro el riesgo de que me violen de nuevo.

— A mi hombre no le importa que yo tenga 25 kilos de más, pero si los pierdo, corro el riesgo de ser atractiva para los otros también y temo engañar a mi marido. ¡En verdad me agrada gustar!

— Mi madre va a coserme la ropa como antes y no me gusta que seamos parecidas, ¡es mi madre, a pesar de todo!

… Etcétera.

En todas las versiones de respuesta a este ejemplo, observamos que el beneficio secundario reenvía a otro problema, más grave. Si el paciente está de acuerdo, será posible trabajar en esa dirección. Insisto: ¡*si el paciente está de acuerdo!*

El papel de los beneficios secundarios es establecer un límite de seguridad. Si la persona prefiere partir con su problema teniendo la conciencia de lo que oculta, con el tiempo, podrá ser posible un trabajo o, al menos, vivir con el problema no será un inconveniente. No hay ningún interés, en particular terapéutico, para impulsar a un paciente hacia sus últimos atrincheramientos: un trabajo de desarrollo personal se hace por etapas, por tomas de conciencia y tiempos de digestión de estos "*insights*". ¡No se hará avanzar a nadie que no esté listo!

Conviene, por el contrario, respetar los límites de cada uno, tranquilizar, acompañar lo que puede parecer como un estancamiento con un discurso de una ética irreprochable. Es posible exponer un punto de vista, pero es mejor abstenerse de los "es necesario, sería necesario, debería, etcétera".

El respeto al otro es una cualidad fundamental del terapeuta y traduce el respeto que tiene de sí mismo.

Un último aspecto sobre el tema de los "beneficios secundarios": la dificultad de percepción de la propia identidad SIN el problema puede ser una dificultad. En efecto, en el caso de problemas crónicos, la persona ha podido habituarse a éstos hasta el punto de identificarse totalmente con lo que sólo es un aspecto de su vida. Pensarse de otra manera, definirse en forma distinta, vivir libre puede, sencillamente, parecer impensable. Un trabajo del orden de "Aunque me identifico totalmente con este problema...", "Aunque temo no saber más que soy, si dejo ese problema", etcétera, puede desbloquear la sesión.

Las siguientes son algunas otras pistas para explorar:
Aunque...

— en verdad no tengo deseo de mejorar (de ver ese problema resuelto)
— es quizá peligroso para una parte de mí solucionar ese problema
— no sabría qué hacer sin ese problema
— aún tengo necesidad de este problema
— no tendría más excusa para haber malogrado mi vida
— en verdad no quiero ser un adulto responsable
— no deseo ser como todo el mundo
— tengo necesidad de sentirme diferente
— me niego a perdonar a (nombrar) que me dañó
— me niego a perdonar ese accidente
— temo que la TLE no funcione verdaderamente y que el problema vuelva

En lo que se refiere a la TLE, no deberás descuidar ningún trabajo concerniente a las falsas creencias del paciente sobre el tema de la herramienta

(¡un trabajo sobre TODAS las falsas creencias es, de cualquier manera, útil!)

Tengo el recuerdo de una paciente desconcertada por la herramienta que, manifiestamente, le era culturalmente imposible abordar. Muy agitada, tenía una tensión física de 10/10. En una primera etapa, prefirió que yo hiciera el ejercicio sobre mí misma, "para ver", precisando que eso no podía resultar (extrañamente su estado emocional se calmó después de esta primera ronda de tapping *en mí).[1] Luego, aceptó que lo hiciera en ella, puesto que yo creía en eso, pero ella se negaba a probar el* tapping. *Me preguntaba cómo salir de esa situación (ella deseaba trabajar conmigo, pero la sofrología la inquietaba, los movimientos oculares la fatigaban) y le propuse la formulación "Aunque hallo esta herramienta perfectamente estúpida e inútil", empezó a reír y decidió probarla, porque eso era exactamente lo que pensaba, aunque no se había atrevido a decírmelo.*

La mejoría fue tal (0/10) que se puso de pie y pidió salir para tomar aire, repitiendo un poco atontada, "¡Pero eso no es posible! ¿Qué sucede?" ¡Fui yo quien entonces empezó a reír cuando ella salió!

Una causa específica de IP es el fenómeno de "beneficios secundarios" (*side benefits*)**.** Permite, sin embargo, una vez reparado, profundizar en el trabajo al atender las falsas creencias ancladas profundamente
en el inconsciente. Si el paciente está vinculado
con su beneficio secundario, y su equilibrio depende
de eso, el terapeuta debe respetar ese límite.

En conclusión sobre la IP: no le temas, pero, sobre todo, no lo olvides. ¡Eres responsable de casi la totalidad de los "fracasos" y eso es, después de todo, fácil de corregir!

---

1. Véase los *"borrowing benefits"*, p. 134.

¡PEP! precisión, énfasis y perseverancia: las tres claves del éxito

La PEP es un plan de eficacia perpetua es, de hecho:

— **P**recisión. El objetivo debe ser precisado al máximo, si sientes una tensión sobre la parte superior del muslo derecho, no dirás: "Aunque tengo esta tensión en la pierna…"; si sientes ira contra tu tío Arthur, dirás: "Aunque siento esta ira contra mi tío Arthur…".

Esta precisión va exactamente en la elección más espontánea del vocabulario, aunque es extremadamente gráfica.

Un ejemplo: una adolescente que sentía ira contra cierto joven que la había desvirgado y luego la había abandonado, dijo: "Aunque siento en verdad ira contra X…", el resultado fue muy mediocre, pero al decir: "Aunque siento ira contra ese XXXX, ese XXXX de X", obtuvimos maravillas: percepción real de la emoción negativa y, después, su desaparición.

Sé *preciso* y utiliza las palabras que te lleguen, sin intentar permanecer cortés. Las sesiones de TLE no son públicas (salvo seminarios de formación en la TLE y todo el mundo gana la riqueza del vocabulario de los otros participantes). Asimismo, una persona de origen extranjero podrá obtener mejores resultados con su lengua materna.[1]

— **É**nfasis: en el mismo orden de ideas, haz tonos y reajustes de los detalles, de los comentarios descriptivos durante la corrección del IP. Luego, usa también un acento particular sobre la palabra del recuerdo: "esta IRA, esta I-RA, esta gran ira, esta espantosa ira", etcétera. Verás, es como un juego que relaja y ayuda enormemente en el trabajo.

---

1. Si el terapeuta habla esa lengua, puede hablarla, si no, lo hará en el idioma materno. Eso no tiene importancia: lo principal es permanecer conectado con el paciente.

Un comentario acerca del énfasis: permite emplear el humor en grandes dosis. Poner humor en una sesión de TLE es como poner nitroglicerina en un motor: la potencia aumenta. Con frecuencia subestimamos la capacidad de reír para aclarar las emociones negativas, confundiendo a veces autoburla y humor.

Tengo en mente el ejemplo dado por una practicante de TLE a propósito de una paciente cuyo temor al dentista la había mantenido alejada del famoso sillón durante tanto tiempo, que empezó a perder los dientes, enfermos y mal atendidos. Una vez que su temor se redujo por la TLE, permaneció la vergüenza de tener que abrir semejante boca ante el dentista. La terapeuta utilizó entonces el humor, proponiendo a la paciente la frase de corrección del IP siguiente: "Aunque el horror de mi boca es tal que el dentista va a asquearse definitivamente por su oficio y corre el riesgo de hallarse sin empleo, sin un centavo y todo eso por mi culpa, me amo, etcétera", invitando a la paciente a proyectarse en el escenario infernal de la decrepitud de su dentista, si veía su boca. Ella terminó por reír y el tapping ayudó a considerar que, después de veinte años de práctica, un dentista había seguramente hallado peores, ¡y ella se dejó curar!

— **P**erseverancia: aunque los efectos de la TLE son a menudo rápidos y durables, no hay que descuidar ese punto.

Al menor regreso del problema, si lo hay, comienza de nuevo. Sobre todo, si no obtienes rápidamente un resultado, ¡per-se-ve-ra! Algunas personas tienen necesidad de tiempo para que los resultados se instalen o produzcan un efecto visible en su vida. Cotidianamente, verifícalo varias veces al día, apégate a la resolución de tu problema. Terapeutas: verifiquen y vuelvan a verificar los objetivos en cada sesión y tomen de nuevo ("profundo") cada punto que finalmente no se haya solucionado.

Las condiciones de una eficacia real de la TLE son:

Precisión

Énfasis

Perseverancia

"¡Pruébalo en todo!": la TLE como arte terapéutico

Una de las recomendaciones de Gary Craig es *"Try it on everything"* lo que se traduce como "¡pruébalo en todo!", pero con una de mis pacientes se tradujo con mucho humor como: "¡Aporrea todo lo que se mueve!" Ella hizo referencia a todo lo que se puede "mover" de manera desagradable en nosotros. Te aconsejo, de igual forma, seguir ese consejo de Gary por tu propio bien.

Las aplicaciones de la TLE son muy numerosas y, a continuación, explicaremos cómo podemos desarrollar versiones particulares del protocolo para perfeccionar aún más su eficacia. Permíteme dar algunos ejemplos:

— El bebé está nervioso y grita.
— Te acaba de picar un insecto y eso te duele.
— Acabas de recibir una mala noticia exactamente antes de entrar a la reunión.
— Hay un ratón en el garaje y temes mucho cazarlo.
— Debes ir a comer a casa de tus padres o de tus suegros ¡y eso es en verdad demasiado!
— No ves cómo podrás asistir a un funeral sin desmoronarte.
— El dentista te atiende y tú tienes temor de que te duela la inyección para la anestesia.
— Eres estudiante y no tienes el menor interés por esa materia; sin embargo, debes prepararte para el examen.
— Hacía falta que dijeras honestamente a tu pareja que deseas romper y no deseas ni herir ni hallarte atrapado por las emociones.
— Tu padre se muere y deseas acompañarlo serenamente.
— Si deseas obtener un descuento en la compra de ese auto, es necesario actuar hábilmente y sin ponerse nervioso.
— El vecino hace demasiado ruido: debes ir a hablarle y hacerlo entender calmadamente.

— Esperas tu segundo hijo, hay recuerdos dolorosos de tu primer parto.

— Tu relación conyugal está apagándose.

— Te sientes a disgusto durante las relaciones sexuales.

— No sientes placer con tu pareja.

— Sufres de celos enfermizos.

— Gastas mucho dinero en relación con tus ingresos o no sabes cómo administrar tu presupuesto.

— Te duele un diente y tu cita es hasta mañana.

— Te pones nervioso ante tu computadora con la impresión de no comprender nada y no estás lejos de pensar que te sacará de quicio (a menos que tu PC no esté hechizada).

Como puedes ver, los campos de aplicación son muy variados y podrías llenar un libro completo con las aplicaciones domésticas o profesionales de la TLE.

Los efectos sobre **los niños** son, en especial, interesantes: la TLE es muy lúdica y a ellos les gusta utilizarla, aunque los más pequeños preferirán siempre que mamá o papá les den golpecitos. Mi pequeño me dejaba darle golpecitos. En la escuela (yo no estaba ahí), si el dolor regresaba, él daba golpecitos sólo en dos puntos (sobre la clavícula a la derecha y a la izquierda al mismo tiempo, discreto y luego: "¡Tengo que hacerlo yo, mamá!").

Los adolescentes estarán contentos al tener una herramienta que los ayude en sus dificultades escolares o emocionales y apreciarán disponer de una copia del protocolo para usarla en secreto en su habitación (preparación para el bachillerato, a concursos y a otros exámenes, dificultades con los idiomas, timidez, o penas de amor y dolores menstruales).

Las personas de edad, aunque algunas pueden mostrarse primero reticentes a cualquier cosa extraña, podrán también emplearla y puede ser un momento de participación y de comunicación íntima tener sesiones con ellas. Como los niños pequeños, las personas mayores preferirán también que el terapeuta se encargue de las cosas (aunque se den golpecitos tranquilamente una vez solos, pero no lo dirán).

Las personas al final de la vida y sus parientes podrán abordar esos momentos difíciles de manera más serena. Aceptación, participación, acompañamiento, manejo del estrés, del temor a la muerte, son parte de los resultados obtenidos en este campo gracias a la TLE.

Las parejas preocupadas por la armonía y la evolución positiva sobre todos los planos (relación afectiva, relaciones físicas, proyectos de vida, espiritualidad) se alegrarán también con la ayuda de la TLE.

Los ejecutivos estresados verán pronto el interés de la herramienta que integrarán en su armadura de eficiencia: facilitación de la comunicación, protección de estrés exterior, ayuda en la administración, preparación de citas o de reuniones, manejo de problemas internos, botiquín de primeros auxilios en periodo de crisis, recuperación de energía, tratamiento del *jet-lag* (efecto del fuerte desajuste del horario), facilitación de un sueño reparador. *Try it on everything... at work!*

Los padres que tienen dificultades en la educación de sus hijos podrán no sólo ayudarlos proponiéndoles la TLE, sino sobre todo, van a poder manejar los problemas con distancia y discernimiento y desarrollar su comprensión, su tolerancia. Con seguridad, encontrarán las palabras mejor adaptadas para una comunicación eficaz y cariñosa.

Los médicos hallarán con la TLE un auxiliar de salud, profiláctico y conservador eficaz (higiene de vida, alimentación, regulación del metabolismo). Además, la TLE permite asociar al paciente con su tratamiento (tratamiento de los "olvidos" de toma de medicamentos, aceptación del tratamiento, amortiguación del anuncio de un diagnóstico grave, enfoque dinámico para hacerse cargo).

Las personas en evolución espiritual encontrarán una ayuda preciosa para el manejo de sus emociones, la profundización del conocimiento de su temperamento, de sus excesos, para ir hacia una mayor armonía. La inscripción en lo cotidiano de una atención flotante y de la recepción de la vida se facilita mucho con la TLE, que hace sencilla la perseverancia y la constancia de un esfuerzo continuo, pero alegre. La facilidad no es el enemigo del crecimiento en este campo, aunque lo dice una cierta tradición masoquista.

"Try it on everything!"
Durante todo el día, piensa en aplicar la TLE
cuando se presente un pequeño problema:
Primera urgencia
Desarrollo personal
Terapia psicocorporal
Vida familiar o profesional
Vida espiritual
¡Sus aplicaciones son ilimitadas!

Del resultado milagro y del árbol que ocultaba el bosque

Si pones en práctica las técnicas de TLE, quizá obtendrás de inmediato resultados espectaculares. En efecto, es habitual, aun en un problema fuerte y antiguo, ver una mejora muy sensible desde el primer paso (sobre todo si respetaste las condiciones de una eficacia real: ¡PEP!). Es el **"resultado milagro"**.

No obstante, atraigo tu atención sobre ese punto en específico: es frecuente que al inicio de la práctica de la TLE los resultados sean tan asombrosos, que se "deje" en seguida la herramienta ante la primera dificultad. O, en casi todos los casos, se puede dar cuenta que la *facilidad primera* hizo relajar la atención: el objetivo está mal precisado, el énfasis ya no está en el menú, la repetición que demuestra la perseverancia está ausente.

Por lo común, al volver a **PEP** hallamos una eficacia casi instantánea.

¡Lo que encontrarás también, en especial si eres terapeuta, es un problema que desaparece para dar lugar a otro! En este caso, podemos utilizar la imagen del **árbol que oculta el bosque,** cuando un síntoma en ocasiones mínimo va a ser reemplazado por otro, y luego por otro más hasta descubrir una problemática compleja que permanece oculta detrás del "pequeño árbol" por el cual el paciente llegó a consulta.

Es así que, siempre que el paciente esté de acuerdo, y dentro del respeto a sus límites, pueden resolverse varias problemáticas importantes a lo largo de las sesiones. Es un poco el mismo fenómeno que con IPMO, cuando tomé la imagen de un racimo de uvas que se desgranaba paso tras paso. Vemos aquí todo el interés de la herramienta en una gestión de desarrollo personal que, poco a poco, con suavidad, puede tener una revelación progresiva de la conciencia por poco que la persona esté lista. Es un proceso absolutamente no violento y respetuoso del ser.

La ventaja de la TLE reside en la sutileza de su enfoque.

Bajo un síntoma aparentemente benigno puede ocultarse
una problemática compleja,
es **el árbol que oculta el bosque.** La TLE permitirá atender
todos los aspectos de esa problemática.

Anexo 1

La parábola del talento

Porque es como un hombre que, al partir a un viaje, llamó a sus siervos y les entregó sus bienes. 15. A uno le dio cinco talentos, al otro dos, al otro uno; a cada uno, según su fuerza particular, y partió. 16. En seguida, el que había recibido los cinco talentos se fue, los hizo valer y ganó otros cinco talentos. 17. El que tenía dos, ganó otros dos. 18. Sin embargo, el que había recibido uno, al irse, excavó la tierra y ahí ocultó el dinero de su señor. 19. Después de mucho tiempo, el señor de esos siervos llegó y arregló cuentas con ellos. 20. El que había recibido los cinco talentos, se acercó y presentó otros cinco talentos y dijo: "Señor, tú me diste cinco talentos; he aquí otros cinco que gané". 21. Su señor le dijo: "Bien, siervo bueno y fiel, fuiste fiel en poca cosa, te apoyaré en muchas, entre la alegría de tu señor". 22. El que había recibido los dos talentos, se acercó también y dijo: "Señor, tú me diste dos talentos; he ahí otros dos que gané". 23. Su señor le dijo: "Bien, siervo bueno y fiel; fuiste fiel en poca cosa y te apoyaré en muchas; entre la alegría de tu señor". 24. Sin embargo, el que había recibido un talento, se acercó también y dijo: "Señor, sabía que eres un hombre duro, que recolectas donde no has sembrado y que recoges donde no has sembrado. 25. Como tenía temor, me fui y oculté tu talento en la tierra; he aquí, tienes lo que te pertenece". 26. Su señor le respondió: "Siervo malo y perezoso, sabías que recolecto donde no sembré y que recojo donde no sembré. 27. Deberías haber llevado mi dinero con los banqueros y, a mi regreso, yo habría retirado lo que es mío con el interés". 28. Le quitó el talento y se lo dio al que tenía diez. 29. Porque a todo hombre que tiene, le será dado y estará en la abundancia; pero al que no tiene, se le quitará lo que tiene. 30. Y arrojó al siervo inútil a las tinieblas afuera; ahí serán los lamentos y el rechinar de dientes.

Conceptos y estructuras teóricas de la metodología caycediana

Primeros conceptos

Tomemos la palabra "confianza".

La confianza es indispensable en el marco de una sesión de sofrología, con el fin de poder establecer la *alianza sofrónica.* Es el marco particular que permite que el intercambio entre sofronizante y sofronizado se haga fuera de todo contexto de poder o de saber imponer.

El *sofronizante* es la persona, generalmente el terapeuta, que va a guiar la sesión. Para eso, el sofronizante utiliza lo que se llama *terpnos logos,* es decir, la palabra, la expresión oral, sobre un modo lo más neutro posible (sin por eso ser calmante) del contenido de la sesión.

El *sofronizado* es la persona que recibe la sesión, que la practica, que se deja guiar por el *terpnos logos* con toda confianza, apoyándose en la voz para relajar su cuerpo y luego su espíritu y alcanzar la zona sofroliminal.

La alianza sofrónica reúne sobre un mismo plano
al sofronizante (que expresa el *terpnos logos*) y al sofronizado
(que se deja llevar para vivir la sesión).

La *zona sofroliminal* corresponde en la conciencia a un nivel de atención situada entre el sueño y la vigilia, "al inicio del sueño, justo al inicio del sueño". Para las personas que están más familiarizadas con estos términos, el *nivel sofroliminal* es equivalente a las "ondas alfa", a la "relajación alfa" o a lo subliminal. El término "subliminal" me molesta un poco porque a menudo remite a la manipulación que sufrimos con la publicidad visual (imágenes subliminales) o con mensajes sonoros eventuales ocultos o encriptados, cargados también de tufos de manipulación. Está muy claro para mí que la sofrología no es y no debe ser en ningún caso una herramienta de manipulación. Por el contrario, es una herramienta preciosa para salir de trampas de manipuladores de toda clase. Es más simple, de cualquier manera, darse cuenta que esta zona de la conciencia existe, sin importar el nombre que le demos. Cada uno es libre para acceder ahí o no (lo hacemos sistemática e inconscientemente en ciertos momentos de nuestros ciclos de sueño…) y existen numerosos métodos para eso. Teniendo en consideración la zona de posibles que se abre a nosotros en ese nivel, es preferible acceder ahí con toda seguridad gracias a un método aprobado, serio y estructurado que permita el progreso paso a paso.

El estado sofroliminal es una zona de la conciencia
"al borde del sueño, justo al borde del sueño".
Corresponde a lo que se llama también las "ondas alfa".

El *terpnos logos*[1] es el apoyo que permite al sofronizado entrar en estado sofrónico; es decir, en estado de relajación profunda. En ese estado, la atención al cuerpo es más fina: la percepción del contexto exterior se borra a beneficio de los sentimientos internos (propios al sujeto) y, eventualmente, del objeto de su meditación.

Las prácticas de *terpnos logos* varían de un terapeuta a otro. Algunos redactan los suyos, uno por tipo de sesión, y los siguen escrupulosamente. Otros prefieren crearlo en cada sesión adaptándolo al contenido del discurso del

---

1. Ejemplos de *terpnos logos* se dan en el capítulo "Sofrología práctica".

paciente, a su vocabulario, a las imágenes que pudo emplear, etcétera. Yo formo parte de la segunda categoría. No se trata de ser crítico con los diversos métodos, porque, en ocasiones, de acuerdo con el asunto a tratar, es preferible utilizar regular e inmutablemente el mismo *terpnos logos*. Por ejemplo, en el marco de la preparación para el nacimiento o para el parto (cuando la sofróloga es una comadrona), el empleo de la sofrología se vuelve muy técnico, con el anclaje de herramientas de relajación y de respiración específicas. Esas sesiones (que fueron explicadas y experimentadas en estado de vigilia) deben ser eficaces en un lapso casi siempre muy corto y para una duración de práctica limitada. Está, entonces, indicado apegarse en particular a un *terpnos* muy claro, preciso, inmutable. Por el contrario, en el marco de la gestión de los cambios, donde uno de los objetivos es hallar tu creatividad, me parece evidente hacer alarde de la expresión misma del *terpnos*. El paciente será animado, no a reproducir en forma idéntica la sesión practicada en el consultorio, sino, por el contrario, a apropiársela. La clave del éxito consistirá en atreverse a *jugar* con la herramienta sin dudar en transformarla durante las sesiones practicadas "en casa".

El *terpnos logos* es la palabra, el texto que despliega la sesión de sofrología. Es un punto de anclaje que permite relajarse por completo y entrar en estado sofrónico. Puede ser practicado con cierto rigor o reinventado de manera creativa.

Es imposible hablar de sofrología caycediana sin evocar *la vivencia*. Concepto central en esta práctica, la vivencia es la prueba de la apropiación de las herramientas por el sofronizado. Describe el proceso en el cual el sofronizado vive la sesión, con todos sus sentidos y acogiendo todos los fenómenos que se manifiestan en la conciencia. Se podría decir que la vivencia es la conciencia exacerbada de lo vivido en la sesión.

La *vivencia* es la expresión de lo vivido completo, integrado y autoapropiado de la sesión de sofrología.

Estructuras teóricas

Como lo señalé, la sofrología es un método extremadamente estructurado. Sus bases mismas son muy organizadas y teóricas. Te las presento aquí, con mis comentarios, a veces mis reservas, y te invito a hacer tu propia reflexión.

La sofrología se apoya en cuatro pilares:

- Semántica: la sofrología usa una terminología propia a sus conceptos específicos. A partir de la raíz *sofro*, se crean un número consecuente de términos, que van a poder definir con exactitud cada concepto, cada técnica propia de la sofrología.

- Epistemología: una constante puesta a prueba (estudios y experimentaciones) de los conceptos fundamentales de la sofrología y de su puesta en práctica le ha dado una legitimidad como ciencia fenomenológica.

- Metodología: estructurada de manera progresiva, regularmente actualizada, la metodología caycediana engloba a la vez la práctica de las técnicas (protocolos), pero también la vivencia. Esa vivencia específica, interior, es el punto de anclaje del método sofrológico.

- Hermenéutica: la sofrología interpreta la fenomenología sobre la base misma de la experimentación fenomenológica, apoyándose en la metodología que le es propia. Se trata, más bien, de un discurso sólo filosófico fuera del alcance de la mayoría, pero al contrario de la posibilidad de apropiación ofrecida a todos. El doctor Patrick-André Chéné habla de "democratización de la fenomenología".

Los cuatro pilares de la sofrología son: la semántica, la epistemología, la metodología y la hermenéutica.

La sofrología respeta tres principios fundamentales:

- *El principio del esquema corporal como realidad vivida:* percepción simultánea de los niveles físicos orgánicos, instintivo-motor (afectivo/emocional/sensitivo) y psíquico intelectual intuitivo. El doctor Patrick-André Chéné, en su obra *Fondements et Méthodologie,* explica: *"El principio de integración del esquema corporal en relación con la realidad vivida significa que la conquista del cuerpo es la conquista del espíritu: es lo que se llama la corporalidad, esa vivencia en las capas más profundas de la conciencia".*

- *El principio de la acción positiva:* toda acción positiva sobre la conciencia tiene un impacto positivo sobre todos los elementos psíquicos. En el marco de una sesión, el sofrólogo se relacionará todo lo posible apoyándose en los contenidos fenomenológicos vividos positivamente por el paciente. Es en ese sentido que se puede decir que la sofrología es una técnica terapéutica *recuperante* y no *descubridora:* busca más activar lo positivo que identificar lo negativo. Eso no quiere decir que la realidad, a veces dolorosa de la historia de los pacientes, sea negada; por el contrario: vamos a buscar los elementos positivos de esa historia y a reforzarlos para poder eliminar los contenidos negativos.

- *El principio de la realidad objetiva:* éste concierne en específico al sofrólogo, que debe tener conciencia de su propia realidad objetiva, percibir y comprender su propio estado de conciencia. La experiencia personal de la nueva mirada, del distanciamiento de los *a priori* es indispensable para la construcción de la *alianza sofrológica.* Ese principio sólido es la tarea del sofrólogo, entrenar su conciencia y activarla en permanencia. No se sabría ser un sofrólogo sólo en las horas en que está abierto el consultorio. ¡La práctica sofrológica es un entrenamiento cotidiano, la gestión fenomenológica, una filosofía así como una higiene de vida!

Los tres grandes principios de la sofrología son:

1. El esquema corporal como realidad vivida

2. La acción positiva sobre la conciencia

e. La realidad objetiva del sofrólogo

La sofrología se estructura alrededor de cinco teorías:

- *Primera teoría caycediana* o los estados y los niveles de conciencia. Hay cuatro niveles de conciencia: la vigilia, el nivel sofroliminal, el sueño y el coma. Hay tres estados de conciencia, es el abanico de la misma: la conciencia individual ordinaria con, de una parte, una posibilidad de existencia sofrónica y de la otra parte, una posibilidad de existencia patológica.

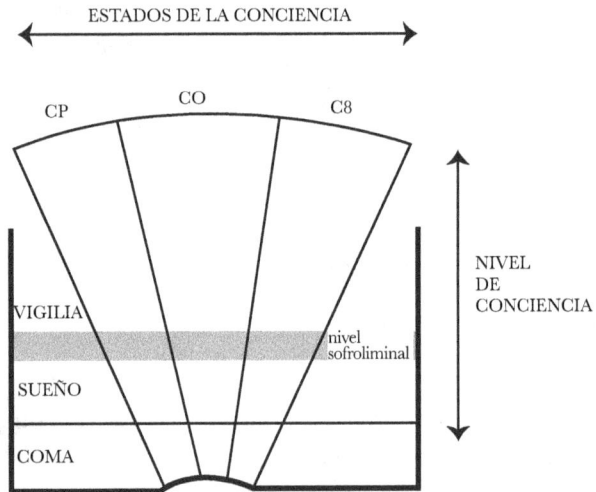

Abanico de la conciencia

Algunos dirán que esta posibilidad de existencia sofrónica existía seguramente antes de la invención de la sofrología. Tienen razón, es el descubrimiento de esta zona lo que es el objeto, creo, de toda meditación y de toda gran tradición espiritual. Monjes cristianos, budistas, sufis, sintoístas, hinduistas, chamanes de todos los puntos del globo: todos viven la manifestación de una zona de conciencia *superior* a la conciencia ordinaria (se considera, entonces, el estado de conciencia patológica, la demencia para poner un ejemplo extremo, como *inferior*).

Tal concepción, organizando los estados de conciencia alrededor de un estado llamado "de normalidad", me recuerda lo expuesto por David Cooper en *Psychiatrie et antipsychiatrie*. Él trató de revaluar el problema de la locura osando poner en tela de juicio la clasificación elemental de la psiquiatría clínica en: psicótica/neurótica/normal. Con ello, presentó un diagrama mostrando la evolución del desarrollo de la conciencia del ser humano. De manera interesante, hizo notar que el estado de "normalidad" se oponía tanto a la locura como a la salud. *La salud próxima a la locura; pero un blanco decisivo, una indiferencia, permanece siempre. Es el punto omega.* Para él, la normalidad era una especie de estado de estancamiento, de inercia, un estado donde la mayoría de los seres humanos detiene su desarrollo. *Otros, muy poco, se acomodan para deslizarse a través del estado de inercia… ¡Y progresan por la vía hacia la salud, conservando una conciencia del criterio social de normalidad tal, que evitan ser considerados como enfermos (es siempre una cuestión de habilidad)!* En lo personal, pienso que una práctica como la sofrología permite avanzar hacia ese estado de salud descrito por Cooper. La primera teoría caycediana se dirige hacia esa elección que tenemos de hacer evolucionar nuestra conciencia hacia una salud global.

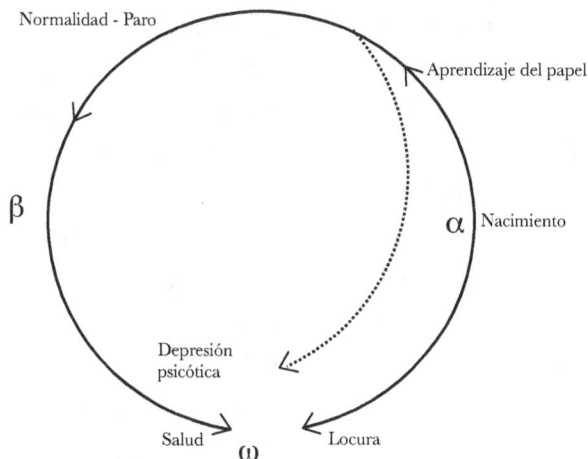

Esquema de Cooper

- *Segunda teoría caycediana,* teoría de la conciencia o de las estructuras frónicas (o del proceso vivencial del ser): las estructuras frónicas del ser humano representan su potencial global. Gracias a la sofrología, el ser humano tiene la posibilidad de partir a la conquista de todas sus capacidades (primordialmente de modificar en forma positiva su estado de conciencia). La integración de esas estructuras prácticas permite la evolución, la transformación del ser.

¡Es al menos la manera como yo lo comprendo! Poner de manifiesto en forma teórica las estructuras frónicas en mi curso de sofrología me pareció un poco abstracto. La intelectualización necesaria de la construcción teórica "borra" la realidad fenomenológica de la experiencia. Además, la formulación "transformación del ser" me molesta un poco porque, de acuerdo con mi experiencia, se trata más de reconquistar nuestro ser verdadero, que de transformar lo que somos. ¡Punto de vista simple! Pese a ello, es importante, porque, al comprometerse en un proceso de "transformación", algunos estarán tentados a buscar una "pureza" que no estaría al alcance de todos. Es mucho menos peligroso abocarse a hallar lo que somos en verdad, ese ser *humano,* naturalmente perfecto (véase el capítulo "¿Qué has hecho con tu talento?"). Nuestra *nueva mirada,* llena de indulgencia, liberada de los *a priori,* podrá entonces aceptarla plenamente.

- *Tercera teoría caycediana:* integración dinámica del ser. Consiste en dinamizar, a través de la experiencia sofrológica, fenomenológica, la proyección de lo biológico en la existencia. Lo biológico existe en lo secreto de nuestro cuerpo, en las profundidades de nuestro cuerpo, pero también de nuestras noches (en particular la integración durante nuestro sueño de las experiencias vividas en estado de vigilia; véase el funcionamiento del cerebro en el capítulo "IPMO") y de modo inconsciente. En cierto nivel del trabajo que permite hacer sobre nosotros mismos, la sofrología nos da la posibilidad de llevar a la conciencia y de dinamizar nuestras capacidades biológicas. Los ejercicios específicos (sofro activación vital, por ejemplo) permiten esta dinamización.

- *Cuarta teoría caycediana:* los grandes valores de la conciencia sofróni-ca. Los valores del ser humano están clasificados por la sofrología en tres categorías: biológicos, existenciales e históricos. En su cuarta teoría presentada en la declaración de Recife (1977), el doctor Caycedo precisa que el objeto de la sofrología integra los valores del hombre y señala que la humanidad comenzó a vivir la crisis más grande de su historia, cuya causa es la falta de estructuras apropiadas al ser humano actual. Afirma que "la única solución se halla en la movilización de las reservas genéticas que se hallan en el estado subyacente en la estructura biológica del hombre".[1]

Jamás he comprendido con exactitud lo que Caycedo quiso decir ahí y las respuestas dadas en el curso de mi formación quedaron herméticas. En la medida en que él añade que "la ciencia demostró su enorme potencial y su capacidad de dar el origen a nuevas estructuras donde puede existir la posibilidad de adaptación a nuevas circunstancias", me pregunto muy seriamente lo que quiso dar a entender: ¿la ciencia total es tomada aquí como ejemplo, como pálido reflejo del potencial inaudito del ser humano?

No obstante, felizmente es posible practicar la sofrología sin estar seguro de haber comprendido el sentido de la cuarta teoría. En cuanto a la integración por el individuo de sus propios valores, en la actualidad, la sofrología ya no propone trabajar sobre una lista de valores de referencia. Esa lista ahora es simplemente evocada en cursos de trabajo, se deja libertad a cada uno para expresar sus propios valores. Prefiero esta solución, que respeta a cada individuo y es mucho más coherente con la experiencia fenomenológica: cada valor aparece, entonces, como fenómeno único, como certeza interior. Ya no existe más el riesgo de dogmatismo.

- *Quinta teoría caycediana:* región frónica como dimensión radical de la conciencia. "La sofrología no puede existir sin el concepto de la región frónica, de la misma manera que el psicoanálisis no puede existir sin el concepto del inconsciente. La finalidad de la etapa reductiva es el descubrimiento de la región frónica", según Caycedo.

---

1. Doctor Patrick-André Chéné en *Fondements et méthodologies,* p. 135.

Demos aquí un paso de más hacia la abstracción para ir a reparar una región de nuestro cerebro, a la existencia virtual y que no es explotada (o muy poco, estoy convencida de que otras prácticas abren el campo). La sofrología se propone facilitar el acceso para, de manera progresiva, experimentar los estados superiores de conciencia. Es un espacio interior producto del entrenamiento frónico llamado reductivo, un territorio virgen de la conciencia ordinaria que permite desarrollar todas nuestras potencialidades.

No es fácil ver con claridad lo que puede abarcar esta quinta teoría. Las personas que han practicado ejercicios espirituales (por ejemplo, los de San Ignacio) o meditaciones contemplativas, pueden percibir más finamente, creo, la realidad de ese territorio y lo que son los estados superiores de conciencia.[1] La región frónica se descubre de modo evidente por el entrenamiento: aquí, la experiencia es más relevante que la comprensión intelectual. Es un poco como conducir un auto: no es indispensable saber desmontar el motor y explicar sabiamente el funcionamiento. Para tomar el paralelo con la teoría de Cooper, podemos imaginar que la región frónica se desarrolla a partir del punto beta.

Un cierto nivel de experiencia interior es, simplemente, indecible: el lenguaje es sólo una zona muy limitada de ese espacio de expresión del ser. Es el caso de todas las prácticas centradas en la toma de conciencia del ser; las artes marciales son otro ejemplo.

Las cinco teorías caycedianas son:

1. Teoría de los estados de conciencia
2. Teoría de las estructuras frónicas del ser
3. Teoría de la integración dinámica del ser
4. Teoría de los grandes valores de la conciencia frónica
5. Teoría de la dimensión radical de la conciencia

---

1. Este libro no explica el trabajo que puede hacerse a ese nivel. Me pareció interesante presentar las bases teóricas de la sofrología, pero recuerdo que la presento aquí como herramienta de terapia y de desarrollo personal, al alcance de cada uno.

La puesta en práctica de la sofrología es un entrenamiento que permite transformar nuestro ser, tanto en los planos físicos como en los psíquicos. Se trata de un proceso que Caycedo llama "proceso vivencial del ser" y que se desarrolla a partir de la práctica de la relajación dinámica y de técnicas específicas. Para que eso sea eficaz, se deben respetar dos leyes:

- La ley de *vivencia frónica:* la vivencia por la conciencia del encuentro del cuerpo y el espíritu va a permitir la evolución de las estructuras del ser por el descubrimiento, la conquista y, eventualmente, el desarrollo de la región frónica.

- La ley de *repetición vivencial:* la evolución del ser y el desarrollo de la frónica son el resultado de una repetición de la experiencia de vivencia. Para ser directa: la puesta en práctica constante, regular, de sesiones de sofrología es un aprendizaje indispensable para nuestra evolución hacia ese estado de salud que puedo describir como el más alto, la eficacia se debe más a la repetición de sesiones cortas que a la práctica de sesiones complejas, más largas, pero muy espaciadas. Renovar con frecuencia la experiencia de una nueva mirada objetiva es la única garantía de un desarrollo y de una posible transformación del ser.

La obtención de resultados por la práctica de la sofrología se relaciona con el respeto a dos leyes:
1. La ley de la vivencia frónica
2. La ley de la repetición vivencial

Anexo 3

"Gemelo fantasma"

Un "gemelo fantasma" es la huella prenatal dejada en la memoria del cuerpo por la desaparición de un embrión gemelo durante la gestación. Sucede con mucha frecuencia que no imaginaríamos que, durante un embarazo, un segundo embrión comienza a desarrollarse y luego "desaparece". La memoria de ese gemelo muerto (eliminado naturalmente por el cuerpo o cuyas células pueden ser recuperadas por el embrión que sobrevive. Esto explica las mamas supernumerarias u otros dientes/pelos a veces hallados sobre/en el gemelo que vive) puede entonces dejar un rastro en la memoria emocional del otro. Dicha memoria puede ser extremadamente difícil de llevar, fagocitando literalmente la vida del sobreviviente que puede afligirse para autorizarse a vivir.

La revelación de tal memoria puede hacerse de diferentes formas: memoria perfectamente integrada en la familia, descubrimiento tardío por los "testimonios" de la madre, etcétera. Sin embargo, en ocasiones, la madre no sabe nada: una enfermedad existencial llevará a un trabajo psicoterapéutico o psicoanalítico que permitirá el "desenterramiento" de la memoria, sobre todo a través de los sueños o el desciframiento de ciertos comportamientos (comprar todo doble, hablar mentalmente con otro, dejar siempre un lugar de más en la cama, etcétera).

En ese caso, los sueños pueden efectivamente sacar a la luz la existencia de un "gemelo fantasma", a veces con la posibilidad de verificar esa "información" por cotejo con lo que es conocido de la historia del embarazo: hemorragias en los primeros meses, intervención quirúrgica, depresión repentina e incomprensible de la madre, pesadillas en un momento preciso de la gestación, temor y pánico de ver nacer al bebé con una incapacidad.

No obstante, los sueños pueden, de igual manera, llevar toda una suma de información que el cerebro se esfuerza por elaborar y que se traduce por un malestar en ocasiones violento que permanece después de la manifestación de ese sueño.

En el ejemplo que cité, cada elemento fue retomado con la IPMO que permitió, poco a poco, imagen tras imagen, emoción tras emoción (y se precisan en el curso de la sesión), sensación tras sensación, hallar el hilo de esta historia que busca liberarse.

Anexo 4

Puntos de acupuntura en TLE

Consultar los esquemas en la página siguiente.

CE — inicio de la ceja
LO — lado del ojo
BO — abajo del ojo
BN — bajo la nariz
BA — el punto de la barbilla, bajo la boca
CL — clavícula
BP — bajo el pecho
BB — bajo el brazo
PU — punta de la uña del pulgar
IN — punta de la uña del índice
DM — punta de la uña del dedo medio
ME — punta de la uña del dedo meñique

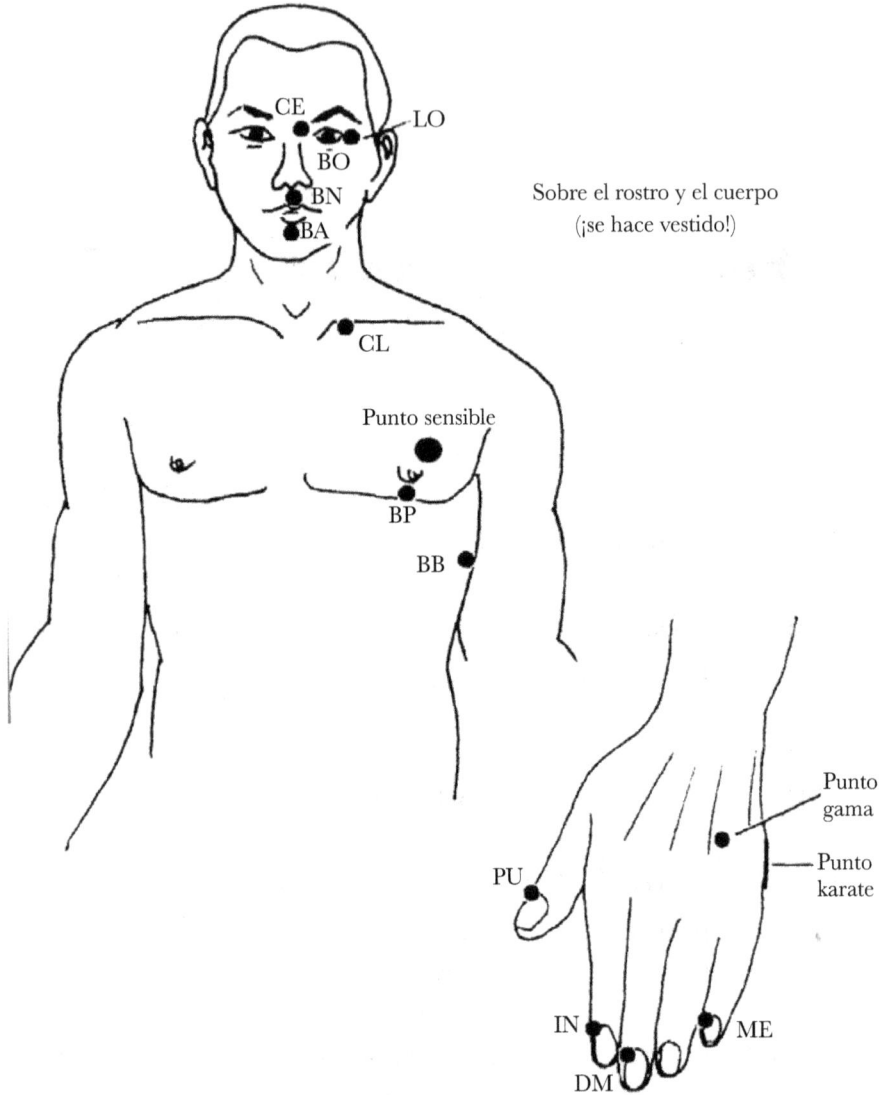

CE
LO
BO
BN
BA

Sobre el rostro y el cuerpo
(¡se hace vestido!)

CL

Punto sensible

BP

BB

Punto
gama

Punto
karate

PU

IN
ME
DM

Sitios útiles de internet

Sophro/IPMO/TLE (blog de la autora):
http://sophromob.over-blog.com/

Sitios específicos de cada herramienta

• *Sofrología*
http://www.sophrologie-caycedienne.com/nou/web/index.asp?lang=1
http://www.academie-de-sophrologie.fr/page.lphp?r=2&p=2
http://www.sophrologie-francaise.com/

• *TLE*
El sitio oficial (anglófono): http:www.emofree-com/

Bibliografía

Academia de medicina tradicional china de París,
Précis d'accupuncture chinoise, ediciones Dangles, 1992.

Beaulieu, Danie, *Intégration par les mouvements oculaires,* Le Souffle d'Or, 2005.

Bernascon, Dominique y Virginie, *La kinésiologie, art du test musculaire,* ediciones Jouvence, 2002.

Callahan, Roger-J., *Stimulez votre guérisseur intérieur,* Éditions Guy Tréda-niel, 2003.
—————, *Cinq minutes pour traiter vos phobies par la kenésiologie,* Le Souffle d'Or, 1997.

Callahan, Roger-J. y Richard Trubo, *Tapping the Healer Within,* Mc-Graw-Hill, 2002.

Chéné, Patrick-André, *Initiation à la sophrologie Caycédienne,* París, ediciones Ellébore 2001.
—————, *Sophrologie, tomo 1: fondements et méthodologies; tomo 2: champs d'ápplication,* ediciones Ellébore, 2000.

Compte-Sponville, André, *L'esprit de l'athéisme,* Albin Michel 2007.

Cooper, David, *Psychiatrie et antipsychiatrie,* Editions du seuil, 1970.

Craig, Gary, *The manual of EFT,* 5a. ed., Gary Craig®.

Dennison, Paul E. y Dennison Gail, *Le mouvement, clé de l'apprentissage,* Le Souffle d'Or, 1992.

Faubert, Gabriel y Crépon Pierre, *La chronobiologie chinoise,* Albin Michel, 1995.

Filissiadis, Antoine, *Va au bout de tes rêves,* Le Souffle d'Or, 2000.

Guyard, Jean-Claude, *Manuel pratique de kinésiologie,* Le Souffle d'Or, 1998.

Mantel, Jean-Marc (ed.), *Méditation et psychothérapie,* Albin Michel, 2006.

Onfray, Michel, *Traité d'athéologie,* Grasset & Fasquelle, 2005.

Odoul, Michel, *L'harmonie des énergies,* Éditions Dervy, 1993.
——————, *Dis-moi où tu as mal et je te dirai qui tu es,* Albin Michel, 2002.
——————, *Un corps pour me soigner, une âme pour me guérir,* Albin Michel, 2006.

Potschkia, Freddy, *Toute la Kinésiologie,* Le Souffle d'Or, 2000.

Rager, Dr. *Hypnose, Sophrologie et médecine,* Éditions Fayard, 1984.

Romey, Georges, *Les pharaons survivent en nous,* Éditions Robert Laffont, 1986.
——————, *Le rêve éveillé libre,* Albin Michel, 2001.
——————, *Dicrtionnaire de la symbolique,* Albin Michel, tomos 1 al 4, 2001.

Roques, Jacques, *EMDR, une révolution thérapeutique,* Éditions Desclée de Brouwer, 2004.

Rowland, Carol-Ann, *Discover Zensight*
(http://www.zensightprocess.com/shop.htm)

Ruiz, Miguel, *Les quatre accords Toltêques,* Éditions Jouvence, 1999.
——————, *La maîtrise de l'amour,* Éditions Jouvence, 1999.

Sellam, Dr. Salomon, *Origines et préventions des maladies,* Éditions Quintes-sences, 2000.
——————, *Le Syndrome du gisant, Le sens caché des désordres amoureux,* Béran-gel, 2005.

Shapiro, Francine y Margot Silk Forrest, *Des yeux pour guérir,* Éditions du Seuil, 2005.

Thirion, Marie, *Les compétences du nouveau-né,* Éditions Ramsay, 1988.

N. del E.: Algunos de estos libros se encuentran traducidos al español.

Esta edición se imprimió en agosto de 2010, *en Acabados Editoriales Tauro, S.A. de C.V. Margarita No. 84, Col. Los Ángeles, Iztapalapa, C.P. 09360, México, D.F.*

www.ingramcontent.com/pod-product-compliance
Lightning Source LLC
Chambersburg PA
CBHW061004280326

41935CB00009B/828